새로운 도서,
다양한 자료
동양북스
홈페이지에서
만나보세요!

www.dongyangbooks.com
m.dongyangbooks.com

※ 학습자료 및 MP3 제공 여부는 도서마다 상이하므로 확인 후 이용 바랍니다.

홈페이지 도서 자료실에서 학습자료 및 MP3 무료 다운로드

PC

❶ 홈페이지 접속 후 도서 자료실 클릭
❷ 하단 검색 창에 검색어 입력
❸ MP3, 정답과 해설, 부가자료 등 첨부파일 다운로드
* 원하는 자료가 없는 경우 '요청하기' 클릭!

MOBILE

* 반드시 '인터넷, Safari, Chrome' App을 이용하여 홈페이지에 접속해주세요. (네이버, 다음 App 이용 시 첨부파일의 확장자명이 변경되어 저장되는 오류가 발생할 수 있습니다.)

❶ 홈페이지 접속 후 ☰ 터치

❷ 도서 자료실 터치

❸ 하단 검색창에 검색어 입력
❹ MP3, 정답과 해설, 부가자료 등 첨부파일 다운로드
* 압축 해제 방법은 '다운로드 Tip' 참고

일단 합격하고 오겠습니다

ZERTIFIKAT DEUTSCH

독일어 능력시험

정은실 지음

A2

동양북스

초판 5쇄 발행 | 2024년 6월 10일

지은이 | 정은실
발행인 | 김태웅
편 집 | 김현아
마케팅 총괄 | 김철영
제 작 | 현대순

발행처 | (주)동양북스
등 록 | 제 2014-000055호
주 소 | 서울시 마포구 동교로22길 14 (04030)
구입문의 | 전화 (02)337-1737 팩스 (02)334-6624
내용문의 | 전화 (02)337-1762 dybooks2@gmail.com

ISBN 979-11-5768-445-8 13750

ⓒ 정은실, 2018

▶ 본 책은 저작권법에 의해 보호를 받는 저작물이므로 무단 전재와 복제를 금합니다.
▶ 잘못된 책은 구입처에서 교환해 드립니다.
▶ 도서출판 동양북스에서는 소중한 원고, 새로운 기획을 기다리고 있습니다.
　http://www.dongyangbooks.com

이 도서의 국립중앙도서관 출판예정도서목록(CIP)은 서지정보유통지원시스템 홈페이지(http://seoji.go.kr)와
국가자료공동목록시스템(http://www.nl.go.kr/kolisnet)에서 이용하실 수 있습니다.
(CIP제어번호:CIP2018031310)

최근 독일어를 배우려는 사람들이 많아지고 있습니다. 저는 10년 넘게 독일어를 가르치고 있는데, 요즘처럼 유학이나 이민, 또는 사업을 목적으로 독일어를 배우려는 사람이 많았던 적이 없었습니다. 미국에 유학을 가기 위해서 토플에 합격해야 하듯이, 독일에는 유학뿐 아니라 이민을 가기 위해서도 독일어 능력시험에 합격을 해야 합니다. 그러나 전문 교재가 없어 시험을 준비하는 학생들이 어려움을 호소하는 것을 많이 들었습니다.

이 책은 독일어 능력시험 A2를 응시하려는 준비생들이 시험의 경향을 파악하고 대비하고, 나아가 시험 성적을 향상시킬 수 있는 방법을 제시하려는 목적에서 집필하게 되었습니다. 이를 위해 중점을 둔 점은 첫째, 어학에서 중요한 말하기, 듣기, 쓰기, 읽기 영역 모두를 골고루 공부할 수 있게 했습니다. 또한 독일어 능력시험의 시험 구성과 동일하게 전 영역의 문제를 수록하였습니다. 실제 시험에서 나올 수 있는 문제를 미리 연습해 봄으로써 시험 준비를 철저하게 할 수 있도록 노력했습니다.

둘째, 문제 유형별 공략 Tip과 필수 어휘, 문법을 수록하여 가장 효과적으로 A2 시험을 준비할 수 있는 내용으로 알차게 구성하였습니다.

셋째, 주제별 필수 어휘에서는 A2 시험에서 출제 빈도가 가장 높은 단어들만을 수록하였습니다. 문법 파트에서는 문제 해석 능력을 위한 기초 문법 및 가장 중요한 문법들을 선별하여 수록하였습니다. 알기 쉽게 풀이된 문법 해설과 연습문제로 구성되어 있어 효과적인 학습이 가능합니다.

넷째, 실제 A2 시험 문제는 아주 실용적인 내용으로 구성되어 있습니다. A2 단계를 합격하기 위해서는 가까운 주변 환경과 관련된 문장, 자주 사용하는 표현들, 예를 들어 본인 및 가족에 관한 정보, 쇼핑, 직업, 가까운 사람이나 장소에 대한 정보 등을 이해할 수 있음을 증명해야 합니다. 또한 간단하게 자신의 출신, 학력, 취미 등을 소개하거나 반복되는 일상 상황에서의 기본적이고 보편적인 주제에 대해서 의사소통을 할 수 있는 능력도 보여줘야 합니다. 이런 것들을 연습할 수 있도록 관련 상황을 예시로 들어 제시하였습니다.

다섯째, A2 시험에서 많이 사용되는 문장들을 원어민이 직접 녹음하여 듣기 훈련을 할 수 있도록 MP3를 제공했습니다. MP3를 반복해서 들으면 문장력과 회화 능력뿐만 아니라 문장 독해 능력 향상에도 도움이 될 것입니다.

독일어에는 'Übung macht den Meister.'라는 속담이 있습니다. '연습을 통해 대가가 된다.'라는 뜻입니다. 어학에는 연습 외에는 다른 왕도(王道)가 없습니다. 누구나 공부를 하다가 중간에 지칠 때가 있을 것입니다. 그 때 위의 독일 속담을 생각하면서 용기를 얻으시고 처음 마음을 끝까지 유지하면서 목표를 이루기 바랍니다!

마지막으로 이 책이 나올 수 있도록 도움을 주신 동양북스 김태웅 사장님과, 열심히 교정과 편집, 디자인을 봐 주신 모든 분들께 감사를 드립니다.

이 책이 독일어 능력시험을 준비하는 많은 분들께 큰 도움이 되었으면 좋겠습니다.

수험생 모두에게 좋은 결과가 있으시기 바랍니다. Viel Glück!

저자 정은실

Inhaltsverzeichnis 차례

Kapitel 1 문제풀이

Lektion 1 ## 읽기 (Lesen) 개요

Lektion 2 ## 듣기 (Hören) 개요

Lektion 3 ## 쓰기 (Schreiben) 개요

Kapitel 2 문법

Kapitel 3 주제별 필수 어휘

Kapitel 4 모의고사

시험 소개

📁 **Goethe-Zertifikat 소개**

Goethe-Institut(독일문화원)의 독일어능력시험으로, 전 세계적으로 공신력을 인정받는 독일어 능력 평가 시험입니다.

1. 종류

Goethe-Institut(독일문화원)의 독일어 시험은 언어에 관한 유럽공통참조기준(CEFR)의 각 수준별 단계에 맞추어 초보자 수준인 A1 단계부터 가장 높은 수준인 C2 단계까지 편성되어 있습니다.

2. 원서 접수 및 결과 확인

- 원서 접수는 온라인 접수 → 접수 완료 메일 발송 → 수험료 입금 → 입금 확인&시험 안내 메일 발송 순으로 진행됩니다.
- A1 - C2 단계의 독일어능력시험 접수는 온라인으로만 가능합니다. 온라인 신청 시 모든 정보는 알파벳으로 작성해야 합니다. (주한독일문화원은 올바르게 작성되지 않은 응시 원서에 대해 책임을 지지 않습니다.)
- 결과는 공지된 일자에 온라인으로 직접 조회할 수 있습니다.

3. 준비물

- 유효한 신분증: 주민등록증, 운전면허증, 기간 만료 전의 여권
- 수험표
- 허용된 필기도구(흑색 또는 청색 볼펜, 만년필 또는 펠트펜)

📁 **Goethe-Zertifikat A2 소개**

Goethe-Zertifikat A2는 성인을 위한 독일어 시험과 청소년을 위한 시험(Goethe-Zertifikat A2 Fit in Deutsch)으로 나뉩니다. 요즘은 청소년들도 일반 Start Deutsch A2를 응시하는 추세입니다. 기본적인 어학 능력을 전제로 하며, 유럽공통참조기준(GER)이 정하는 총 6단계의 능력 척도 중 두 번째 단계(A2)에 해당 됩니다.

 참고 A2의 성인 시험과 청소년 시험은 난이도의 차이는 없으나, 시험 문제에서 다루는 주제가 다릅니다. 청소년 시험의 권장 연령은 만 12-16세이며, 시험의 합격증 형태는 동일합니다.

1. 응시대상

Goethe-Institut(독일문화원)의 시험은 독일 국적 유무에 관계없이 누구나 응시할 수 있습니다. 간단한 수준의 독일어 실력을 증명하고자 하는 자, A2단계의 수료를 원하는 자, 혹은 세계적으로 인증된 공식 증명서를 원하는 자를 대상으로 합니다.

2. 시험구성

Goethe-Zertifikat A2는 읽기, 듣기, 쓰기, 말하기로 구성되며, 시험은 전 세계 동일한 기준으로 시행되고 채점됩니다.

시험과목	문제형식	시험시간
읽기	짧은 본문(신문기사, 이메일, 광고 등)을 읽고 그와 관련된 문제를 풉니다.	30분
듣기	일상 대화, 안내 및 라디오 인터뷰, 전화 메시지, 공공장소의 안내 방송을 듣고 그와 관련된 다양한 문제를 풉니다.	30분
쓰기	직접적인 일상생활과 관련된 메시지를 작성합니다.	30분
말하기	질문과 답변을 통해 자신의 생활을 소개하고, 파트너와 함께 어떤 것을 약속하거나 계획합니다.	약 15분

3. 채점 및 성적

시험 성적은 2인의 시험관/채점관에 의해 독립적으로 채점됩니다. 필기시험에서는 허용된 필기도구(흑색 또는 청색 볼펜, 만년필 또는 펠트펜)로 작성된 표시 및 텍스트만 채점됩니다.

응시자는 본 시험 합격을 통해 가까운 주변 환경과 관련된 문장 및 자주 사용하는 표현들(예: 본인 및 가족에 관한 정보, 쇼핑, 직업, 가까운 사람이나 장소에 대한 정보)을 이해할 수 있음을 증명합니다. 또한 간단하고 반복되는 상황에서 익숙하고 보편적인 주제에 대해 의사소통을 할 수 있고, 자신의 출신/학력/가까운 주변 환경 및 직접적 요구와 관련된 내용들을 서술할 수 있음을 입증합니다. 증서 및 성적은 시험 당일로부터 2년간 유효합니다.

이 책의 구성

이 책은 독일문화원에서 주최하는 A2시험 준비를 위해 최적화된 교재입니다.

A2 시험에는 4가지 영역이 있습니다.

> 1. 읽기 (시간: 30분)
> 2. 듣기 (시간: 30분)
> 3. 쓰기 (시간: 30분)
> 4. 말하기 (시간: 참가자마다 7-8분)

각 영역별 점수는 다음과 같습니다.

> 읽기 20 × 1.25 = 25
> 듣기 20 × 1.25 = 25
> 쓰기 20 × 1.25 = 25
> 말하기 25

총 100점 만점이며, 시험에 합격하기 위해서는 적어도 60점 이상을 받아야만 합니다.

이 책은 총 4장으로 구성되어 있습니다. 시험에 대한 설명과 시험 준비를 위한 유용한 팁(Tipp)을 제공함으로 책은 시작됩니다. 1장에서는 A2 실전 문제를 함께 풀어 봅니다. 2장에서는 문법을 다루고 있으며 3장에서는 주제별 필수 어휘와 함께 연습문제를 첨부하였습니다. 4장은 모의고사로 구성하였습니다. 모의고사를 실제 시험처럼 풀어 보면서 실력을 탄탄히 만들 수 있습니다. 책의 뒤편에는 정답과 듣기 스크립트, 모범답안 등 해설을 첨부하였습니다.

A2 읽기, 듣기, 쓰기, 말하기 문제를 직접 풀어 볼 수 있습니다. 이 부분만 합쳐도 모의고사 1회 분량이 됩니다. 각 문제 유형마다 문제풀이 전략과 적용 연습을 정리했습니다.

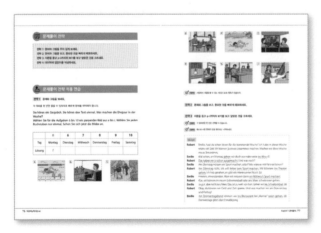

A2 시험을 대비할 때 꼭 알아야 하는 문법과 연습문제를 정리했습니다.

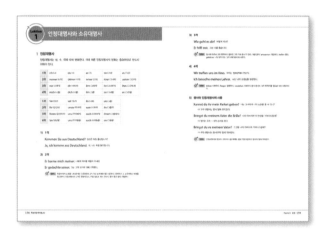

A2 시험에서 출제 빈도가 가장 높은 어휘들을 주제별로 정리했습니다.
MP3 음원과 핸드북을 활용해서 공부해 보세요.

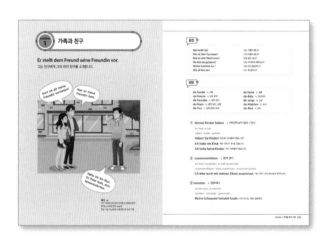

A2 실전 모의고사는 시간을 재면서 실제 시험처럼 풀어 보세요. 문제 해석과
듣기, 스크립트, 어휘 정리가 포함된 모의고사 해설도 정리되어 있습니다.

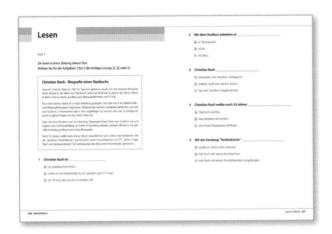

별책부록

MP3 무료 다운로드

원어민이 녹음한 음성 파일을 MP3로 제공합니다.
Kapitel1과 Kapitel4의 Hören 문제, 그리고 Kapitel3 어휘 파트까지
녹음되어 있습니다.
MP3 파일은 동양북스 홈페이지 (www.dongyangbooks.com)
자료실에서 '독일어능력시험'을 검색하면 다운받을 수 있습니다.

▶ 무료 MP3 다운로드

A2 합격 체크북

본문 Hören Skript와 어휘 파트를 정리한 핸드북을 제공합니다.
한손에 쏙 들어오는 사이즈로 가볍게 가지고 다니면서 공부할 수
있습니다.

문제풀이

시험 유형 파악하기

① 읽기 영역 알아보기

읽기 영역은 각각 다른 4개의 유형으로 구성되어 있습니다. 읽기 영역 문제 풀이를 위해서는 짧은 본문을 읽고 이해하는 능력, 일상생활에 관련된 본문을 읽고 정보를 이해하는 능력, 짧고 간단한 편지 등을 이해하는 능력이 요구됩니다.

② 읽기 영역 한 눈에 보기

유형	영역	본문 유형	포인트	문제 유형	점수
1	정보 이해	신문, 잡지 기사	주제와 중요한 관점 위주로 이해	객관식	5
2	안내서 이해	메뉴얼, 건물 층별 안내문	세부적으로 이해, 메뉴얼의 내용 숙지	객관식	5
3	편지 이해	E-mail	주제와 중요한 관점 위주로 이해	객관식	5
4	방향성 이해	광고	주제를 파악하여 올바르게 연결	분류	5

③ 유형 구분

읽기 문제는 총 4가지 유형으로 구성되어 있으며, 각 유형당 5개의 문제가 주어집니다. (제한 시간 30분)

유형 1 (5점)

하나의 신문(잡지) 기사와 함께 5개의 문제가 주어집니다. (0번은 예시 문제입니다.)

각 질문별로 알맞은 답에 ×표를 합니다. (정답에 ×표를 하는 것이니 헷갈리지 마세요!)

유형 2 (5점)

하나의 건물 층별 안내문 또는 메뉴얼과 함께 5개의 문제가 주어집니다. 각 정보와 일치하는 답에 X표를 합니다.

유형 3 (5점)

하나의 이메일과 함께 5개의 문제가 주어집니다. 각 질문별로 알맞은 답에 ×표를 합니다.

유형 4 (5점)

6개의 짧은 광고 글과 함께 5개의 문제가 주어집니다. 각 문제의 상황과 일치하는 광고문을 연결해야 합니다.

시간 및 채점

— 시험 시간은 총 30분이며, 시간 내에 답안지에 기입해야 합니다.

— 읽기 영역은 총 20문제가 출제되며 각 문제당 1점으로 총 20점이 배정됩니다.
  읽기 영역은 최종적으로 1.25의 환산 지수가 곱해져 총 25점으로 변환되어 최종 점수가 매겨집니다.

— 시험은 총 100점 만점이며, 시험에 합격하기 위해서는 적어도 60점 이상을 받아야 합니다.

— 각 본문마다 하나의 질문에 대답하게 되며, 사전, 핸드폰, 메모 등의 사용은 금지됩니다.

※전체 해석은 독어 지문의 어휘와 문법 구조를 최대한 살려 직역하였습니다.

Teil 1

Sie lesen in einer Zeitung diesen Text.

Wählen Sie für die Aufgaben 1 bis 5 die richtige Lösung a, b oder c.

Carmen Hansen(38) ist Produktmanagerin und lebt in München.

„Weihnachten ist für mich wie ein Stück Heimat."

Ich wohne seit zehn Jahren in München. Jedes Jahr fahre ich an Weihnachten nach Krefeld, in der Nähe von Köln. Dort feiere ich mit der Familie und den Freunden das Weihnachten. Für mich gibt es keine Verbindung zwischen Weihnachten und Geschäft. Wir schenken uns nur Kleinigkeiten, zum Beispiel ein Buch oder eine CD. Der Besuch an Weihnachten ist immer etwas Besonderes. Die Atmosphäre ist ganz speziell. Es ist gemütlich und sehr besinnlich. An Heiligabend treffe ich vormittags meine Freunde, die in anderen Städten wohnen. An Weihnachten kommen wir alle nach Hause und frühstücken zusammen.

Wir gehen an Weihnachten auch in die Kirche. Ich gehe in einem Jahr nicht oft in die Kirche. An Weihnachten aber gehört das dazu. Wir gehen am 24. Dezember um 21 Uhr, in eine kleine Dorfkirche in der Eifel. Es stimmt, dass Weihnachten das Fest der Nächstenliebe ist. Aber diese Nächstenliebe sollten wir auf jeden Fall das ganze Jahr lang leben und nicht nur an den Weihnachtsfeiertagen. Ich habe keine Kinder. Aber wenn ich Kinder hätte, würde ich die Art, wie wir Weihnachten feiern und das, was Weihnachten für mich bedeutet, gerne an sie weitergeben. Es gibt heute nicht mehr so viele Traditionen, die man gemeinsam lebt. Weihnachten ist für mich wie ein Stück Heimat. Es ist die Möglichkeit, einmal im Jahr meine Familie und Freunde um mich herum zu versammeln. Auch deshalb ist es für mich kein Fest von gestern.

aus Deutscher Zeitschrift

Beispiel

0   An Weihnachten fährt Carmen _____

      ⓐ nirgendswohin

      ☒ nach Krefeld

      ⓒ nach Köln

1   An Weihnachten schenkt Carmens Familie _____

      ⓐ immer ein Buch und eine CD.

      ⓑ nur kleine Sachen.

      ⓒ nichts, weil es zu materiell ist.

2   An Weihnachten _____

      ⓐ ist die Stimmung speziell.

      ⓑ ist die Stimmung wegen den Geschenken stressig.

      ⓒ trifft sie vormittags ihre Freunde.

3   Sie geht an Weihnachten _____

      ⓐ wie immer in die Kirche .

      ⓑ nicht zur Dorfkirche.

      ⓒ in die Kirche, obwohl sie sonst nicht so oft dorthin geht.

4 **Wenn Carmen Kinder hätte,** _____

     a würde sie wie ihre Familie feiern.

     b würde sie nicht nach Köln fahren.

     c hätte sie keine Möglichkeit zu feiern.

5 **Weihnachten ist** _____

     a schon seit langem nicht mehr schön.

     b die Gelegenheit, einmal im Jahr die ganze Familie zu treffen.

     c für Carmen nur ein Fest.

당신은 신문에서 이 본문을 읽게 됩니다.

1~5번까지 문제를 읽고 a, b, c 중 알맞은 정답을 고르세요.

카르멘 한센(38)은 제작 매니저이고 München에 산다.

"크리스마스는 나에게 고향과 같은 일부이다."

나는 10년간 뮌헨에 살고 있다. 매년 크리스마스마다 나는 Köln 근처의 도시인 Krefeld로 간다. 그곳에서 나는 가족과 친구들과 함께 크리스마스를 기념한다. 나에게 있어서 크리스마스와 상업 사이의 연관성은 전혀 없다. 우리는 늘, 예를 들어 책이나 CD와 같은 작은 것들을 서로 선물한다. 크리스마스 때에 방문하는 것은 항상 특별하다. 분위기도 완전히 특별하다. 그것은 편안하고 사색적이다. 크리스마스 전날 오전에는 다른 도시에 사는 친구들을 만난다. 크리스마스 당일에 우리는 모두 집에 와서 함께 아침을 먹는다.

우리는 또한 크리스마스 때 교회에 간다. 일 년 중 평소에 나는 교회에 자주 가지는 않는다. 하지만 크리스마스 때가 가는 날 중에 속한다. 우리는 Eifel에 있는 작은 마을 교회에 12월 24일 21시에 간다. 크리스마스가 이웃 사랑 자선 축제임은 사실이다. 그러나 자선 활동은 크리스마스 연휴뿐만 아니라 일 년 동안 해야 하는 것이다. 나는 아이들이 없다. 그러나 내가 아이들이 있다면, 나는 우리가 하는 것처럼, 우리가 어떻게 크리스마스를 기념하고, 크리스마스가 나에게 어떤 의미인지를 그들에게 물려주고 싶다. 오늘날에는 공존해서 살아가는 전통이 더 이상 많이 남아 있지 않다. 크리스마스는 나에게 고향과 같은 일부이다. 그것은 1년에 한 번 가족과 친구들이 모일 수 있는 기회이다. 그래서 나에게 크리스마스는 지난날의 축제가 아니다.

어휘 **das Weihnachten** [n.] 크리스마스 | **wie** [cj] ~와 같이 | **das Stück** [n.] 부분, 조각 | **die Heimat** [n.] 고향 | **seit** [prp.] ~이래로 | **in der Nähe** 가까운 | **von** [prp.] ~로부터 | **die Verbindung** [n.] 연결, 결합 | **schenken** [v.] 선물하다 | **die Atmosphäre** [n.] 분위기 | **ganz** [a.] 완전히 | **speziell** [a.] 특별한 | **besinnlich** [a.] 사색적인, 명상적인 | **die Kleinigkeit** [n.] 작은 선물, 사소한 것 | **der Urlaub** [n.] 휴가 | **der Heiligabend** [n.] 크리스마스 이브 | **während** [prp.] ~하는 동안에 | **die Nächstenliebe** [n.] 이웃에 대한 사랑 | **würde** [v.] ~하겠다 (werden의 접속법 2식) | **auf jeden Fall** 어떤 경우에도 | **nicht mehr** 더 이상 ~아니다 | **es stimmt** ~은 맞다 | **weitergeben** [v.] 물려주다, 이어서 주다 | **aufstellen** [v.] 세우다, 놓다 | **gemeinsam** [a.] 공동의 | **die Tradition** [n.] 전통 | **die Möglichkeit** [v.] 가능성 | **gestern** [adv.] 어제

0 크리스마스 때 Carmen은 _____

    ⓐ 어디에도 가지 않는다.

    ⓑ Krefeld에 간다.

    ⓒ Köln에 간다.

> **어휘**   **nirgendswo** [adv.] 어디에도 ~없다 | **nach** [prp.] ~로, ~향해서

1 크리스마스에 Carmen의 가족들은 _____

    ⓐ 항상 책과 CD를 선물한다.

    ⓑ 작은 것들만 선물한다.

    ⓒ 그것은 상업적이므로 아무것도 선물하지 않는다.

> **어휘**   **nichts** [prn.] 아무것도 ~않다 | **materiell** [a.] 물질의

2 크리스마스에는 _____

    ⓐ 분위기가 특별하다.

    ⓑ 선물 때문에 스트레스를 받는다.

    ⓒ 그녀가 오전에 그녀의 친구들을 만난다.

> **어휘**   **die Stimmung** [n.] 분위기 | **speziell** [a.] 특별한, 특수한 | **wegen** [prp.] ~때문에 (2격 전치사) | **stressig** [a.] 스트레스를 주는 | **vormittags** [adv.] 오전에

3 그녀는 크리스마스에 _____

    ⓐ 언제나처럼 교회에 간다.

    ⓑ 작은 교회에 가지 않는다.

    ⓒ 그렇게 자주 교회에 가지는 못하지만 마을 교회에 간다.

> **어휘**   **das Dorf** [n.] 마을 | **die Kirche** [n.] 교회 | **obwohl** [cj.] ~임에도 불구하고 | **oft** [adv.] 종종, 자주 | **dorthin** [adv.] 거기로, 저곳으로

4　**Carmen**이 아이가 있다면, _____

- [a̶] 지금 그녀의 가족처럼 기념할 것이다.

- [b] 쾰른에 오지 않았을 것이다.

- [c] 축제를 할 가능성이 없었을 것이다.

> **어휘**　**hätte** [v.] ～있다면 (haben의 접속법 2식) | **würde** [v.] ～하겠다 (werden의 접속법 2식) | **die Möglichkeit** [v.] 가능성

5　크리스마스는 _____

- [a] 이미 오래 전부터 더 이상 아름답지 않다.

- [b̶] 한 해 중에 한 번 모든 가족들을 함께 만날 수 있는 기회이다.

- [c] Carmen에게 단지 축제일 뿐이다.

> **어휘**　**schon** [adv.] 이미 | **seit** [prp.] ～이래로 | **nicht mehr** 더 이상 ～아니다 | **die Gelegenheit** [n.] 기회 | **treffen** [v.] 만나다 | **nur** [adv.] 단지 | **das Fest** [n.] 축제

문제풀이 전략

전략 1: 질문을 파악하세요.

전략 2: 본문을 정확하게 읽고 주제를 파악하세요.

전략 3: 질문을 읽어 보세요.

전략 4: 본문과 질문에 함께 언급되어 있는 단어를 찾아 보세요.

전략 5: 답안지를 작성하세요.

 Goethe – Institut의 시험은 올바른 답에 × 표시를 하게 되어 있습니다.

🎯 **TIPP!** 본문이 어렵다면, 질문을 먼저 이해하고 본문에서 답을 찾아 보세요!

 문제풀이 전략 적용 연습

전략 1 | 질문을 파악하고, 중요 단어를 적어 보세요.

Situation

본문의 제목과 첫 단락을 읽어 보세요.

지문의 주제를 유추해 보세요.

전략 2 | 본문을 정확하게 읽어 보세요.

본문의 주제가 무엇입니까? 한 문장으로 요약해 보세요.

전략 3 & 전략 4 질문을 읽어 보세요.

중요한 단어에 밑줄을 긋고, 본문과 질문에 함께 언급되어 있는 단어를 찾아 보세요.

Beispiel

0   **An Weihnachten <u>fährt</u> Carmen** _____

      [a] nirgendswohin

      [b] nach <u>Krefeld</u>

      [c] nach <u>Köln</u>

„Weihnachten ist für mich wie ein Stück Heimat.“

Ich wohne seit zehn Jahren in München. Jedes Jahr <u>fahre ich</u> an Weihnachten <u>nach Krefeld, in der Nähe von Köln</u>.

본문을 보면 크리스마스에 매년 **Krefeld**로 간다고 언급되어 있습니다. **Köln**도 본문에 나와 있으나, **Krefeld**의 근처에 있다는 의미로 서술되어 있습니다. 그러므로 답은 **b**가 됩니다.

문제풀이 연습

본문을 읽고, 주제를 파악하고 질문을 다시 읽어 보세요. 중요한 단어에 밑줄을 긋고, 본문과 질문에 함께 언급되어 있는 단어를 찾아 보세요. 문제풀이 전략을 참고하여 문제풀이를 연습해 봅시다.

Aufgabe 1

---

1   An Weihnachten schenkt Carmens Familie...

    [a] <u>immer</u> ein Buch, und eine CD.

    [b] nur <u>kleine Sachen</u>.

    [c] <u>nichts</u>, weil es zu <u>materiell</u> ist.

Wir schenken uns <u>nur Kleinigkeiten</u>, <u>zum Beispiel ein Buch oder eine CD</u>.

본문에 '작은 것들을 선물한다.'라고 언급되어 있습니다. 책과 CD도 언급되어 있으나, '항상 책과 CD를 준다.'가 아닌 작은 선물의 예시로 책과 CD를 언급하고 있습니다. 그러므로 b가 답이 됩니다. c에 대한 언급은 없습니다.

Aufgabe 2

---

2   An Weihnachten...

    [a] ist die Stimmung <u>speziell</u>.

    [b] ist die Stimmung <u>wegen den Geschenken stressig</u>.

    [c] trifft sie <u>vormittags ihre Freunde</u>.

<u>Die Atmosphäre ist ganz speziell</u>. Es ist gemütlich und sehr besinnlich. <u>An Heiligabend</u> treffe ich <u>vormittags meine Freunde</u>...

밑줄 그은 핵심 단어들을 보면, 본문에서 분위기가 특별하다고 언급하고 있습니다. 오전에 친구들을 만나는 날은 크리스마스 당일이 아닌, 크리스마스 이브임을 본문을 통해 확인할 수 있습니다. 답은 a가 됩니다.

 TIPP!   본문과 문제에서 유의어들을 주의 깊게 보면 문제를 풀 때 유용합니다.

Aufgabe 3

> **3   Sie geht an Weihnachten...**
>
>   [a] wie immer in die Kirche.
>
>   [b] nicht zur Dorfkirche.
>
>   [c] in die Kirche, obwohl sie sonst nicht so oft dort hin geht.

> Wir gehen an Weihnachten auch in die Kirche.
>
> Ich gehe in einem Jahres nicht oft in die Kirche. An Weihnachten aber gehört das dazu.
>
> Wir gehen am 24. Dezember um 21 Uhr, in eine kleine Dorfkirche in der Eifel.

보기의 단어들은 모두 본문에 언급되어 있습니다. 하지만 핵심 단어들을 보면, 자주 교회에 가는 것은 아니지만, 크리스마스 이브에는 가고, 작은 시골 교회를 간다고 언급되어 있습니다. a는 언제나처럼 교회에 간다고 되어 있으므로 오답입니다. 그러므로 답은 c가 됩니다.

Aufgabe 4

> **4   Wenn Carmen Kinder hätte,...**
>
>   [a] würde sie wie ihre Familie feiern.
>
>   [b] würde sie nicht nach Köln fahren.
>
>   [c] hätte sie keine Möglichkeit zu feiern.

> Aber wenn ich Kinder hätte, würde ich die Art, wie wir Weihnachten feiern und das, was Weihnachten für mich bedeutet, gerne an sie weitergeben.

아이가 있었다면 지금처럼 성탄절을 기념하고, 축하하는 일을 하고 싶다고 본문에 언급되어 있습니다. 그러므로 답은 a가 됩니다.

Aufgabe 5

---

5   Weihnachten ist...

      a schon seit langem <u>nicht mehr schön</u>.

      b die Gelegenheit, einmal im Jahr <u>die ganze Familie zu treffen</u>.

      c für Carmen <u>nur</u> ein Fest <u>von gestern</u>.

Es gibt <u>heute nicht mehr so viele Traditionen</u>, die man gemeinsam lebt. Weihnachten ist für mich wie ein Stück Heimat. Es ist die <u>Möglichkeit</u>, einmal im Jahr meine <u>Familie</u> und <u>Freunde</u> um mich herum zu <u>versammeln</u>. Auch deshalb ist es für mich <u>kein Fest von gestern</u>.

본문을 살펴보면, **Carmen**은 성탄절이 그저 지나간 옛 축제가 아니라, 한 해에 한 번 가족과 친구들을 만날 수 있는 기회라고 생각하며, 함께할 수 있는 전통이 사라지고 있음을 아쉬워하고 있습니다. 그러므로 답은 **b**가 됩니다.

⊙ **TIPP!** 본문의 문장과 문제의 문장에서 의미가 비슷한 단어들을 찾으세요.

⊙ **TIPP!** 문제의 단어들은 대부분 본문에서 같은 의미의 다른 단어로 쓰여 있습니다. 항상 정확하게 문제를 파악하세요!

Teil 2

Sie lesen die Informationstafel in einem Kaufhaus.

Lesen Sie die Aufgaben 6 bis 10 und den Text. In welchen Stock gehen Sie?

Wählen Sie die richtige Lösung $\boxed{a}$, $\boxed{b}$ oder $\boxed{c}$.

Beispiel

0   Sie suchen einen Tisch.

$\boxed{a}$ 4. Stock

$\boxed{\text{b}}$ 2. Stock

$\boxed{c}$ anderer Stock

6   Sie möchten einen Kaffee trinken gehen.

$\boxed{a}$ 2. Stock

$\boxed{b}$ 4. Stock

$\boxed{c}$ anderer Stock

7   Sie möchten ein Gepäck für Ihre Reise kaufen.

$\boxed{a}$ 3. Stock

$\boxed{b}$ UG

$\boxed{c}$ anderer Stock

8 Sie möchten einem Freund CDs schenken.

     ☐a 2. Stock

     ☐b 3. Stock

     ☐c anderer Stock

9 Sie wollen Ihre Haare färben.

     ☐a 4. Stock

     ☐b EG

     ☐c anderer Stock

10 Sie wollen Ihre Jacke erneuern lassen.

     ☐a 1. Stock

     ☐b EG

     ☐c anderer Stock

Kaufhaus Galleria	
4. Stock	Bücher, CDs, DVDs, Videospiele, Geschenke, Spielsachen, Brieftaschen und Geldbeutel, Café, Friseur- und Nagelstudio, Kunden-WC
3. Stock	Handys, Telefone, MP3-Player, CD-Player, DVD-Player, Radios, Fernseher, Computer, Notebooks, Tablets, Software, Drucker, Sportkleidung, Arbeitskleidung
2. Stock	Herrenmode, Nachtwäsche für ihn, Unterwäsche für ihn, Möbel, Bad und Küche, Teppiche, Lampen, Gardinen, Kissen, Decken, Stoffe und Dekoartikel, Handtücher
1. Stock	Damenmode, Nachtwäsche für sie, Unterwäsche für sie, Koffer, Mode für Kinder und Jugendliche, Babybekleidung, Kinderwagen, Schuhe, Geschirr und Gläser, Besteck, Töpfe und Pfannen, Grills
EG	Information, Parfüm, Kosmetik, Schreibwaren, Glückwunschkarten, Kalender, Uhren, Schmuck, Souvenirs, Schuhwerkstatt, Kleider-Reparatur, Schlüsseldienst, Blumenladen
UG	Bäcker, Supermarkt, Putz- und Waschmittel, Fotoservice, Tabak, Zeitschriften und Zeitungen, Theater- und Konzertkarten, Reisebüro, Geldautomat, Kunden-WC

다음 백화점의 층별 목록을 읽고, 6-10번까지의 문제를 풀어 보세요. 어디로 가야 합니까?
a, b, c 중에서 정답을 고르세요.

0 당신은 책상을 찾습니다.

  a 4층(한국식 5층)

  b̶ 2층(한국식 3층)

  c 다른 층

  어휘 **suchen** [v.] 찾다 | **der Tisch** [n.] 책상 | **der Stock** [n.] (건물 따위의) 층

6 당신은 커피 마시러 가기를 원합니다.

  a 2층(한국식 3층)

  b̶ 4층(한국식 5층)

  c 다른 층

  어휘 **möchten** [v.] 원하다 (mögen의 접속법 2식) | **trinken** [v.] 마시다

7 당신은 여행을 위한 여행 가방을 구매하고 싶습니다.

  a 4층(한국식 5층)

  b 지하

  c̶ 다른 층

  어휘 **das Gepäck** [n.] 수하물, 여행 가방 | **die Reise** [n.] 여행

8 당신은 친구에게 **CD**를 선물하려고 합니다.

    ☐ⓐ 2층(한국식 3층)

    ☐ⓑ 3층(한국식 4층)

    ☒ⓒ 다른 층

    어휘   **schenken** [v.] 선물하다

9 당신은 머리 염색하기를 원합니다.

    ☒ⓐ 4층(한국식 5층)

    ☐ⓑ 0층(한국식 1층)

    ☐ⓒ 다른 층

    어휘   **wollen** [v.] ~을 원하다 (화법조동사) | **färben** [v.] 염색하다

10 당신은 재킷을 수선하기를 원합니다.

    ☐ⓐ 1층(한국식 2층)

    ☒ⓑ 0층(한국식 1층)

    ☐ⓒ 다른 층

    어휘   **die Jacke** [n.] 재킷 | **erneuern** [v.] 수선하다 | **lassen** [v.] 놓아두다

Kaufhaus Galleria	
5층	책, CD, DVD, 비디오, 선물, 장난감, 작은 가방, 지갑, 카페, 미용실, 네일아트샵, 화장실
4층	핸드폰, 전화기, MP3 플레이어, CD 플레이어, DVD 플레이어, 라디오, 텔레비전, 컴퓨터, 노트북, 태블릿, 소프트웨어, 인쇄기, 스포츠 의류, 작업복
3층	남성복, 남성 잠옷, 남성 속옷, 가구, 침대, 키친, 카펫, 조명, 커튼, 쿠션, 덮개, 장식품, 수건
2층	여성복, 여성 잠옷, 여성 속옷, 여행 캐리어, 아동복, 청소년 옷, 신생아 옷, 유모차, 신발, 식기와 유리컵, 식사 도구(나이프, 포크, 스푼), 냄비와 프라이팬, 석쇠
1층	안내데스크, 향수, 화장품, 볼펜, 축하 카드, 달력, 시계, 보석, 기념품, 구두 수선, 옷 수선, 열쇠집, 꽃집
지하	빵집, 슈퍼, 청소-빨래 도구, 사진 서비스, (가공된) 담배, 잡지와 신문, 극장, 콘서트 티켓(티켓 박스), 여행사, 현금인출기, 화장실

문제풀이 전략

전략 1: 질문을 파악하세요.

전략 2: 질문을 읽고, 핵심 단어에 밑줄을 그으세요.

전략 3: 보기를 읽어 보세요.

전략 4: 정보가 적힌 목록에서 핵심 단어를 찾아 밑줄을 그으세요.

전략 5: 답안지를 작성하세요.

 ## 문제풀이 전략 적용 연습

전략 1 질문을 파악하세요.

> **0** **Sie suchen einen Tisch.**

전략 2 질문을 읽고, 핵심 단어에 밑줄을 그으세요.

> **0** **Sie suchen <u>einen Tisch.</u>**

전략 3 보기를 읽어 보세요.

> a   4. Stock
>
> b   2. Stock
>
> c   anderer Stock

보기에 있는 층의 있는 층의 목록들을 살펴보고, 문제의 핵심 단어와 연결된 것이 있는 층을 찾아 보세요.

전략 4 정보가 적힌 목록에서 핵심 단어를 찾아 밑줄을 그으세요.

4. Stock	Bücher, CDs, DVDs, Videospiele, Geschenke, Spielsachen, Brieftaschen und Geldbeutel, Café, Friseur- und Nagelstudio, Kunden-WC

2. Stock	Herrenmode, Nachtwäsche, Unterwäsche, <u>Möbel</u>, Bad und Küche, Teppiche, Lampen, Gardinen, Kissen, Decken, Stoffe und Dekoartikel, Handtücher

답은 가구가 있는 2층(한국식 3층)이 됩니다.

전략 5 답안지를 작성하세요.

문제풀이 연습

Aufgabe 6

질문에서 핵심 단어에 밑줄을 그어 보세요.

---

6 Sie möchten einen Kaffee trinken gehen.

  a 2. Stock

  b 4. Stock

  c anderer Stock

보기에 나온 층에서 질문과 연관이 있는 단어들에 밑줄을 그어 보세요.

2. Stock	Herrenmode, Nachtwäsche, Unterwäsche, Möbel, Bad und Küche, Teppiche, Lampen, Gardinen, Kissen, Decken, Stoffe und Dekoartikel, Handtücher

4. Stock	Bücher, CDs, DVDs, Videospiele, Geschenke, Spielsachen, Brieftaschen und Geldbeutel, Café, Friseur- und Nagelstudio, Kunden-WC

지문에 나온 문제에서 커피를 마실 수 있는 장소는 카페가 있는 4층(한국식 5층) 입니다. 그러므로 답은 b가 됩니다.

Aufgabe 7

7   Sie möchten ein Gepäck für Ihre Reise.

     [a] 3. Stock

     [b] UG

     [c] anderer Stock

3. Stock	Handys, Telefone, MP3-Player, CD-Player, DVD-Player, Radios, Fernseher, Computer, Notebooks, Tablets, Software, Drucker, Sportkleidung, Arbeitskleidung
UG	Bäcker, Supermarkt, Putz- und Waschmittel, Fotoservice, Tabak, Zeitschriften und Zeitungen, Theater- und Konzertkarten, Reisebüro, Geldautomat, Kunden-WC

보기에 나온 층에는 여행용 가방을 살 수 있는 곳이 없습니다. UG의 Reisebüro는 여행사입니다. 그러므로 답은 c가 됩니다. (Koffer는 1.Stock에서 구매 가능)

Aufgabe 8

8   Sie möchten einem Freund CDs schenken.

     [a] 2. Stock

     [b] 3. Stock

     [c] anderer Stock

2. Stock	Herrenmode, Nachtwäsche, Unterwäsche, Möbel, Bad und Küche, Teppiche, Lampen, Gardinen, Kissen, Decken, Stoffe und Dekoartikel, Handtücher
3. Stock	Handys, Telefone, MP3-Player, CD-Player, DVD-Player, Radios, Fernseher, Computer, Notebooks, Tablets, Software, Drucker, Sportkleidung, Arbeitskleidung

그는 CD를 구매하기 원하지만, 보기에 나온 층에는 CD 플레이어만 구입이 가능합니다. 그러므로 답은 c가 됩니다. (CD는 4층에서 구매 가능합니다.)

Aufgabe 9

---

9   Sie wollen Ihre <u>Haare färben</u>.

    a 4. Stock

    b EG

    c anderer Stock

---

4. Stock	Bücher, CDs, DVDs, Videospiele, Geschenke, Spielsachen, Brieftaschen und Geldbeutel, Café, <u>Friseur-</u> und Nagelstudio, Kunden-WC
EG	Information, Parfüm, Kosmetik, Schreibwaren, Glückwunschkarten, Kalender, Uhren, Schmuck, Reiseführer, Souvenirs, Schuhwerkstatt, Kleider-Reparatur, Schlüsseldienst, Blumenladen

염색을 하기 위해서는 미용실을 가야 합니다. 답은 a가 됩니다.

Aufgabe 10

---

10   Sie wollen Ihre <u>Jacke</u> erneuern lassen.

    a 1. Stock

    b EG

    c anderer Stock

---

1. Stock	<u>Damenmode</u>, Nachtwäsche für sie, Unterwäsche für sie, Freizeittaschen, Koffer, Mode für Kinder und Jugendliche, <u>Babybekleidung</u>, Kinderwagen, Schuhe, Geschirr und Gläser, Besteck, Töpfe und Pfannen, Grills
EG	nformation, Parfüm, Kosmetik, Schreibwaren, Glückwunschkarten, Kalender, Uhren, Schmuck, Reiseführer, Souvenirs, Schuhwerkstatt, <u>Kleider-Reparatur</u>, Schlüsseldienst, Blumenladen

재킷이 언급되어 있으므로 1층(한국식 2층)이라고 생각할 수 있으나, 질문에서 원하는 것은 옷을 수선하는 장소입니다. 그러므로 답은 b가 됩니다.

Teil 3

Sie lesen eine E-mail. Wählen Sie für die Aufgaben 11 bis 15 die richtige Lösung a, b oder c.

An... ROSA88@dongyangbooks.com

Cc... Masikmarie@dongyangbooks.com

Betreff:

Liebe Rosa,

vielen Dank für deine Einladung zum Geburtstag. Aber ich muss leider am Freitag bis 22 Uhr arbeiten. Vielleicht können wir uns am nächsten Dienstag treffen. Am Montag habe ich einen wichtigen Termin, aber danach habe ich Zeit. Wann geht es bei dir? Wenn du da auch Zeit hast, schreib mir einfach. Ich kann zum München Hauptbahnhof fahren. Kannst du mich abholen? Am besten treffen wir uns vor dem Hauptbahnhof, wo die große Uhr steht. Und was machen wir dann? Ich habe gerade den Fahrplan auf der Internetseite angeschaut. Ich komme ungefähr um 13 Uhr am München Hbf an. Dann haben wir genug Zeit. Was machen wir dann? Hast du schon eine Idee? Ich möchte einkaufen gehen, weil ich eine neue Bluse und ein blaues Kleid haben will. Ach ein schönes Geschenk habe ich auch schon für dich. Ich hoffe, dass es dir gefallen wird. Schreib mir bitte schnell, damit ich die Fahrkarte reservieren kann. Feier schön und hoffentlich bis nächste Woche!

Liebe Grüße
Marie

11 Marie schreibt, dass...

    [a] sie gern zur Geburtstagsparty kommt.

    [b] sie da leider arbeiten muss.

    [c] sie Rosa einladen will.

12 Marie will...

    [a] am Montag zu Rosa kommen.

    [b] Rosa ein blaues Kleid schenken.

    [c] am Dienstag Rosa besuchen.

13 Marie hat gefragt,...

    [a] ob Rosa sie abholen kann.

    [b] was Rosa als Geschenk bekommen will.

    [c] ob Rosa sie besuchen kann oder nicht.

14 Marie hat gesagt,...

    [a] dass sie am Montag Zeit hat.

    [b] dass sie neue Kleider kaufen will.

    [c] dass sie schon am München Hauptbahnhof ist.

15 Marie und Rosa treffen...

    [a] sich unbedingt vorm München Hauptbahnhof, wo die Uhr steht.

    [b] sich um 13 Uhr vorm Kaufhaus.

    [c] sich vorm München Hauptbahnhof, wenn Rosa auch am Dienstag Zeit hat.

이메일을 읽으세요. 11-15번 문제를 읽고, a, b, c 중에서 정답을 고르세요.

사랑하는 Rosa에게.

생일 파티에 초대해 줘서 고마워. 하지만 나는 금요일에 유감스럽게도 저녁 10시까지 일을 해야 해. 어쩌면 우리 다음 주 화요일에 만날 수도 있겠다. 월요일에는 내가 중요한 일정이 하나 있거든, 하지만 그 다음에는 시간이 있어. 너는 언제 가능해? 너도 그 때 시간이 있다면, 나에게 빨리 답해 줘. 나는 München 중앙역으로 갈 수 있어. 너는 나를 마중 나올 수 있니? 가장 좋은 건 우리가 중앙역 큰 시계 앞에서 만나는 거야. 그리고 그 다음 우리는 무엇을 할까? 나는 방금 기차 운행 시간표를 인터넷 사이트에서 봤어. 나는 대략 오후 한 시에 München 중앙역에 도착할 것 같아. 그럼 우리에겐 충분한 시간이 있어. 무엇을 할까? 네가 이미 생각해 둔 것이 있니? 난 쇼핑을 하고 싶어, 왜냐하면 나는 새 블라우스와 파란색 원피스를 갖고 싶기 때문이야. 아 맞다, 너에게 줄 예쁜 선물도 이미 있어. 너의 맘에 들면 좋겠어. 내가 티켓을 예약할 수 있도록 빨리 답장 줘. 즐겁게 파티하고, 다음 주에 볼 수 있기를 바란다!

사랑과 안부를 담아
Marie가

어휘 **die Einladung** [n.] 초대 ǀ **der Geburtstag** [n.] 생일 ǀ **vielleicht** [adv.] 어쩌면 ǀ **ungefähr** [adv.] 약, 대략 ǀ **schreiben** [v.] 쓰다 ǀ **einfach** [adv.] 빨리, 지체 없이 ǀ **der Hbf.** [n.] 중앙역 (Hauptbahnhof의 약어) ǀ **der Fahrplan** [n.] 운행 시간표 ǀ **die Internetseite** [n.] 인터넷 사이트 ǀ **haben...angeschaut** [v.] 살펴보다, 바라보다 (anschauen의 현재완료) ǀ **es gefällt...** 맘에 들다 ǀ **reservieren** [v.] 예약하다 ǀ **hoffentlich** [adv.] 바라건대

---

11   Marie는 편지를 씁니다...

  [a] 그녀가 생일파티에 기꺼이 온다고.

  [b] 그녀는 그때 유감스럽게도 일을 해야 한다고.

  [c] 그녀는 Rosa를 초대하기를 바란다고.

  어휘 **dass** [cj.] ~인 것 ǀ **einladen** [v.] 초대하다

---

12 Marie는 하고 싶습니다...

　a　월요일에 Rosa에게 오는 것을.

　b　Rosa 에게 파란색 원피스를 선물로 주는 것을.

　☒　화요일에 Rosa를 방문하는 것을.

> **어휘**　**wollen** [v.] 하고 싶다 (화법조동사) | **das Geschenk** [n.] 선물 | **das Kleid** [n.] 원피스

13 Marie는 물었습니다...

　☒　Rosa가 그녀를 마중 나올 수 있는지를.

　b　Rosa가 무엇을 선물로 받고 싶어 하는지를.

　c　Rosa 그녀를 방문할 수 있는지 아니면 없는지를.

> **어휘**　**haben...gefragt** [v.] 물었다 (fragen의 현재완료) | **abholen** [v.] 마중 오다 | **bekommen** [v.] 받다 | **besuchen** [v.] 방문하다

14 Marie는 말했습니다...

　a　그녀는 월요일에 시간이 있다고.

　☒　그녀는 새로운 옷을 구매하기를 원한다고.

　c　그녀는 이미 München 중앙역이라고.

> **어휘**　**haben...gesagt** [v.] 말했다 (sagen의 현재완료) | **die Zeit** [n.] 시간

15 Marie 와 Rosa는 만납니다...

　a　무조건 München 중앙역 앞 시계가 있는 곳에서.

　b　13시에 백화점 앞에서.

　☒　München 중앙역 앞에서, 만약 Rosa도 화요일에 시간이 있다면.

> **어휘**　**sich treffen** [v.] 만나다 | **unbedingt** [adv.] 무조건 | **wenn** [cj.] ~하면

전략 1: 문제를 파악하세요.
전략 2: E-mail을 읽어 보세요. 시간은 약 2-3분 정도가 적당합니다.
전략 3: 질문과 보기를 읽어 보세요.
전략 4: 핵심 단어에 밑줄을 그으세요.
전략 5: 문제와 보기에 언급되어 있는 것을 본문에서 찾으세요.
전략 6: 답안지를 작성하세요.

 문제풀이 전략 적용 연습

전략 1 문제를 파악하세요.

전략 2 E-mail을 읽어 보세요. 시간은 약 2-3분 정도가 적당합니다.

E-mail을 읽은 후 내용의 주세를 적어 보세요.

전략 3 질문과 보기를 읽어 보세요.

> **11 Marie schreibt, dass...**
>
> ⓐ sie gern zur Geburtstagsparty kommt.
>
> ⓑ sie da leider arbeiten muss.
>
> ⓒ sie Rosa einladen will.

11 Marie schreibt, dass...

    a sie gern zur Geburtstagsparty kommt.

    b sie da leider arbeiten muss.

    c sie Rosa einladen will.

전략 5 문제와 보기에 언급되어 있는 것을 본문에서 찾으세요.

Vielen Dank für deine Einladung zum Geburtstag. Aber ich muss leider am Freitag bis 22 Uhr arbeiten.

Aufgabe 11

---

11   Marie schreibt, dass...

    a sie gern zur Geburtstagsparty kommt.

    b sie da leider arbeiten muss.

    c sie Rosa einladen will.

문제와 보기에 언급되어 있는 것을 본문에서 찾으세요.

Vielen Dank für deine Einladung zum Geburtstag. Aber ich muss leider am Freitag bis 22Uhr arbeiten.

본문을 보면, Marie는 Rosa의 생일 파티에 초대 받았습니다. 하지만 그녀는 금요일 저녁 열 시까지 일을 합니다. 그러므로 답은 b가 됩니다. 마지막에 답안지를 작성하세요.

Aufgabe 12

---

12   Marie will...

    a am Montag zu Rosa.

    b Rosa ein blaues Kleid schenken.

    c am Dienstag Rosa besuchen.

문제와 보기에 언급되어 있는 것을 본문에서 찾으세요.

Vielleicht können wir uns am nächsten Dienstag treffen. Am Montag habe ich einen wichtigen Termin, aber danach habe ich frei. Wann geht es bei dir? Wenn du auch da Zeit hast, schreib mir einfach. Ich kann zum München Hauptbahnhof fahren. Kannst du mich abholen?

Marie는 Rosa를 방문하기 원합니다. 본문을 보면 Marie는 월요일에 시간이 없으며, 화요일에 Rosa에게 올 수 있습니다. 그러므로 답은 c가 됩니다. 파란 원피스는 본문에 언급되어 있으나, Marie가 쇼핑하고 싶은 물품입니다.

Aufgabe 13

> **13 Marie hat gefragt,...**
>
> a ob Rosa sie abholen kann.
>
> b was Rosa als Geschenk bekommen will.
>
> c ob Rosa sie besuchen kann oder nicht.

문제와 보기에 언급되어 있는 것을 본문에서 찾으세요.

> Ich kann zum München Hauptbahnhof fahren. Kannst du mich abholen? Am besten treffen wir uns vor dem Hauptbahnhof, wo die große Uhr steht.
>
> …
>
> Ach und schönes Geschenk habe ich auch schon für dich.

본문에서 Marie가 마중 나올 수 있는지를 묻는 문장을 찾을 수 있습니다. Rosa를 위한 선물은 이미 준비했다고 나와 있으며, Rosa에게 방문할 수 있는지는 본문에 언급되어 있지 않습니다. 그러므로 답은 a가 됩니다.

Aufgabe 14

> **14 Marie hat gesagt,...**
>
> a dass sie am Montag Zeit hat.
>
> b dass sie neue Kleider kaufen will.
>
> c dass sie schon am München Hauptbahnhof ist.

문제와 보기에 언급되어 있는 것을 본문에서 찾으세요.

> Am Montag habe ich einen wichtigen Termin,
>
> …
>
> Ich möchte einkaufen gehen, weil ich eine neue Bluse und ein blaues Kleid haben will.

본문에서 월요일엔 Marie가 중요한 일정이 있다고 언급되어 있습니다. 따라서 a는 오답이 되며, Marie는 쇼핑을 가고 싶고, 새로운 블라우스와 파란색 원피스가 갖고 싶다고 말했습니다. 그러므로 답은 b가 됩니다.

Aufgabe 15

---

15 **Marie und Rosa <u>treffen</u>...**

    [a] sich <u>unbedingt</u> vorm München Hauptbahnhof, wo <u>die Uhr steht</u>.

    [b] sich um 13 Uhr <u>vorm Kaufhaus</u>.

    [c] sich <u>vorm München Hauptbahnhof, wenn Rosa auch am Dienstag Zeit hat</u>.

문제와 보기에 언급되어 있는 것을 본문에서 찾으세요.

<u>Vielleicht</u> können wir uns am nächsten Dienstag treffen. Am Montag habe ich einen wichtigen Termin, aber danach habe ich frei. Wann geht es bei dir? <u>Wenn du auch da Zeit hast, schreib mir einfach.</u> Ich kann zum München Hauptbahnhof fahren. Kannst du mich abholen? <u>Am besten treffen wir uns vor dem Hauptbahnhof, wo die große Uhr steht.</u>

'어쩌면 다음 주에 만날 수도 있다.'라고 언급하였으며, 아직 Rosa는 답장을 하지 않았습니다. Marie는 다음 주 화요일에 시간이 있을 경우 말해 달라고 하였습니다. 그러므로 답은 c가 됩니다. 만약 만나게 된다면, München 중앙역 큰 시계 앞에서 보자고 제안하였습니다. 하지만 a에는 '무조건'이라는 의미의 'unbedingt'가 들어가 있습니다. 그러므로 a는 답이 될 수 없습니다.

 TIPP! unbedingt, immer와 같이 '절대적으로', '항상'과 같은 의미의 부사들이 선택지에 있으면 주의하세요.

Teil 4

Sechs Personen suchen im Internet nach Lokalen.
Lesen Sie die Aufgaben 16 bis 20 und die Anzeigen ⒜ bis ⒡. Welche Anzeige passt zu welcher Person? Für eine Aufgabe gibt es keine Lösung. Markieren Sie so ⊠.
Die Anzeige aus dem Beispiel können Sie nicht mehr wählen.

Beispiel

0   **Miriam will einen Kurztrip machen.** ☐ C

16 **Mattias will in einen Reisebüro arbeiten.** ☐

17 **Leonie mag zwar Süßigkeiten, aber sie möchte diese allein zu Hause in Ruhe genießen.** ☐

18 **Julian will Energie sparen.** ☐

19 **Im Urlaub braucht Benjamin Hilfe vom Arzt.** ☐

20 **David will mit seiner Freundin was Süßes essen gehen.** ☐

a

www.test-reisen.de

Der richtige Reisebegleiter für Sie.
Nun ist es Zeit zu verreisen. Beim
Arbeiten braucht man kleine Pause.
Jedes Jahr laden die Deutschen
Milliarden von Apps herunter.
Wie gut sind jedoch diese kleinen
Zusatzprogramme für Urlauber?
Welche schützen Ihre Daten? Bei uns
erfahren Sie, welche Apps die besten
Reisebegleiter für Sie sind.

b

www.cafe-e.de

Selbstgemachte Kuchen, Torten, und
alles was süß ist.
Sie können hier alles auf der
Internetseite bestellen. Wenn das
Wetter nicht gut ist, bleiben Sie zu
Hause und genießen Sie unsere
Desserts. Dann werden Sie glücklich.
Bis 11 Uhr können Sie bei uns 10%
günstiger einkaufen.
Tel. 08221 36152

c

www.europa-bus.de

Superpreis! Und nur für eine Nacht!
Man braucht nicht so viel Zeit, um
sich zu erholen. Haben Sie keine Zeit?
Aber Sie wollten immer schon
verreisen? Dann jetzt! Hier ist eine
gute Lösung für Sie. 5-Sterne-Hotel
wird für Sie das schönste Früstück
anbieten. Beeilen Sie sich! Rufen Sie
uns einfach an unter: 5653245

d

www.test-energie.de

Lampen
Elektrisches Licht brauchen wir
zu Hause überall: im Bad, im
Wohnzimmer, im Kinderzimmer...
Wichtig ist jedoch dabei neben einer
angenehmen Atmosphäre auch der
Stromverbrauch. Wir haben für Sie
getestet, welche Energiesparlampen
für Sie am besten sind.

e

www.cafe-june.de

Das Cafe „June" ist mit dem Bus nur 5
Minuten vom Zentrum entfernt! Alles
ist bereit, mit Terrasse direkt am Fluss.
So genießen Sie nicht nur unsere
Desserts, sondern auch einen
ganz schönen Ausblick mit guter
Stimmung.
Reservierung: 2034503

f

www.begleiter-reisebüros.de

Sie brauchen einen Begleiter in Ihrem
Urlaub?
Menschen mit chronischen
Krankheiten können nur selten reisen.
Daher sind wir für Sie da! Wie wäre
es, wenn Sie mit einem Arzt reisen?
Wir helfen Ihnen bei der Suche
nach Reisebüros, die solche Reisen
anbieten.

6명의 사람이 인터넷에서 장소를 찾고 있습니다.

16~20번 문제를 읽고, a부터 f까지의 광고문을 읽어 보세요. 어떤 광고가 누구와 연결되나요? 6개의 질문 중 하나의 질문에는 해당하는 답이 없습니다. 해당하는 답이 없는 질문에는 × 표시를 하세요.

예시에 나온 광고는 답으로 선택할 수 없습니다.

0 **Miriam**은 짧은 여행을 하려고 한다. ☐ c

16 **Mattis**는 여행사에서 일을 하려고 한다. ☒

17 **Leonie**는 비록 단 것을 좋아하지만, 이것을 집에서 혼자 편안하게 즐기고 싶다. ☐ b

18 **Julian**은 에너지를 절약하고 싶어 한다. ☐ d

19 **Benjamin**은 휴가 중에 의사를 필요로 한다. ☐ f

20 **David**는 그의 여자 친구와 함께 무엇인가 달콤한 것을 먹으러 가고 싶다. ☐ e

www.test-reisen.de

당신을 위한 적합한 여행 가이드.
이제 여행을 떠날 시간이에요. 일하는 중에는 작은 휴식이 필요합니다. 매년 10억 명의 독일 사람들은 앱을 다운받습니다. 하지만 휴가를 보내는 사람들을 위해 이 작은 프로그램이 얼마나 좋을까요? 어떻게 당신의 데이터를 보호할 수 있을까요? 우리를 통해 어떤 앱이 최고의 여행 가이드인지 경험하실 수 있습니다.

www.cafe-e.de

직접 구운 케이크, 타르트 그리고 달콤한 모든 것은 다 있어요.
당신은 인터넷으로 이곳에 모든 것을 주문할 수 있습니다. 날씨가 좋지 않다면, 집에 머무르세요. 그리고 우리들의 디저트를 즐기세요. 그러면 당신은 행복해질 거예요.
당신은 오전 11시까지 10% 더 저렴하게 구입하실 수 있습니다.

Tel. 08221 36152

www.europa-bus.de

멋진 가격! 그리고 단지 하룻밤!
회복을 위해 그렇게 많은 시간이 필요하진 않습니다. 시간이 없으세요? 하지만 매일같이 여행을 떠나고 싶었나요? 그렇다면 지금이에요! 당신을 위한 좋은 해결책이 여기 있습니다.
5성급 호텔에서 당신에게 가장 맛있는 아침식사를 제공할 거예요. 서두르세요! 지금 바로 5653245로 전화하세요!

www.test-energie.de

조명들
우리는 집안 곳곳에 전기가 필요합니다. 욕실, 거실 그리고 아이들 방까지... 하지만 중요한 것은 그와 동시에 편안한 분위기도 전기의 사용으로 만들어진다는 것입니다. 우리는 어떤 에너지 절약 램프가 당신에게 가장 적합한지 시험해 보았습니다.

www.cafe-june.de

June 카페는 중심가에서 버스로 5분 떨어져 있습니다. 강가 바로 옆에 테라스가 있고, 모든 것이 준비되어 있습니다. 우리의 디저트만 즐기지 마시고 아름다운 풍경과 좋은 분위기도 함께 즐기세요!
예약: 2034503

www.begleiter-reisebüros.de

당신의 여행을 위한 안내자가 필요합니까?
만성질환이 있는 사람은 아주 가끔 여행을 할 수 있습니다. 그러한 이유로 우리는 당신을 위해 존재합니다! 당신이 의사와 여행을 함께 간다면 어떨 것 같나요? 우리는 그런 여행을 제공하는 여행사를 찾는 데 도움을 드립니다.

어휘

광고 **a** **richtig** [a.] 적격인, 옳은 | **der Reisebegleiter** [n.] 여행 가이드 | **nun** [adv.] 이제 | **verreisen** [v.] 여행을 떠나다 | **beim Arbeiten** 일하는 중에 | **brauchen** [v.] 필요하다 | **die Pause** [n.] 휴식 시간 | **die Milliarde** [n.] 10억 | **herunterladen** [v.] 다운로드하다 | **das Zusatzprogramm** [n.] 추가 프로그램 | **schützen** [v.] 보호하다 | **erfahren** [v.] 경험하다

광고 **b** **selbstgemacht** [a.] 직접 만든 | **der Kuchen** [n.] 케이크 | **die Torten** [n.] 쇼트케이크 | **alles** 전부 | **süß** [a.] 달콤한 | **auf der Internetseite** 인터넷 사이트에서 | **genießen** [v.] 즐기다, 누리다 | **günstiger** 더 저렴하게 (günstig의 비교급)

광고 **c** **der Preis** [n.] 값, 가치 | **sich erholen** [v.] 회복하다 | **wollten** [v.] ~하고 싶었다 (wollen의 과거) | **die Lösung** [n.] 해결책, 해답 | **anbieten** [v.] 제공하다, 제안하다 | **sich beeilen** [v.] 서두르다 | **anrufen** [v.] 전화하다

광고 **d** **die Lampe** [n.] 조명 | **das Licht** [n.] 빛 | **überall** [adv.] 어디서나, 도처에 | **das Bad** [n.] 목욕 | **das Wohnzimmer** [n.] 거실 | **das Kinderzimmer** [n.] 아이들 방 | **wichtig** [a.] 중요한 | **jedoch** [adv.] 그러나 | **dabei** [adv.] 그 외에, 그와 동시에 | **neben** [prp.] 그 곁에 | **angenehm** [a.] 편안한 | **die Atmosphäre** [n.] 분위기 | **der Stromverbrauch** [n.] 전력 소비량 | **haben...getestet** [v.] 테스트했다 (testen의 현재완료) | **die Energiesparlampe** [n.] 에너지 절약 전등

광고 **e** **das Zentrum** [n.] 중심지 | **bereit** [adj.] 준비가 된 | **die Terrasse** [n.] 테라스 | **direkt** [adv.] 바로 | **der Fluss** [n.] 강 | **genießen** [v.] 즐기다 | **der Ausblick** [m.] 조망

광고 **f** **der Begleiter** [n.] 안내자 | **der Urlaub** [n.] 휴가 | **der Mensch** [n.] 인간, 사람 | **chronisch** [a.] 만성의 | **die Krankheit** [n.] 질환 | **selten** [adv.] 가끔 | **das Reisebüro** [n.] 여행사 | **solch** [prn.] 이런 | **anbieten** [v.] 제공하다

문제풀이 전략

문제풀이 전략 적용 연습

전략 1 질문을 파악하세요.

6명의 사람이 인터넷으로 정보를 찾고 있습니다. 6개의 광고가 있습니다.

전략 2 질문을 읽고, 핵심 단어에 밑줄을 그으세요.

0   Miriam will einen Kurztrip machen.

전략 3 광고문의 핵심 단어에도 밑줄을 그으세요.

a

www.test-reisen.de

Der richtige Reisebegleiter für Sie. Nun ist es Zeit zu verreisen. Beim Arbeiten braucht man kleine Pause.
Jedes Jahr laden die Deutschen Milliarden von Apps herunter. Wie gut sind jedoch diese kleinen Zusatzprogramme für Urlauber? Welche schützen Ihre Daten? Bei uns erfahren Sie, welche Apps die besten Reisebegleiter für Sie sind.

[c]

www.europa-Bus.de

Superpreis! Und nur für eine Nacht!

Man braucht nicht so viel Zeit, um sich zu erholen. Haben Sie keine Zeit? Aber
jeden Tag wollten Sie schon verreisen? Dann jetzt! Hier ist eine gute Lösung für
Sie. 5-Sterne-Hotel wird für Sie das schönste Frühstück anbieten. Beeilen Sie
sich ! Rufen Sie uns einfach an unter: 5653245!

a와 c는 여행에 대한 정보입니다. Miriam은 여행을 하고 싶습니다. 하지만 시간도 절약하고 싶습니다. 그러므로 답은
c가 됩니다.

전략 4 알맞은 광고와 사람을 연결하세요. (광고와 연결이 안 되는 경우는, × 표시 하세요.)

질문과 광고에서 공통적으로 나오는 핵심 단어들을 맞추어 보세요. 단, 공통적인 핵심 단어가 나온다고 해서 반드시
정답인 것은 아닙니다. 따라서 실수를 줄이려면 내용을 정확하게 파악하고 답을 풀어야 합니다.

먼저 각 사람의 주제와 관련된 핵심 단어가 나오면 아래의 표에 표기해 보세요.

	[a]	[b]	[c]	[d]	[e]	[f]	×
16							
17							
18							
19							
20							

문제풀이 연습

먼저 핵심 단어에 밑줄을 그으세요.

---

0   Miriam will einen Kurztrip machen.

16 Mattias will in einem Reisebüro arbeiten.

17 Leonie mag zwar Süßigkeiten, aber sie möchte diese allein zu Hause in
    Ruhe genießen.

18 Julian will Energie sparen.

19 Im Urlaub braucht Benjamin Hilfe von einem Arzt.

20 David will mit seiner Freundin etwas Süßes essen gehen.

핵심 단어가 같은 문제들을 찾아 봅니다.

---

0   Miriam will einen Kurztrip machen.

16 Mattias will in einem Reisebüro arbeiten.

19 Im Urlaub braucht Benjamin Hilfe von einem Arzt.

---

17 Leonie mag zwar Süßigkeiten, aber sie möchte diese allein zu Hause in
    Ruhe genießen.

20 David will mit seiner Freundin etwas Süßes essen gehen.

---

18 Julian will Energie sparen.

Aufgabe 16

0	**Miriam will einen <u>Kurztrip</u> machen.**
16	**Mattias will in einem <u>Reisebüro</u> arbeiten.**
19	**<u>Im Urlaub</u> braucht Benjamin <u>Hilfe von einem Arzt.</u>**

여행이 핵심 단어로 나오는 광고는 총 3가지가 있습니다. 하지만 Mattias는 여행을 하고 싶은 것이 아니라 여행사에서 일을 하고 싶다고 말하고 있습니다. 그러므로 Mattias에게 적합한 광고는 본문에 없습니다.

Aufgabe 17

17	**Leonie <u>mag</u> zwar <u>Süßigkeiten</u>, aber sie möchte diese <u>allein zu Hause in Ruhe genießen.</u>**
20	**David will mit seiner Freundin etwas <u>Süßes essen gehen.</u>**

Süßigkeiten에 대한 광고는 b와 e입니다. b는 디저트를 인터넷으로 주문하여 먹을 수 있다는 광고이고, e는 맛있는 디저트 카페에 대한 광고입니다. Leonie는 단 것을 좋아하지만, 집에서 조용히 혼자 즐기는 것을 좋아합니다. 그러므로 답은 b가 됩니다.

Aufgabe 18

18	**Julian will <u>Energie sparen.</u>**

본문에는 'Wir haben für Sie getestet, welche Energiesparlampen für Sie am besten sind.' 즉, 어떤 램프가 에너지 절약을 위해 가장 적합한지 테스트했다고 언급되어 있습니다. 그러므로 답은 d가 됩니다.

Aufgabe 19

> | 0 | Miriam will einen Kurztrip machen. |
> |---|---|
> | 16 | Mattias will in einem <u>Reisebüro</u> arbeiten. |
> | 19 | <u>Im Urlaub</u> braucht Benjamin <u>Hilfe von einem Arzt.</u> |

> Menschen mit <u>chronischen Krankheiten</u> können nur selten reisen und wir sind dafür da!
> Wie wäre es, wenn Sie <u>mit einem Arzt reisen?</u>

Benjamin은 의사의 도움이 필요합니다. 광고 f를 보면 '만성 질환', '의사와 함께', '여행을 한다' 등의 단어들을 볼 수 있습니다. 의사가 함께 동행하는 여행을 소개하는 광고입니다. 그러므로 답은 f가 됩니다.

Aufgabe 20

> | 17 | Leonie mag zwar <u>Süßigkeiten,</u> aber sie möchte diese <u>allein zu Hause in Ruhe genießen.</u> |
> |---|---|
> | 20 | David will mit seiner Freundin was <u>Süßes essen gehen.</u> |

> (Aufgabe 17참고)
> Mit Terrasse direkt am Fluss. So genießen Sie nicht nur Desserts, sondern auch einen ganz
> <u>schönen Ausblick mit guter Stimmung.</u>

인터넷으로 배송을 받는다면, 좋은 분위기를 즐길 수 없습니다. 그러므로 답은 e가 됩니다.

 **TIPP!** 마지막에 답안지를 작성하세요.

Lesen Tipp
독일어 읽기 파트 이렇게 공부하세요!

✿ 어휘력을 기른다.

어학에서는 어휘력이 풍부해야 글을 읽는 데 막힘이 없으므로 평소에 많은 어휘를 외워 두도록 한다. 문제를 풀어 본 후 지문 속에 나온 어휘들을 암기하여 다시 한 번 해석하기를 추천한다.

Plus Tipp 3과 주제별 필수 어휘의 단어들은 시험에 자주 출제되는 어휘들을 수록해 놓은 부분이다. 시험 준비가 덜 되었다는 생각이 든다면 어휘 파트부터 꼭 정복하기를 추천한다.

Plus Tipp 많은 학생들이 독일어의 합성어를 어려워한다. 하지만 단어가 긴 명사일수록 복합어일 가능성이 높다. 당황하지 말고 잘 들여다보면 아는 단어가 보일 것이다.

✿ 글의 구조를 파악한다.

글이 어떤 방식으로 구성되어 있는지 파악하면 글 전체의 흐름을 이해하는 데 도움이 된다. 글의 구조를 빨리 파악하기 위해서 각 단락의 앞부분만을 빠르게 훑어 읽는 방법도 있다.

✿ A2 시험에 자주 출제되는 문제에 대한 배경 지식을 쌓는다.

이 시험은 실생활에서 많이 사용되는 구어체 문장들이 자주 출제된다. 배경 지식을 많이 알고 있을수록 글의 내용을 이해하기 수월하므로 평소에 편지글이나 신문 기사들을 많이 읽어 둔다.

✿ 독일어로 된 글을 자주 읽는다.

독해 실력은 읽을수록 향상되므로 평소에 다양한 주제로 여러 분야의 글을 접하는 것이 좋다. 독일어로 된 A2 난이도의 소설책이나 이야기들을 읽으며 어휘와 숙어 등을 익히는 것도 큰 도움이 되기 때문에 많이 읽도록 한다.

Plus Tipp 보통 독일어를 배우기 원하는 외국인들을 위한 교재들은 듣기 파일이 함께 제공된다. 다양한 주제의 글을 읽고 어휘 실력을 향상시켜 정확하게 해석해 보자. 그리고 듣기 파일을 규칙적으로 듣는다면 듣기 실력까지 향상될 것이다. 이것이야말로 일석삼조!

✿ 시간이 부족할 때는 난이도가 낮은 문제부터 공략한다.

어려운 문제에서 너무 오랜 시간을 끌어 버려서 모든 유형을 풀지 못하고 넘어가는 일이 발생하지 않도록 해야 한다. 정답을 확신하지 못하더라도 모든 문제에 답을 하고 넘어가야 한다.

✿ 집중력을 유지한다.

읽기 파트는 지문의 길이가 길어서 글을 읽는 도중에 자칫 흐름을 잃을 수 있다. 마지막 문제를 푸는 순간까지 집중력을 잃지 않도록 주의해야 한다.

Modul Hören 듣기

시험 유형 파악하기

① 듣기 영역 알아보기

듣기 영역은 총 4개의 유형으로 구성되어 있습니다. 듣기 영역 문제풀이를 위해서는 짧은 본문을 듣고 자주 사용되는 단어들을 빠르게 이해하는 능력이 요구됩니다. 간단한 인적사항, 가족관계, 직업, 쇼핑, 인간관계 등에 대한 정보들을 이해할 수 있어야 하며, 짧은 안내 방송을 듣고 이해할 수 있는 능력이 요구됩니다.

② 듣기 영역 한 눈에 보기

구분	영역	본문 유형	문제 유형	점수
1	정보를 파악하기	독백 (라디오 방송, 안내 방송, 자동응답기 등)	객관식	5
2	대화를 듣고 이해하기1	대화 (사적인 연락)	그림과 문장 분류하기	5
3	대화를 듣고 이해하기2	대화 (회사, 병원, 전화 통화 등)	객관식	5
4	대중매체에서 나오는 내용 파악하기	대화 인터뷰 (라디오 등)	예/아니오 선택 (Ja/Nein)	5

③ 유형 구분

듣기 문제는 총 4가지 유형으로 구성되어 있으며, 각 유형마다 5개의 문제가 주어집니다. (제한 시간 30분)

유형 1 (5점)

5개의 짧은 지문(라디오 방송, 전화 통화 또는 기차역 안내 방송)이 나오며 각 지문마다 하나의 문제가 주어집니다. 각 지문의 내용과 알맞은 답을 골라 ×표를 해야 합니다. 각 지문은 두 번씩 들려 줍니다.

유형 2 (5점)

두 사람의 대화가 지문으로 제시됩니다. 대화 속 상황과 알맞은 그림을 연결하세요. 지문은 한 번만 들려 줍니다.

유형 3 (5점)

5개의 짧은 대화가 지문으로 제시되며 각 지문마다 하나의 문제가 주어집니다. 각 문제 중 알맞은 답에 ×표를 해야 합니다. 지문은 한 번만 들려 줍니다.

유형 4 (5점)

하나의 인터뷰가 지문으로 제시됩니다. 5개의 문제가 주어지는데, 각 문제의 질문이 인터뷰 지문과 일치하면 Ja, 일치하지 않으면 Nein 중 올바른 것에 ×표를 해야 합니다. 지문은 두 번 들려 줍니다.

 4 → 시간 및 채점

— 시험 시간은 총 30분이며, 시간 내에 답안지에 기입해야 합니다.

— 듣기 문제는 총 20개가 있습니다. 먼저 빠르게 질문들을 읽어 보세요. 그 다음 본문을 듣고 답하세요.

— 듣기 영역은 총 20문제가 출제되며 각 문제당 1점으로 총 20점이 배정됩니다. 읽기 영역은 최종적으로 1.25의 환산 지수가 곱해져 총 25점으로 변환되어 최종 시험 성적에 표기됩니다.

— 각 본문마다 하나의 질문에 대답하게 되며, 사전, 핸드폰, 메모 등의 사용은 금지됩니다.

Teil 1

Sie hören fünf kurze Texte. Sie hören jeden Text **zweimal**.
Wählen Sie für die Aufgaben 1 bis 5 die richtige Lösung ⓐ, ⓑ oder ⓒ.

Beispiel

Sie hören fünf Ansagen am Telefon. Zu jedem Text gibt es eine Aufgabe. Ergänzen
Sie die Telefon-Notizen. Sie hören jeden Text zweimal.

Autohaus Groß

0 Wie viel kostet die Autoreparatur?

    ⓐ 256

    ⓑ̶ 265

    ⓒ 295

von Goethe Institut

---

1 Wo kann Herr Noah sein Buch abholen?

    ⓐ Bei Frau Müller.

    ⓑ Im Zimmer 203.

    ⓒ In seinem Büro.

2 Wie wird das Wetter am Sonntag?

    ⓐ Es wird schwül.

    ⓑ Es wird sonnig.

    ⓒ Die Temperatur fallen unter 13 Grad.

3 Was kann man nicht gewinnen?

MP3 H01_03

    a CDs

    b Gutschein

    c Ein Auto

4 Wo kann man noch parken?

MP3 H01_04

    a Die Parkplätze

    b Am Kaufhof

    c Am Hauptbahnhof

5 Wann will Nico seine Freundin treffen?

MP3 H01_05

    a Heute Abend

    b Am Wochenende

    c Er meldet sich wieder.

당신은 5개의 짧은 본문을 듣게 됩니다. 모든 본문은 두 번씩 듣게 됩니다.
1~5번까지 문제를 듣고, a, b, c 중 알맞은 정답을 고르세요.

Beispiel

당신은 5개의 전화 통화 또는 방송 지문을 듣게 됩니다. 각각의 지문에는 하나의 문제가
주어집니다. 각 지문은 두 번씩 들려 줍니다.

Skript

Guten Tag, Frau Fischer. Hier Autohaus Groß. Ihr Auto ist fertig. Sie können es morgen
abholen. Die Werkstatt ist ab 7.00 Uhr geöffnet. Die Reparatur ist etwas billiger als gedacht.
Sie kostet nicht 295, sondern nur 265 Euro. Dann bis morgen! Auf Wiederhören.

해석

안녕하세요, Fischer 부인. 여기는 자동차 정비소 Groß입니다. 당신의 자동차 (수리가) 완료되었습니다. 당
신은 내일 차를 찾아 가실 수 있습니다. 정비소는 7시부터 문을 엽니다. 수리비는 생각했던 것보다 저렴합
니다. 295유로가 아니라 단지 265유로예요. 그럼 내일 만나요! 안녕히 계세요.

자동차 정비소 Groß

0   자동차 수리비가 얼마나 나왔나요?

> a 256
>
> b̶ 265
>
> c 295

어휘 **fertig** [adv.] 끝난 ǀ **abholen** [v.] 인수하다, 받아오다 ǀ **die Werkstatt** [n.] 작업장 ǀ **die Reparatur**
[n.] 수리 ǀ **etwas** [prn.] 무엇, 조금 ǀ **als gedacht** 생각했던 것보다 ǀ **sondern** [cj.] 그것과는 달리 ǀ **Auf**
Wiederhören (전화를 끊거나, 라디오가 끝날 때) 안녕히 계세요

Aufgabe 1

Guten Tag, Herr Noah, Liam hier. Sie haben Ihr Buch in meinem Büro liegen lassen. Ich muss jetzt leider losfahren. Ich gebe das Buch meiner Kollegin, Frau Müller, weil sie bis 18 Uhr im Haus arbeitet. Ihre Zimmernummer ist 213. Auf Wiederhören.

해석

Noah씨, 안녕하세요. 여기는 Liam입니다. 당신의 책을 저의 사무실에 두고 가셨어요. 아쉽지만 저는 지금 출발해야 해요. 저는 이 책을 저의 동료인, Müller 부인에게 전달할게요. 왜냐하면 그녀는 18시까지 회사에서 일하니까요. 그녀의 방 번호는 213입니다. 안녕히 계세요.

1 Noah씨는 어디서 그의 책을 찾아올 수 있습니까?

　　ⓐ Müller 부인에게서.

　　ⓑ 203호실.

　　ⓒ 그의 사무실에서.

> **어휘** **liegen** [v.] (어떤 상태로) 있다, 누워 있다 | **lassen** [v.] 남겨 두다, 방치하다 | **losfahren** [v.] 출발하다 |
> **die Kollegin** [n.] 여자 동료 | **arbeiten** [v.] 일하다 | **die Zimmernummer** [n.] 방 번호

Aufgabe 2

Und hier das Wetter. Der Sommer bleibt und mit ihm das Badewetter erhalten. Aber am Samstag wird es sonnig und warm bis 27 Grad. Am Sonntag kommt das kalte Regenwetter und die Temperaturen fallen auch hier auf unter 13 Grad. Und der Luftdruck ist hoch.

해석

그리고 날씨입니다. 여름이 계속되고 수영을 할 수 있는 날씨가 계속됩니다. 하지만 토요일에는 햇빛이 나고 따뜻하며 27도까지 올라갑니다. 일요일의 날씨는 춥고 비가 올 것이며 온도는 13도로 내려갑니다. 그리고 기압은 높습니다.

2 일요일에 날씨가 어떻습니까?

　　ⓐ 습하다.

　　ⓑ 해가 비친다.

　　ⓒ 온도가 13도 떨어진다.

Aufgabe 3

Skript

Radio Pop und Rock - Ihr Musiksender!
Jetzt wieder unser Gewinnspiel. Für alle, die es noch nicht kennen: Genau um 18.00 Uhr
spielen wir eine Musik ab. Wenn Sie wissen, wie die Musik heißt, rufen Sie uns an. Es gibt
tolle Preise zu gewinnen: Bücher, CDs oder Gutscheine, Ihrer Wahl. Wollen Sie ein Auto
haben? Leider können Sie jetzt kein Auto gewinnen. Aber vielleicht nächstes Mal!

해석

라디오 팝 그리고 락 – 당신의 음악 방송!
이제 다시 우리의 추첨 시간입니다. 아직까지 모르는 모든 이들을 위하여: 정확히 18시에 우리는 음악 한
곡을 틀어 드립니다. 당신이 곡의 이름이 무엇인지 안다면, 우리에게 전화하세요. 당첨이 되면 멋진 선물
이 있습니다. 책, CD 또는 상품권 중 당신이 선택할 수 있습니다. 자동차를 가지고 싶나요? 유감스럽게도
당신은 지금 자동차를 받을 수 없습니다. 하지만 아마도 다음번에는 모르죠!

3 경품으로 얻을 수 없는 것은 무엇입니까?

[a] CD

[b] 상품권

[☒] 자동차

Aufgabe 4

Skript

Eine Meldung für die Besucher des Altstadtsfest: Die Parkplätze in der Nähe sind schon
besetzt. Im Parkhaus am Kaufhof gibt es noch einige wenige Plätze. Kommen Sie lieber
nicht mit dem Auto. Nehmen Sie die U-Bahn! Vorm Hauptbahnhof gibt es die Linie 3 zur
Altstadt.

구시가지 축제의 방문객들을 위한 안내: 근처에 주차장들은 벌써 꽉 찼습니다. 백화점에 있는 주차장에는 아직 몇 개의 자리가 있습니다. 차라리 자동차를 가지고 오지 마세요. 지하철을 타세요! 중앙역 앞에는 구시가지로 가는 라인 3번이 있습니다.

4   어디에 주차를 할 수 있습니까?

  a 주차장에

  ⓧ 백화점에

  c 중앙역에

어휘   **die Meldung** [n.] 보고, 통보 | **der Besucher** [n.] 방문객 | **das Altstadtsfest** [n.] 구시가지 축제 | **der Parkplatz** [n.] 주차장 | **in der Nähe** 근처에 | **besetzt** [p.a] (자리가) 채워진, 메워진 | **einig** [a.] 몇몇의 | **wenig** [a.] 적은 | **lieber** [a.] 차라리, 오히려 (gern의 비교급) | **die Altstadt** [n.] 구시가지

Aufgabe 5

Hallo, Jasmin, hier ist Nico. Wir wollten uns ja heute treffen. Aber leider kann ich heute Abend nicht ins Kino. Ich bin krank. Ich war gerade beim Arzt und heute soll ich im Bett bleiben. Hast du am Wochenende Zeit? Ich melde mich wieder bei dir, wenn es mir besser geht.

안녕, Jasmin, 나 Nico야. 우리 오늘 만나기로 했었지. 하지만 나는 유감스럽게도 오늘 저녁에 영화관에 못 갈 것 같아. 나는 아파. 나는 방금 의사에게 갔었는데 오늘 침대에 있으래. 너는 혹시 주말에 시간이 있니? 내가 괜찮아지면 너에게 다시 연락할게.

5   Nico는 언제 그의 여자 친구를 만나고 싶어 합니까?

  a 오늘 저녁

  b 주말에

  ⓧ 그는 다시 연락을 한다

어휘   **krank** [a] 병든, 허약한 | **beim Arzt sein** 병원에 가다 | **im Bett** 침대에 | **bleiben** [v.] 머무르다 | **sich melden** [v.] (소식, 상태 따위를) 알리다, 통보하다 | **wieder** [adv.] 다시, 재차 | **besser** [a.] 더 좋은

전략 1: 문제와 보기를 먼저 정확하게 읽어 보세요.
전략 2: 핵심 단어에 밑줄을 그어 보세요.
전략 3: 지문을 듣고 a, b 그리고 c 중 올바른 것에 X 표시하세요.
전략 4: 지문을 다시 한 번 듣고 정답을 확인하세요.
전략 5: 마지막에 답안지를 작성하세요.

 문제풀이 전략 적용 연습

전략 1 문제와 보기를 먼저 정확하게 읽어 보세요.

Wo kann Herr Noah sein Buch abholen?

   a Bei Frau Müller

   b Im Zimmer 203

   c In seinem Büro

지문의 내용과 일치하는지 구분하는 문제입니다.

전략 2 핵심 단어에 밑줄을 그어 보세요.

Wo kann Herr Noah sein Buch abholen?

   a Bei Frau Müller

   b Im Zimmer 203

   c In seinem Büro

문제의 내용이 지문에서 언급되는지 주의 깊게 잘 들어 보세요.

Wo kann Herr Noah sein Buch abholen?

a Bei Frau Müller

b Im Zimmer 203

c In seinem Büro

전략 4 본문을 다시 한 번 듣고 정답을 확인하세요.

전략 5 마지막에 답안지를 작성하세요.

Skript

Guten Tag, Herr Noah, Liam hier. Sie haben Ihr Buch in meinem Büro liegen lassen. Ich muss jetzt leider losfahren. Ich gebe das Buch meiner Kollegin, Frau Müller, weil sie bis 18 Uhr im Haus arbeitet. Ihre Zimmernummer ist 213. Auf Wiederhören.

TIPP! 지문의 단어를 전부 이해하지는 못하더라도 문제를 풀 수 있습니다. 모르는 단어가 나오더라도 당황하지 마세요.

보기에 나오는 단어들은 지문에 언급이 되어있습니다. a는 지문과 같이 Frau Müller라고 언급되어 있으며, b번을 보면 '방 번호'라는 단어는 본문에 언급되고 있으나 203호가 아닌 213호입니다. 그의 방으로 찾으러 가는 것이 아니라 그녀의 방으로 가야 하므로 c는 답이 될 수 없습니다. 그러므로 답은 a가 됩니다.

문제풀이 연습

Aufgabe 2

> ### Wie wird das <u>Wetter am Sonntag</u>?
>
> - a Es wird <u>schwül</u>.
> - b Es wird <u>sonnig</u>.
> - c Die Temperatur fallen unter 13 Grad.
>
> <u>Skript</u>
>
> Und hier das Wetter. Der Sommer bleibt und mit ihm das Badewetter erhalten. Aber <u>am Samstag</u> wird es <u>sonnig</u> und warm bis 27 Grad. <u>Am Sonntag</u> kommt das kalte <u>Regenwetter</u> und <u>die Temperaturen fallen auch hier auf unter 13 Grad</u>. Und der Luftdruck ist hoch.

날씨에 관련된 문제입니다. a번인 schwül에 대한 언급은 지문에 없으므로 답이 아닙니다. b의 sonnig는 언급되어 있으나, 일요일이 아닌 토요일에 대한 날씨 정보입니다. 일요일에는 비가 온 뒤 온도가 13도 아래로 내려간다고 지문에서 언급하고 있습니다. 그러므로 정답은 c가 됩니다.

Aufgabe 3

> ### Was <u>kann</u> man <u>nicht gewinnen</u>?
>
> - a <u>CDs</u>
> - b <u>Gutschein</u>
> - c <u>Ein Auto</u>
>
> <u>Skript</u>
>
> Radio Pop und Rock - Ihr Musiksender!
> Jetzt wieder unser Gewinnspiel. Für alle, die es noch nicht kennen: Genau um 18.00 Uhr spielen wir eine Musik ab. Wenn Sie wissen, wie die Musik heißt, rufen Sie uns an. Es gibt tolle Preise <u>zu gewinnen</u>: Bücher, <u>CDs</u> oder <u>Gutscheine</u>, Ihrer Wahl. Wollen Sie ein Auto haben?

Leider können Sie jetzt kein Auto gewinnen. Aber vielleicht nächstes Mal!

보기에 나오는 단어들은 모두 지문에 언급되어 있습니다. 하지만 CDs와 Gutscheine는 오늘 경품으로 얻을 수 있는 것들이기 때문에 답이 될 수가 없습니다. 또한 'Leider können Sie jetzt kein Auto gewinnen'을 제대로 이해했다면 문제를 쉽게 풀 수 있습니다. 답은 c가 됩니다.

Aufgabe 4

Wo kann man noch parken?

    a Die Parkplätze

    b Am Kaufhof

    c Am Hauptbahnhof

Skript

Eine Meldung für die Besucher des Altstadtfest: Die Parkplätze in der Nähe sind schon besetzt. Im Parkhaus am Kaufhof gibt es noch einige wenige Plätze. Kommen Sie lieber nicht mit dem Auto. Nehmen Sie die U-Bahn! Vorm Hauptbahnhof gibt es die Linie 3 zur Altstadt.

지문에는 보기의 단어들이 모두 한 번씩 언급되어 있습니다. 주차장 근처는 이미 자리가 찼으며, 백화점 주차장에는 아직 몇몇의 자리들이 조금 남아있다고 언급되어 있습니다. 중앙역은 언급되어 있으나 주차장에 대한 언급은 없습니다. 그러므로 답은 b가 됩니다.

Aufgabe 5

Wann will Nico seine Freundin treffen?

    a Heute Abend

    b Am Wochenende

    c Er meldet sich wieder

Hallo, Jasmin, hier ist Nico. Wir <u>wollten uns ja heute treffen</u>. Aber leider kann ich heute Abend nicht ins Kino. Ich bin krank. Ich war gerade beim Arzt und heute soll ich im Bett bleiben. Hast du am Wochenende Zeit? Ich melde mich wieder bei dir, wenn es mir besser geht.

Jasmin과 Nico는 오늘 만나기로 약속이 되어 있었으나, Nico가 아파서 오늘은 만날 수가 없다고 연락을 하는 내용이므로 a는 답이 아닙니다. Nico는 Jasmin에게 주말에 시간이 있는지의 여부를 질문하는 부분이 나옵니다. 하지만 통화의 마지막 부분에서 몸이 회복되면 다시 연락을 한다고 말하고 있습니다. 그러므로 정답은 c가 됩니다.

Teil 2

MP3 H02

Sie hören ein Gespräch. Sie hören den Text einmal. Was machen die Ehepaar in der Woche?

Wählen Sie für die Aufgaben 6 bis 10 ein passendes Bild aus a bis i . Wählen Sie jeden Buchstaben nur einmal. Sehen Sie sich jetzt die Bilder an.

	0	6	7	8	9	10
Tag	Montag	Dienstag	Mittwoch	Donnerstag	Freitag	Samstag
Lösung	f					

당신은 하나의 대화를 듣게 됩니다. 본문은 한번 듣게 됩니다. 부부는 주중에 무엇을 합니까?
문제 6–10번까지 그림에 나와 있는 a에서 i까지의 보기를 보고, 문제를 듣고 a에서 i 중에서
고르세요. 각 알파벳은 단 한 번만 선택하세요. 이제 그림을 주의 깊게 보세요.

Aufgabe 6 bis 10

Skript

Robert	Emilie, hast du schon Ideen für die kommende Woche? Ich habe in dieser Woche relativ viel Zeit. Wir können ja etwas zusammen machen. Machen wir diese Woche etwas Besonderes.
Emilie	Mal sehen, am Montag gehen wir doch normalerweise ins Kino.
Robert	Das haben wir ja schon ausgemacht. Und was noch?
Emilie	Am Dienstag müssen wir Sport machen, oder? Wie wäre es mit Fahrrad fahren?
Robert	Am Dienstag nicht, Ich will lieber kein Sport machen. Wir könnten ins Theater gehen. Ich habe gesehen, es gibt ein interessantes Stück.
Emilie	Hmmm, einverstanden. Aber wir müssen dann am Mittwoch Sport machen!
Robert	Klar, wir können im neuen Schwimmbad oder ans Meer schwimmen gehen.
Emilie	Ja gut, aber nicht ans Meer. Das ist zu weit von hier. Gehen wir ins Schwimmbad.
Robert	Okay, da können wir Geld und Zeit sparen. Und was machen wir am Donnerstag und Freitag?
Emilie	Am Donnerstagabend können wir ins Restaurant bei „Mamas" essen gehen. Donnerstags gibt's dort Ermäßigung.
Robert	Moment, dann muss ich einen Termin absagen. Aber es geht schon.
Emilie	Und was kommt dann am Freitag? Gehen wir in die Oper?
Robert	Ja, das ist gut. Aber warte mal! In dieser Woche gibt es keine Oper. Sollen wir einkaufen gehen?
Emilie	Das ist immer gut. Dann machen wir es so. Und am Samstag gehen wir kurz ins Cafe. Ich habe lange Markus nicht gesehen. Trinken wir Kaffee oder irgendwas zusammen.

해석

Robert	Emilie, 너는 다가오는 주에 무엇을 할지 미리 생각한 게 있니? 나는 이번 주에 상대적으로 시간이 많아. 우리는 무엇인가 함께 할 수 있을 거야. 우리 이번 주에는 뭔가 특별한 것을 해 보자.
Emilie	어디 한 번 보자, 월요일에 우리는 보통 영화관에 가잖아.
Robert	그건 우리가 벌써 약속했잖아. 그리고 또 무엇을 하지?
Emilie	화요일에 우리는 운동을 해야만 해, 안 그래? 자전거 타는 건 어때?

Robert	화요일은 안 돼. 나는 스포츠를 하지 않는 것이 더 좋을 것 같아. 우리는 극장에 갈 수도 있어. 나는 흥미로운 작품이 있다고 보았어.
Emilie	흠, 동의해. 하지만 그럼 수요일에는 운동을 해야 해!
Robert	당연하지. 우리는 새로운 수영장이나 바다로 수영하러 갈 수 있어.
Emilie	응, 좋아. 하지만 바다는 아니야. 그곳은 여기에서 너무 멀어. 우리 수영장에 가자.
Robert	좋아, 그럼 우리는 돈과 시간을 절약할 수 있어. 그리고 우리 목요일과 금요일에는 무엇을 하지?
Emilie	목요일 저녁에는 "Mamas" 레스토랑에 먹으러 갈 수 있어. 목요일마다 그곳은 할인을 하잖아.
Robert	잠시만, 그럼 내가 약속 하나를 취소해야 해. 하지만 가능해.
Emilie	그리고 금요일에는 뭐 하지? 우리 오페라 보러 갈까?
Robert	응, 그거 좋다. 근데 기다려 봐! 이번 주에 오페라가 없어. 우리 장보러 갈까?
Emilie	그건 항상 좋지. 그럼 우리 그렇게 하자. 그리고 토요일에 우리 잠시 카페에 가자. 나는 오랫동안 Markus를 보지 못했어. 우리 함께 커피나 무언가를 마시자.

정답 b – a – d – i – h

어휘 **die Idee** [n.] 아이디어, 의견 | **unser** 우리의 | **die Woche** [n.] 주, 주간 | **relativ** [a.] 비교적인, 상관적인 | **die Zeit** [n.] 시간 | **haben...ausgemacht** [v.] 약속했다 (ausmachen의 현재완료) | **Wie wäre es...?** ...어때? | **das Fahrrad** [n.] 자전거 | **das Stück** [n.] 연극, 부분 | **das Meer** [n.] 바다 | **das Schwimmbad** [n.] 수영장 | **der Spaß** [n.] 재미, 즐거움 | **kochen** [v.] 요리하다 | **die Ermäßigung** [n.] 할인 | **absagen** [v.] 취소하다 | **die Oper** [n.] 오페라 | **warten** [v.] 기다리다 | **einkaufen gehen** [v.] 장보러 가다 | **irgendwas** [prn.] 그 어떤 것

문제풀이 전략

전략 1: 문제와 그림을 주의 깊게 보세요.

전략 2: 문제와 그림을 보고, 중요한 것을 빠르게 메모하세요.

전략 3: 지문을 듣고 a–i까지의 보기를 보고 알맞은 것을 고르세요.

전략 4: 마지막에 답안지를 작성하세요.

 문제풀이 전략 적용 연습

전략 1 문제와 그림을 보세요.

각 대화를 한 번만 들을 수 있으므로 빠르게 문제를 파악해야 합니다.

Sie hören ein Gespräch. Sie hören den Text einmal. Was machen die Ehepaar in der Woche?
Wählen Sie für die Aufgaben 6 bis 10 ein passendes Bild aus a bis i. Wählen Sie jeden Buchstaben nur einmal. Sehen Sie sich jetzt die Bilder an.

	0	6	7	8	9	10
Tag	Montag	Dienstag	Mittwoch	Donnerstag	Freitag	Samstag
Lösung	f					

🎯 **TIPP!** 시험에서 그림을 볼 수 있는 시간은 25초 정도가 있습니다.

전략 2 문제와 그림을 보고, 중요한 것을 빠르게 메모하세요.

전략 3 지문을 듣고 a–i까지의 보기를 보고 알맞은 것을 고르세요.

🎯 **TIPP!** 각 알파벳은 한 번만 선택할 수 있습니다.

🎯 **TIPP!** 예시에 나온 문제의 답을 제외하고 시작하세요.

Skript

Robert	Emilie, hast du schon Ideen für die kommende Woche? Ich habe in dieser Woche relativ viel Zeit. Wir können ja etwas zusammen machen. Machen wir diese Woche etwas Besonderes.
Emilie	Mal sehen, am Montag <u>gehen</u> wir doch normalerweise <u>ins Kino</u>. (f)
Robert	<u>Das haben wir ja schon ausgemacht</u>. Und was noch?
Emilie	Am Dienstag müssen wir Sport machen, oder? Wie wäre es mit Fahrrad fahren?
Robert	<u>Am Dienstag nicht</u>, Ich will <u>lieber kein Sport machen</u>. Wir könnten <u>ins Theater gehen</u>. Ich habe gesehen, es gibt ein interessantes Stück. (b)
Emilie	Hmmm, einverstanden. Aber wir müssen dann <u>am Mittwoch Sport machen!</u>
Robert	Klar, wir können im neuen Schwimmbad oder ans Meer schwimmen gehen.
Emilie	Ja gut, aber nicht ans Meer. Das ist zu weit von hier. Gehen wir <u>ins Schwimmbad</u>. (a)
Robert	Okay, da können wir Geld und Zeit sparen. Und was machen wir am Donnerstag und Freitag?
Emilie	<u>Am Donnerstagabend</u> können wir <u>ins Restaurant</u> bei „Mamas" <u>essen gehen</u>. (d) Donnerstags gibt's dort Ermäßigung.

Robert	Moment, dann muss ich einen Termin absagen. Aber es geht schon.
Emilie	Und was kommt dann am Freitag? Gehen wir in die Oper?
Robert	Ja, das ist gut. Aber warte mal! In dieser Woche gibt es keine Oper. Sollen wir einkaufen gehen? (i)
Emilie	Das ist immer gut. Dann machen wir es so. Und am Samstag gehen wir kurz ins Cafe. (h) Ich habe lange Markus nicht gesehen. Trinken wir Kaffee oder irgendwas zusammen.

월요일은 이미 예제로 답이 표기 되어있습니다. 월요일엔 보통 영화관을 간다고 언급이 되어 있습니다. 답은 f입니다.

화요일에는 Emilie가 운동하기를 제안하였으나, Robert는 화요일은 운동을 하고 싶지 않다고 하였고, 연극을 보러가는 것을 제안하였습니다. Emilie가 동의하였으므로 답은 b가 됩니다.

바로 그다음에 Emilie는 수요일에 운동하는 것을 다시 제안하였고, Robert는 수영을 가자고 제안하였습니다. 수영을 하는 그림은 두 가지가 있습니다. a는 수영장에서 하는 그림이고, e는 바다에서 수영을 하는 그림입니다. Emilie가 바다 수영보다는 수영장에 가는 것을 원한다고 하였고, Robert는 동의합니다. 답은 a가 됩니다.

목요일에는 레스토랑 "Mamas"에 가기로 했습니다. 답은 d가 됩니다.

금요일에는 오페라 공연을 보기를 원하였으나, 오페라 공연이 없는 날임을 알고 Robert는 쇼핑하러 가는 것을 제안하였고, Emilie도 동의합니다. 답은 i가 됩니다.

Emilie가 토요일에는 함께 카페에 가자고 이야기 합니다. 답은 h가 됩니다.

전략 4 미지막에 답안지를 작성하세요.

답은 b-a-d-i-h입니다.

Teil 3

Sie hören fünf kurze Gespräche. Sie hören jeden Text einmal. Wählen Sie für
die Aufgaben 11 bis 15 die richtige Lösung a, b oder c.

11 Was hat Julia gestern Mittag gegessen?

a

b

c

12 Für welche Sache interessiert sich der Mann?

a

b

c

13 Was fehlt für die Anmeldung des Kochkurses?

a

b

c

14 Was hat die Frau bestellt?

a

b

c

15 Wohin soll die Frau gehen?

MP3 H03_05

a

b

c

당신은 5개의 짧은 본문을 듣게 됩니다. 모든 본문은 한 번씩 듣게 됩니다.
11~15번까지의 문제를 듣고, a, b, c 중 알맞은 정답을 고르세요.

11 Julia는 무엇을 어제 점심으로 먹었습니까?

Skript

Ben Was hast du gestern zu Mittag gegessen?
Julia Eigentlich wollte ich eine Bratwurst mit Pommes, aber Sabine wollte lieber Pizza essen. In der „Pizzaria" gab es auch Hähnchen, also habe ich das genommen. Es war in Ordnung.
Ben Ja, dann ist es ja gut.

해석

Ben 어제 점심으로 무엇을 먹었니?
Julia 사실 나는 감자튀김을 곁들인 구운 소시지를 먹으려고 했어. 하지만 Sabine는 차라리 피자를 먹고 싶어 했어. "Pizzaria"에는 치킨도 있었어. 그래서 나는 그것을 먹었지. 그것은 괜찮았어.
Ben 그래, 그럼 잘 되었네.

정답 c

어휘 **gestern** [adv.] 어제 ǀ **haben...gegessen** [v.] 먹었다 (essen의 현재완료) ǀ **eigentlich** [adv.] 원래, 실제로 ǀ **das Hähnchen** [n.] 치킨 ǀ **haben...genommen** [v.] 먹었다, 잡았다 (nehmen의 현재완료)

12 남자는 어떤 물건에 흥미가 있습니까?

Skript

Mann Entschuldigung, der Hut da gefällt mir sehr gut.
Frau Welche Farbe möchten Sie denn?
Mann Schwarz, bitte.
Frau Ach, tut mir leid, den haben wir nicht mehr. Wir haben nur den weißen Hut. Aber vielleicht gefällt Ihnen die Hose hier oder die blaue Jacke?
Mann Ne, die beiden gefallen mir nicht. Aber danke!

Mann	실례합니다, 저기 저 모자가 제 마음에 아주 드네요.
Frau	그럼 어떤 색을 원하세요?
Mann	검정색이요.
Frau	아, 미안합니다. 검정색은 더 이상 없어요. 우리는 오직 흰색 모자만 있습니다. 하지만 혹시 여기에 있는 이 바지나 파란색 재킷은 어떠세요?
Mann	아니요, 둘 다 모두 제 마음에 들지 않아요. 하지만 감사합니다!

정답 b

어휘 **gefallen** [v.] 마음에 들다 | **die Farbe** [n.] 색 | **schwarz** [a.] 검정색 | **Tut mir leid** 미안해요 | **weiß** [a.] 흰색 | **der Hut** [n.] 모자 | **die Hose** [n.] 바지 | **blau** [a.] 파란색 | **die Jacke** [n.] 재킷

13 요리 수업을 신청하는 데 부족한 것은 무엇입니까?

Skript

Mann	Ja, bitte?
Frau	Guten Tag, Herr Schumann. Hier ist Christian vom Kochkurs. Ich rufe wegen Ihrer Anmeldung an.
Mann	Das ausgefüllte Formular habe ich Ihnen gestern schon abgegeben.
Frau	Ja, das habe ich hier, aber für den Mitgliedsausweis brauchen wir noch ein Foto von Ihnen.
Mann	Okay. Morgen bringe ich Ihnen eins.
Frau	Schön. Sonst haben wir alles.
Mann	Gut. Dann bis morgen.

해석

Mann	무엇을 도와드릴까요?
Frau	Schumann씨 안녕하세요. 여기는 요리 강좌의 Christian입니다. 당신이 신청하셔서 전화했습니다.
Mann	저는 이미 어제 당신에게 작성된 양식을 제출했습니다.
Frau	네, 그것은 제가 여기 가지고 있어요. 하지만 회원증을 위해 우리는 또 한 장의 사진이 필요해요.
Mann	좋아요. 내일 당신에게 한 장 드릴게요.
Frau	좋아요. 우리는 그 외에는 다 있습니다.
Mann	좋아요. 내일 뵙겠습니다.

b

어휘 **der Kochkurs** [n.] 요리 강좌 | **die Anmeldung** [n.] 신청 | **ausgefüllte Formular** 작성된 양식 | **haben...abgegeben** [v.] 제출했다 (abgeben의 현재완료) | **bringen** [v.] 가져오다 | **haben...gesteckt** 꽂아 넣었다 (stecken의 현재완료) | **der Mitgliedsausweis** 회원증 | **sonst** [adv.] 그렇지 않으면 | **bis morgen** 내일 만나요

14 부인은 무엇을 주문했습니까?

Skript

Mann Guten Tag. Was darf es sein?

Frau Ich habe keinen großen Hunger. Vielleicht nehme ich nur eine Suppe.

Mann Gerne, unsere Tagessuppe ist heute: Brokkolisuppe.

Frau Haben Sie auch Suppen mit Rindfleisch? Rindfleisch esse ich sehr gern.

Mann Ja, natürlich. Sie können die Gemüsesuppe mit Rindfleisch bekommen.

Frau Danke. Und auch ein Glas Bier, bitte.

해석

Mann 안녕하세요. 무엇을 가져다 드릴까요?

Frau 저는 배가 많이 고프지 않아요. 수프를 하나만 먹을까 봐요.

Mann 기꺼이요, 저희의 오늘의 수프는: 브로콜리 수프입니다.

Frau 혹시 소고기가 들어간 수프도 있나요? 제가 소고기를 매우 즐겨 먹어요.

Mann 네, 당연하죠. 당신은 소고기가 들어간 야채 수프를 드실 수 있습니다.

Frau 고마워요. 그리고 맥주도 한 잔 주세요.

정답 c

어휘 **Hunger haben** [v.] 배가 고프다 | **nur** [adv.] 단지, 오로지 | **die Suppe** [n.] 수프 | **das Rindfleisch** [n.] 소고기 | **das Glas** [n.] 유리컵, 유리

15 부인은 어디로 가야 합니까?

Frau Hallo Tim, hier Lilly. Ich bin jetzt vor dem Düsseldorf Hauptbahnhof. Eigentlich wollte ich direkt zum Düsseldorf Flughafen, aber ich weiß nicht genau, wie ich den Flughafen erreichen kann.

Mann Dann komm zum Parkplatz vom Düsseldorf Hauptbahnhof. Dann können wir mit meinem Auto zum Flughafen fahren. Es dauert nicht so lange.

Frau Vielen Dank.

해석

Frau 안녕 Tim. 여기 Lilly야. 나는 지금 Düsseldorf 중앙역 앞이야. 원래 나는 바로 Düsseldorf 공항으로 가려고 했지만, 나는 공항까지 어떻게 가는지 정확히 모르겠어.

Mann 그럼 Düsseldorf 중앙역에 있는 주차장으로 와. 그럼 우리는 내 자동차를 타고 공항으로 갈 수 있어. 그렇게 오래 걸리지는 않을 거야.

Frau 고마워.

정답 C

어휘 **vor** [prp.] ~앞에 ｜ **der Düsseldorf Hauptbahnhof** [n.] Düsseldorf 중앙역 ｜ **der Düsseldorf Flughafen** [n.] Düsseldorf 공항 ｜ **Ich weiss nicht** 나는 모르겠어 ｜ **der Flughafen** [n.] 공항 ｜ **erreichen** [v.] 도착하다, 다다르다 ｜ **der Parkplatz** [n.] 주차장

문제풀이 전략

전략 1: 문제를 먼저 읽어 보세요.

전략 2: 핵심 단어에 밑줄을 그으세요.

전략 3: 지문을 듣고 Ja / Nein 중 올바른 것에 × 표시를 하세요.

전략 4: 마지막에 답안지를 작성하세요.

 문제풀이 전략 적용 연습

전략 1 문제를 먼저 읽어 보세요.

각 대화를 한번만 들을 수 있으므로 빠르게 문제를 파악해야 합니다.

> **11 Was hat Julia gestern Mittag gegessen?**
>
> a   b   c

전략 2 핵심 단어에 밑줄을 그어 보세요.

먼저 주제가 무엇인지 파악합니다. 중요한 단어들에 밑줄을 그어 보세요.

> **11 <u>Was</u> hat Julia <u>gestern Mittag gegessen</u>?**
>
> a   b   c

문제의 내용이 지문에서 언급되는지 주의 깊게 잘 들어 보세요.

이제 지문을 듣고 a, b 그리고 c 중 올바른 것에 X 표시하세요.

11 Was hat Julia gestern Mittag gegessen?

a   b   c

전략 4 마지막에 답안지를 작성하세요.

Skript

Robert Was hast du gestern zu Mittag gegessen?

Julia Eigentlich wollte ich eine Bratwurst mit Pommes, aber Sabine wollte lieber Pizza essen. In der „Pizzaria" gab es auch Hähnchen, also habe ich das genommen. Es war in Ordnung.

Ben Ja, dann ist es ja gut.

지문에는 보기에 나오는 단어들이 모두 언급되어 있습니다. 감자튀김과 소시지는 Julia가 먹고 싶어 했던 음식이지, 실제로 먹은 것이 아닙니다. 그러므로 a와 b는 답이 아닙니다. 그녀는 Pizzaria에서 치킨을 주문했다고 언급되어 있습니다. 그러므로 답은 c가 됩니다.

12 <u>Für welche Sache interessiert</u> sich der Mann?

a   b    c

> **Skript**
>
> **Mann** Entschuldigung, der <u>Hut da gefällt mir sehr gut</u>.
>
> **Frau** Welche Farbe möchten Sie denn?
>
> **Mann** <u>Schwarz</u>, bitte.
>
> **Frau** Ach, tut mir leid, den haben wir nicht mehr. Wir haben nur den weißen Hut. Aber vielleicht gefällt Ihnen die Hose hier oder die blaue Jacke?
>
> **Mann** Ne, <u>die beiden gefallen mir nicht</u>. Aber danke!

대화가 시작할 때 남자는 검은 모자가 너무 마음에 든다고 말합니다. 정답은 b가 됩니다. 이어지는 대화로 점원이 바지와 파란 재킷을 추천했으나 양쪽 다 마음에 들지 않는다고 했습니다. 그러므로 a와 c는 정답이 될 수 없습니다.

13 <u>Was fehlt</u> für die Anmeldung des Kochkurses?

a   b   c

> **Skript**
>
> **Mann** Ja, bitte?
>
> **Frau** Guten Tag, Herr Schumann. Hier ist Christian vom Kochkurs. Ich rufe <u>wegen Ihrer Anmeldung</u> an.
>
> **Mann** Das ausgefüllte Formular habe ich Ihnen gestern schon abgegeben.

Frau	Ja, das habe ich hier, aber für den Mitgliedsausweis <u>brauchen</u> wir <u>noch ein Foto</u> von Ihnen.
Mann	Okay. dann bring ich Ihnen eins morgen vorbei.
Frau	Schön. Sonst haben wir alles.
Mann	Gut. Dann bis morgen.

보기에 나오는 모든 단어는 지문에 등장합니다. 서식은 이미 제출했다고 하였으므로 a는 답이 아닙니다. 사진이 하나 더 필요하다고 했으므로 남자가 제출해야 하는 물건의 답은 b가 됩니다.

14 <u>Was</u> hat die Frau <u>bestellt?</u>

Skript

Mann	Guten Tag. Was darf es sein?
Frau	Ich habe <u>keinen großen Hunger.</u> Vielleicht nehme ich <u>nur eine Suppe.</u>
Mann	Gerne, unsere Tagessuppe ist heute: <u>Brokkolisuppe.</u>
Frau	Haben Sie auch Suppen mit Rindfleisch? Rinfleisch esse ich sehr gern.
Mann	Ja, natürlich. Sie können <u>die Gemüsesuppe mit Rindfleisch</u> bekommen.
Frau	Danke. Und auch ein Glas Bier, bitte.

여자는 배가 많이 고프지 않고, 단지 하나의 스프를 먹고 싶다고 언급되어 있습니다. 브로콜리 수프는 오늘의 수프이며 그녀는 소고기가 들어간 수프를 원했습니다. 답은 c가 됩니다.

15 Wohin soll die Frau gehen?

Frau Hallo Tim, hier Lilly. Ich bin jetzt vor dem Düsseldorf Hauptbahnhof. Eigentlich wollte ich direkt zum Düsseldorf Flughafen, aber ich weiß nicht genau, wie ich den Flughafen erreichen kann.

Mann Dann komm zum Parkplatz vom Düsseldorf Hauptbahnhof. Dann können wir mit meinem Auto zum Flughafen fahren. Es dauert nicht so lange.

Frau Vielen Dank.

지문에는 보기에 나오는 모든 곳을 언급하고 있습니다. 중앙역은 언급되어 있으나 입구가 아닌 주차장에서 만나기로 했습니다. 그러므로 a는 답이 아닙니다. 또한 그녀는 Düsseldorf 공항으로 바로 가려고 했으나 방법을 정확히 모른다고 하였습니다. 그러므로 답은 c가 됩니다.

Teil 4

Sie hören ein Interview. Sie hören den Text zweimal. Wählen Sie für die Aufgaben 16 bis 20 | Ja | oder | Nein |. Lesen Sie jetzt die Aufgaben.

0   Sie ist eine Ballerina.

| Nein |

16   Kang hat kurz in Stuttgart getanzt.

| Ja |
| Nein |

17   Sie will 50 Jahre noch tanzen.

| Ja |
| Nein |

18   Ihr erster Partner war Benito Marcellino.

| Ja |
| Nein |

19   Sie hat heute ihre letzte Vorstellung.

| Ja |
| Nein |

20   Für heute hat sie nur zehn Tage geprobt.

| Ja |
| Nein |

당신은 하나의 인터뷰를 듣게 됩니다. 본문은 두 번 듣게 됩니다.

16-20번까지의 문제를 듣고, 맞으면 Ja에 틀리면 Nein에 × 표시를 하세요

0	그녀는 발레리나이다.	~~Ja~~	Nein
16	강은 Stuttgart에서 잠시 춤을 췄다.	Ja	~~Nein~~
17	그녀는 50년 더 춤을 추려고 한다.	Ja	~~Nein~~
18	그녀의 첫 번째 파트너는 Benito Marcellino였다.	~~Ja~~	Nein
19	그녀는 오늘 그녀의 마지막 공연을 했다.	~~Ja~~	Nein
20	오늘을 위해서 그녀는 단지 10일만 연습했다.	Ja	~~Nein~~

Skript

Stuttgarter Kammertänzerin Sue Jin Kang
18. Juli. 2016

Ansager Frau Sue Jin Kang, wie fühlen Sie sich? Sie stehen nun selbst vor Ihrem letzten Auftritt als Tänzerin. Tatsächlich der letzte?

Kang Wenn ich sage, es ist der letzte, dann ist es der letzte. Ich bin so dankbar für diese lange Karriere, für eine Ballerina ist sie ein großes, nicht selbstverständliches Glück. Und ich bin überaus dankbar für die Treue der Stuttgarter Fans. Ich bin fast 50 Jahre alt und es ist ein schönes Gefühl, hier meine letzte Vorstellung als Tatjana in „Onegin" zu tanzen.

Ansager Erinnern Sie sich an Ihr Debüt in dieser Rolle?

Kang Ja, damals hatte ich nur zehn Tage Proben. Benito Marcellino war mein erster Partner. Viele folgten - Jason Reilly wird der letzte sein. Es ist schön, dass ich mit ihm meine Karriere beenden kann, denn er ist ein besonders starker Partner. Aber mit ihm habe ich so viel gelernt. Dafür bedanke ich mich beim Stuttgarter Ballett!

in einer Zeitung

슈투트가르트 수석 무용수 강수진

2016. 7. 18

Ansager	강수진 씨, 기분이 어떠세요? 당신은 이제 발레리나로서의 당신의 마지막 무대 앞에 서 있잖아요. 정말로 마지막인가요?
Kang	제가 마지막이라고 말하면 그 때가 마지막인 거죠. 저는 제 오랜 경력에 대해 아주 감사하고 있습니다. 발레리나에게 이것은 아주 대단하고 당연하지 않은 행운입니다. 그리고 저는 그 밖에도 Stuttgart 팬들의 신뢰에 진심으로 감사를 전합니다. 저는 이제 약 50살이 되었고 이곳에서 "Onegin"에 Tatjana 역할로 저의 마지막 무대를 삼을 수 있어서 기분이 좋습니다.
Ansager	이 역할로 데뷔했던 것을 기억하고 계시나요?
Kang	네, 그 당시에 저는 단지 열흘간의 리허설 준비 기간이 있었죠. Benito Marcellino는 저의 첫 번째 파트너였어요. 그 다음에 많은 이들이 있었죠 – Jason Reilly는 마지막이 될 거예요. 저는 그와 함께 제 경력을 끝낼 수 있어서 좋아요. 왜냐하면 그는 특별히 강력한 파트너이기 때문이에요. 그와 함께 저는 정말 많이 배웠어요. 그것에 대해서 저는 Stuttgart 발레단에 감사드립니다.

신문에서

어휘 **sich fühlen** [v.] 느끼다 ㅣ **der Auftritt** [n.] (연극) 등장, 출연 ㅣ **die Tänzerin** [n.] 여자 댄서 ㅣ **tatsächlich** [a] 진실로, 사실의 ㅣ **die Karriere** [n.] 경력, 이력 ㅣ **die Ballerina** [n.] 무용수 ㅣ **selbstverständlich** [a] 당연한, 자명한 ㅣ **das Glück** [n.] 행운 ㅣ **überaus** [adv.] 극도로, 지나치게 ㅣ **treu** [a.] 신의 있는, 헌신적인, 충성스러운 ㅣ **das Gefühl** [n.] 감정, 느낌, 촉감 ㅣ **die Vorstellung** [n.] 공연, 소개 ㅣ **sich erinnern** [v.] 기억하고 있다, 상기하다 ㅣ **das Debüt** [n.] 데뷔 ㅣ **die Rolle** [n.] 배역 ㅣ **die Probe** [n.] 리허설 ㅣ **folgen** [v.] 뒤따르다 ㅣ **haben...gelernt** [v.] 배웠다 (lernen의 현재완료)

문제풀이 전략

전략 1: 문제를 먼저 읽어 보세요.
전략 2: 핵심 단어에 밑줄을 그으세요.
전략 3: 지문을 듣고 Ja / Nein 중 올바른 것에 × 표시를 하세요.
전략 4: 마지막에 답안지를 작성하세요.

문제풀이 전략 적용 연습

전략 1 문제를 먼저 읽어 보세요.

| 0 | Sie ist eine Ballerina. |

본문의 내용과 일치하는지 구분하는 문제입니다.

전략 2 핵심 단어에 밑줄을 그어 보세요.

| 0 | Sie ist eine <u>Ballerina</u>. |

Wenn ich sage, es ist der letzte, dann ist es der letzte. Ich bin so dankbar für diese lange Karriere, <u>für eine Ballerina</u> ist sie ein großes, nicht selbstverständliches Glück.

문제의 내용이 지문에서 언급되는지 주의 깊게 잘 들어 보세요.

전략 3 지문을 듣고 Ja / Nein 중 올바른 것에 × 표시를 하세요.

전략 4 마지막에 답안지를 작성하세요.

Aufgabe 16

먼저 문제를 읽어 봅니다.

> **16 Kang hat kurz in Stuttgart getanzt.**

 TIPP! 핵심 단어에 밑줄을 긋고, 본문을 들으며 문제를 풀어 보세요.
한 번 더 듣고, 답을 올바르게 풀었는지 확인합니다.

답안을 지문과 함께 읽어 보며, 확인하세요.

> Ich bin so dankbar für diese lange Karriere, für eine Ballerina ist sie ein großes,
> nicht selbstverständliches Glück.

지문과 문제에 대립되는 단어가 있습니다. (kurz 짧은 ↔ lange 긴) 그러므로 답은 Nein이 됩니다.

Aufgabe 17

먼저 문제를 읽어 봅니다.

> **17 Sie will 50 Jahre noch tanzen.**

 TIPP! 핵심 단어에 밑줄을 긋고, 본문을 들으며 문제를 풀어 보세요.
한 번 더 듣고, 답을 올바르게 풀었는지 확인합니다.

답안을 지문과 함께 읽어 보며, 확인하세요.

> Und ich bin überaus dankbar für die Treue der Stuttgarter Fans. Ich bin fast
> 50 Jahre alt.

그녀는 거의 50살이 되었습니다. 50년 더 춤을 춘다는 언급은 없습니다. 그러므로 답은 Nein이 됩니다.

Aufgabe 18

먼저 문제를 읽어 봅니다.

---

18   Ihr erster Partner war Benito Marcellino.

 TIPP! 핵심 단어에 밑줄을 긋고, 본문을 들으며 문제를 풀어 보세요.
한 번 더 듣고, 답을 올바르게 풀었는지 확인합니다.

답안을 지문과 함께 읽어 보며, 확인하세요.

Benito Marcellino war mein erster Partner. Viele folgten – Jason Reilly wird der letzte sein.

'Benito marcellion는 나의 첫 번째 파트너였다'라고 언급되어 있습니다.

Aufgabe 19

먼저 문제를 읽어 봅니다.

---

19   Sie hatte heute letzte Vorstellung.

 TIPP! 핵심 단어에 밑줄을 긋고, 본문을 들으며 문제를 풀어 보세요.
한 번 더 듣고, 답을 올바르게 풀었는지 확인합니다.

답안을 지문과 함께 읽어 보며, 확인하세요.

Ansager Frau Kang, Sie selbst stehen nun vor Ihrem letzten Auftritt als Tänzerin. Tatsächlich der letzte?

Kang Wenn ich sage, es ist der letzte, dann ist es der letzte.

지문에 무대의 마지막 등장이라고 언급되어 있습니다. 그러므로 답은 Ja가 됩니다.

Aufgabe 20

먼저 문제를 읽어 봅니다.

---

20 Für heute hat sie nur zehn Tage Probe Zeit.

TIPP! 핵심 단어에 밑줄을 긋고, 본문을 들으며 문제를 풀어 보세요.
한 번 더 듣고, 답을 올바르게 풀었는지 확인합니다.

답안을 지문과 함께 읽어 보며, 확인하세요.

Ansager   Erinnern Sie sich an Ihr Debüt in dieser Rolle?
Kang   Ja, damals hatte ich nur zehn Tage Proben.

10일 연습 후 공연한 것은 그녀의 데뷔 무대입니다. 오늘이 아닙니다. 그러므로 답은 Nein이 됩니다.

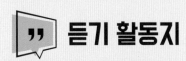

듣기 활동지

본문을 듣고 빈칸을 채워 보세요.

Teil 1

Beispiel

Guten Tag, Frau Fischer. Hier ① _____ Groß. Ihr Auto ist fertig. Sie
können es morgen ② _____. Die Werkstatt ist ab 7.00 Uhr geöffnet.
③ _____ _____ ist etwas ④ _____ als gedacht. Sie kostet nicht 295,
⑤ _____ nur 265 Euro. Dann bis morgen! Auf Wiederhören.

Aufgabe 1

Guten Tag, Herr Noah, Liam hier. Sie haben Ihr Buch in meinem Büro
① _____ _____ Ich muss jetzt leider ② _____ Ich gebe das
Buch meiner Kollegin, Frau Müller, weil sie bis 18 Uhr im Haus arbeitet. Ihre
Zimmernummer ist ③ _____. Auf Wiederhören.

Aufgabe 2

Und hier das Wetter. ① _____ _____ bleibt und mit ihm das Badewetter
erhalten. Aber am Samstag wird es sonnig und warm bis 27 Grad.
② _____ _____ kommt das kalte ③ _____ und die Temperaturen
fallen auch hier auf unter 13 Grad. Und der Luftdruck ist hoch.

Aufgabe 3

Radio Pop und Rock - Ihr Musiksender!

Jetzt wieder unser ① _____. Für alle, die es noch nicht kennen: Genau um 18.00 Uhr spielen wir eine Musik ab. Wenn Sie ② _____, wie die Musik heißt, rufen Sie uns an.

③ _____ _____ tolle Preise zu gewinnen: Bücher, CDs oder Gutscheine Ihrer Wahl. Wollen Sie ein Auto haben? Leider können Sie jetzt ④ _____ _____ _____. Aber vielleicht nächstes Mal!

Aufgabe 4

Eine Meldung für die Besucher des Altstadtsfestes: Die Parkplätze ① _____ _____ _____ sind schon besetzt. Im Parkhaus am Kaufhof gibt es noch ② _____ _____ _____. Kommen Sie lieber nicht mit dem Auto. ③ _____ _____ _____ _____! Vorm Hauptbahnhof gibt es Linie 3 zur Altstadt.

Aufgabe 5

Hallo, Jasmin, hier ist Nico. Wir wollten uns ja heute treffen.

Aber ① _____ kann ich heute Abend ② _____ ins Kino.

Ich bin ③ _____. Ich war gerade beim Arzt und heute soll ich ④ _____ _____ _____ Hast du am Wochenende Zeit? Ich melde mich wieder bei dir, wenn es mir besser geht.

Teil 2

Aufgabe 6 bis 10

Robert   Emilie, hast du schon Ideen für die kommende Woche? Ich habe in dieser Woche relativ viel Zeit. Wir können ja etwas zusammen machen. Machen wir diese Woche ① _____ _____.

Emilie   Mal sehen, am Montag gehen wir doch normalerweise ② _____ _____.

Robert   Das haben wir ja schon ausgemacht. Und was noch?

Emilie   Am Dienstag müssen wir Sport machen, oder? Wie wäre es ③ _____ _____ _____?

Robert   Am Dienstag nicht, ich will lieber kein Sport machen. Wir könnten ④ _____ _____ _____, ich habe gesehen, es gibt ein interessantes Stück.

Emilie   Hmmm, einverstanden. Aber wir müssen dann am Mittwoch Sport machen!

Robert   Klar, wir können ⑤ _____ _____ _____ oder ⑥ _____ _____ schwimmen gehen.

Emilie   Ja gut, aber nicht ans Meer. Das ist zu weit von hier. Gehen wir ins Schwimmbad.

Robert   Okay, da können wir Geld und Zeit sparen. Und was machen wir am Donnerstag und Freitag?

Emilie   Am Donnerstagabend können wir ⑦ _____ _____ bei „Mamas" ⑧ _____ _____ Donnerstags gibt's dort Ermäßigung.

Robert   Moment, dann muss ich einen Termin absagen. Aber es geht schon.

Emilie   Und was kommt dann am Freitag? Gehen wir ⑨ _____ _____ _____?

Robert   Ja, das ist gut. Aber warte mal! In dieser Woche gibt es keine Oper. Sollen wir ⑩ _____ _____?

Emilie   Das ist immer gut. Dann machen wir es so. Und am Samstag gehen wir kurz ⑪ _____ _____ . Ich habe lange Markus nicht gesehen. Trinken wir Kaffee oder irgendwas zusammen.

Teil 3

Aufgabe 11

> **Ben** Was hast du gestern zu Mittag gegessen?
>
> **Julia** Eigentlich wollte ich eine ① _____ mit Pommes, aber Sabine
> wollte lieber ② _____ essen. In der „Pizzeria" gab es auch
> ③_____, also habe ich das genommen. Es war in Ordnung.
>
> **Ben** Ja, dann ist es ja gut.

Aufgabe 12

> **Mann** Entschuldigung, der Hut da gefällt mir sehr gut.
>
> **Frau** ① _____ _____ möchten Sie denn?
>
> **Mann** Schwarz, bitte.
>
> **Frau** Ach, tut mir leid, den haben wir nicht mehr. Wir haben nur den
> weißen ② _____. Aber vielleicht gefällt Ihnen die ③ _____ hier
> oder die blaue ④ _____?
>
> **Mann** Ne, die beiden gefallen mir nicht. Aber danke!

Aufgabe 13

> **Mann** Ja, bitte?
>
> **Frau** Guten Tag, Herr Schumann. Hier ist Christian vom ① _____. Ich
> rufe wegen Ihrer ② _____ an.
>
> **Mann** Das ausgefüllte Formular habe ich Ihnen gestern schon
> ③ _____.
>
> **Frau** Ja, das habe ich hier, aber für den Mitgliedsausweis brauchen wir
> noch ein ④ _____ _____ _____.
>
> **Mann** Okay. Morgen bringe ich Ihnen eins.

Frau Schön. Sonst haben wir alles.

Mann Gut. Dann bis morgen.

Aufgabe 14

Mann Guten Tag. Was darf es sein?

Frau Ich habe ① _____ _____ _____. Vielleicht nehme ich nur eine Suppe.

Mann Gerne, unsere Tagessuppe ist heute Brokkolisuppe.

Frau Haben Sie auch Suppen mit Rindfleisch? Rinfleisch esse ich sehr gern.

Mann Ja, natürlich. Sie können die ② _____ _____ _____ bekommen.

Frau Danke. Und auch ein Glas Bier, bitte.

Aufgabe 15

Frau Hallo Tim, hier Lilly. Ich bin jetzt vor dem Düsseldorf Hauptbahnhof. Eigentlich wollte ich direkt zum Düsseldorf Flughafen, aber ① _____ _____ _____ _____, wie ich den Flughafen erreichen kann.

Mann Dann komm zum Parkplatz vom Düsseldorf Hauptbahnfof. Dann können wir ② _____ _____ _____ zum Flughafen fahren. Es dauert nicht so lange.

Frau Vielen Dank.

Teil 4

Aufgabe 16 bis 20

[Interview]
Stuttgarter Kammertänzerin Sue Jin Kang
18. Juli. 2016

Ansager Frau Sue Jin Kang, ① _____ _____ _____ _____?
Sie stehen nun selbst vor Ihrem letzten Auftritt als Tänzerin.
Tatsächlich der letzte?

Kang Wenn ich sage, es ist der letzte, dann ist es der letzte. ② _____
_____ _____ _____ für diese lange Karriere, für eine
Ballerina ist sie ein großes, nicht selbstverständliches Glück.
Und ich bin überaus dankbar für die Treue der Stuttgarter Fans.
Ich bin fast 50 Jahre alt und es ist ein schönes Gefühl, hier meine
letzte Vorstellung als Tatjana in „Onegin" zu tanzen.

Ansager ③ _____ _____ _____ _____ Ihr Debüt in dieser
Rolle?

Kang Ja, damals hatte ich nur zehn Tage Proben. Benito Marcellino
war ④ _____ _____ _____. Viele folgten - Jason Reilly
wird der letzte sein. Es ist schön, dass ich mit ihm meine Karriere
beenden kann, denn er ist ein besonders starker Partner. Aber
mit ihm habe ich so viel gelernt. Dafür bedanke ich mich beim
Stuttgarter Ballett!

정답 및 어휘

Teil 1

Beispiel

정답 ① Autohaus ② abholen ③ Die Reparatur ④ billiger ⑤ sondern

어휘 **das Autohaus** [n.] 자동차 정비소 | **abholen** [v.] ~받다, 인수하다 | **Die Reparatur** [n.] 수리 | **billig** [a.] 저렴한, 싼 | **sondern** [cj.] 그것과는 달리

Aufgabe 1

정답 ① liegen lassen ② losfahren ③ 213

어휘 **liegen** [v.] (어떤 상태로) 있다, 누워 있다 | **lassen** [v.] 남겨두다, 방치하다 | **losfahren** [v.] 출발하다 | **213** [zweihundertdreizehn]

Aufgabe 2

정답 ① Der Sommer ② Am Sonntag ③ Regenwetter

어휘 **der Sommer** [n.] 여름 | **Am Sonntag** 일요일에 | **das Regenwetter** 우천, 비 오는 날씨

Aufgabe 3

정답 ① Gewinnspiel ② wissen ③ Es gibt ④ kein Auto gewinnen

어휘 **das Gewinnspiel** [n.] 추첨 | **wissen** [v.] 알다 | **Es gibt** (무엇이) 있다, 존재하다 | **kein Auto gewinnen** 자동차를 받을 수 없다

Aufgabe 4

정답 ① in der Nähe ② einige wenige Plätze ③ Nehmen Sie die U-Bahn

어휘 **in der Nähe** 근처에 | **einige wenige Plätze** 몇 개의 적은 자리를 | **Nehmen Sie die U-Bahn** 지하철을 타세요

Aufgabe 5

정답 ① leider ② nicht ③ krank ④ im Bett bleiben

어휘 **leider** [adv.] 유감스럽게도 | **nicht** [adv.] ～아니다 | **krank** [a.] 아픈 | **im Bett bleiben** 침대에 머무르다

Teil 2

Aufgabe 6 bis 10

정답 ① etwas Besonderes ② ins Kino ③ mit Fahrrad fahren ④ ins Theater gehen ⑤ im neuen Schwimmbad ⑥ ans Meer ⑦ ins Restaurant ⑧ essen gehen ⑨ in die Oper ⑩ einkaufen gehen ⑪ ins Cafe

어휘 **etwas Besonderes** 뭔가 특별한 것 | **ins Kino** 영화관으로 | **mit Fahrrad fahren** 자전거를 타고 | **ins Theater gehen** 극장으로 가다 | **im neuen Schwimmbad** 새로운 수영장에서 | **ans Meer** 바다로 | **ins Restaurant** 식당으로 | **essen gehen** 밥 먹으러 가다 | **in die Oper** 오페라 보러 | **einkaufen gehen** 장보러 가다 | **ins Cafe** 카페로

Teil 3

Aufgabe 11

정답 ① Bratwurst ② Pizza ③ Hähnchen

어휘 **die Bratwurst** [n.] 구운 소시지 | **die Pizza** [n.] 피자 | **das Hähnchen** [n.] 치킨

Aufgabe 12

정답 ① Welche Farbe ② Hut ③ Hose ④ Jacke

어휘 **welche Farbe** 어떤 색상 | **der Hut** [n.] 모자 | **die Hose** [n.] 바지 | **die Jacke** [n.] 재킷

Aufgabe 13

정답 ① Kochkurs ② Anmeldung ③ abgegeben ④ Foto von Ihnen

어휘 **der Kochkurs** [n.] 요리 강좌 │ **die Anmeldung** [n.] 신청 │ **haben...abgegeben** 제출했다 (abgeben의 현재완료) │ **Foto von Ihnen** 당신의 사진

Aufgabe 14

정답 ① keinen großen Hunger ② Gemüsesuppe mit Rindfleisch

어휘 **keinen großen Hunger** 배가 많이 고프지 않다 │ **Gemüsesuppe mit Rindfleisch** 소고기가 들어간 야채 수프

Aufgabe 15

정답 ① ich weiß nicht genau ② mit meinem Auto

어휘 **Ich weiß nicht genau** 나는 정확하게 모르겠어요 │ **mit meinem Auto** 나의 자동차를 타고

Teil 4

Aufgabe 16 bis 20

정답 ① wie fühlen Sie sich ② Ich bin so dankbar ③ Erinnern Sie sich an ④ mein erster Partner

어휘 **Wie fühlen Sie sich?** 기분이 어떠세요? │ **Ich bin so dankbar.** 나는 매우 감사하다. │ **erinnern Sie sich an** ~에 대해 기억하다 │ **mein erster Partner** 나의 첫 번째 파트너

Modul Schreiben 쓰기

시험 유형 파악하기

1 쓰기 영역 알아보기

쓰기 영역은 두 개의 유형으로 구성되어 있습니다. 유형 1은 친구에게 사과를 하거나 감사를 표현하는 등 일상생활의 간략하고 쉬운 회화 형식의 글쓰기입니다. 유형 2에서는 공적이거나 사적인 내용의 이메일이나 편지를 작성할 수 있어야 합니다. 쓰기 영역은 수험자의 어휘력과 올바른 문법 사용 능력을 평가합니다. 문자 메시지, 편지 쓰기 등 일상생활과 관련된 문장들을 작성하는 문제가 출제됩니다.

각 문제에서는 3개의 제시문이 주어집니다. 3개의 제시문을 빠뜨리지 않고 모두 포함하여 글을 완성하는 것이 쓰기 영역의 핵심입니다.

2 쓰기 영역 한 눈에 보기

유형	내용	형태와 성격	단어 수	점수
1	가까운 지인에게 내용을 전달하는 글쓰기	짧은 글을 제시문을 포함하여 작성합니다. 감사와 사과에는 이유를 포함하여 글을 작성합니다.	약 20–30 단어	10
2	이메일 또는 편지를 형식에 맞게 작성	형식적인 상황에 맞는 글을 제시문을 포함하여 작성합니다. 상대방의 의견에 답변하거나, 정보를 제공하거나, 문의하는 글을 작성합니다.	약 30–40 단어	10

유형 구분

쓰기 문제는 총 2가지 유형으로 구성되어 있으며 각 유형마다 하나의 문제가 주어집니다. (제한 시간 30분)

유형 1 (10점)

친구나 지인에게 제시문을 포함하여 소식을 전달해야 합니다. 보통 짧은 문자메시지 형식의 글을 작성하게 됩니다. (존칭이 아닌 duzen을 사용하는 친구 혹은 지인)

*duzen : 편하게 말을 놓고, du의 호칭을 사용하는 것을 말합니다.

유형 2 (10점)

당신은 지인에게 소식(문자, 메일 아니면 편지)을 전달해야 합니다. 쉬운 형식의 편지글을 쓰는 것이 좋습니다. 예를 들어 누군가에게 사과하거나, 감사를 전하는 글이면 됩니다. (존칭 사용 siezen)

*siezen: Sie라는 호칭을 사용하는 것을 말합니다. 초면이거나 형식적인, 공식적인 관계나 자리에서 사용됩니다.

④ 시간 및 채점

— 시험 시간은 총 30분이며, 두 문제를 주어진 시간 내에 배분하여 작성해야 합니다.

— 쓰기 영역은 총 2문제가 출제되며 각 문제당 10점으로 총 20점이 배정됩니다. 하나의 문제는 주어진 3개의 제시문이 모두 포함되면 5점이 주어지고, 나머지 5점은 어휘 및 문법으로 평가됩니다.

— 쓰기 영역은 최종적으로 1.25의 환산 지수가 곱해져 총 25점으로 변환되어 최종 시험 점수가 됩니다.

Teil 1

Eine Kurznachricht (SMS) schreiben.

Sie sind mit Ihrer Freundin Melanie verabredet. Aber Sie sind jetzt unterwegs zum Krankenhaus. Schreiben Sie eine SMS an Ihre Freundin Melanie.

– Entschuldigen Sie sich, dass Sie zu spät kommen.
– Schreiben Sie, warum.
– Nennen Sie einen neuen Ort und eine neue Uhrzeit für das Treffen.

Schreiben Sie 20–30 Wörter.
Schreiben Sie etwas zu allen drei Punkten.

Schreiben Sie eine SMS.

_____

_____

_____

_____

_____

_____

_____

짧은 문자를 쓰세요.

당신은 당신의 친구 Melanie와 약속이 있습니다. 하지만 당신은 지금 병원으로 가는 길입니다. 당신의 친구 Melanie에게 하나의 SMS를 쓰세요.

– 늦는 것에 대해 사과하세요.
– 이유를 쓰세요.
– 만남을 위한 새로운 장소와 시간을 적으세요.

20–30개의 단어로 쓰세요.
3개의 제시문을 모두 언급하세요.

어휘 **sich verabreden** [v.] 약속하다 | **unterwegs** 도중에 | **zum Krankenhaus** 병원으로 | **schreiben** [v.] 쓰다 | **die SMS** [n.] 문자메시지 | **zu spät** 너무 늦게 | **warum** [adv.] 왜 | **der Ort** [n.] 장소 | **die Uhrzeit** [n.] 시간 | **das Punkt** [n.] 관점

문제풀이 전략

 문제풀이 전략 적용 연습

전략 1 지령 및 요구 상황을 정확하게 읽어 보세요.

> Sie sind mit Ihrer Freundin Melanie verabredet. Aber Sie sind jetzt unterwegs zum Krankenhaus und schreiben eine SMS an Ihre Freundin Melanie.

당신의 친구 Melanie와 약속이 되어 있는 상황에서 당신은 병원에 가는 길이고, 친구에게 문자를 써야 합니다. (밑줄을 그으세요)

전략 2 글을 쓰는 상황이나 목적 등을 파악하세요.

먼저 아래에 질문에 대한 답을 달아 보세요.

예시

1) Wohin gehen Sie? (어디를 가시나요?)
   → zum Krankenhaus (병원에)

2) Warum gehen Sie zum Krankenhaus? (왜 병원에 가시나요?)
   → Meine Mutter ist krank. Sie ist im Krankenhaus.
     (나의 어머니가 아파요. 그녀는 병원에 있어요.)

3) An wen schreiben Sie die SMS? (누구에게 문자를 쓰나요?)
   → Melanie

전략 3 글에 꼭 포함되어야 하는 3개의 제시문에 대해 순서대로 언급하세요.

예시

1) **Entschuldigen Sie sich, dass Sie zu spät kommen:** (많이 늦어진다고 사과를 하세요.)
   → **Tut mir leid.** (미안합니다.)

2) **Schreiben Sie warum:** (왜인지 쓰세요.)
   → **Meine Mutter ist im Krankenhaus.** (나의 엄마가 병원에 있습니다.)

3-1) **Nennen Sie einen neuen Ort.** (새로운 장소를 언급하세요.)
   → **Cafe Aladin** (카페 알라딘)

3-2) **Nennen Sie eine neue Uhrzeit.** (새로운 시간을 언급하세요.)
   → **um 18 Uhr** (18시에)

 ## 쓰기 정복 연습하기

다음의 순서대로 작문을 해 보세요.

> 도입 (Anrede) → 사과하기 (sich entschuldigen) → 이유 제시 (Begründen) → 새로운
> 약속 잡기, 부탁하기 (neuen Termin, Bitten) → 감사와 안부 (Dank und Gruß)

Hallo Melanie, tut mir leid,

Ich muss

Können wir uns

Bis bald!

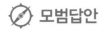 **모범답안**

Aufgabe 1

> **모범답안**
>
> Hallo Melanie, tut mir leid. Ich muss jetzt schnell zum Krankenhaus. Meine Mutter ist krank. Könnten wir uns um 18 Uhr im Cafe Aladin treffen? Bis bald!
>
> **해석**
>
> 안녕 Melanie. 미안해. 나 지금 빨리 병원에 가야 해. 엄마가 아프셔. 우리 18시에 카페 알라딘에서 만날 수 있을까? 곧 보자!

어휘 **tut mir leid** 미안하다 | **müssen** [v.] ~ 해야만 한다 (화법조동사) | **jetzt** [adv.] 지금 | **schnell** [a.] 빠른 | **krank** [a.] 아픈 | **können** [v.] ~할 수 있다 | **treffen** [v.] 만나다

체크리스트

☐ 처음부터 끝까지 호칭을 제대로 적었는지 확인하세요.

☐ 3가지 제시문을 충족했는지 확인하세요.

☐ 문법이 정확한지 확인하세요.

☐ 단어의 수가 20-30자가 맞는지 확인하세요.

TIPP! 시간을 확인하고 처음부터 다시 읽으면서 체크리스트를 확인하세요. 본인의 글을 교정하는 데 도움이 될 것입니다.

TIPP! 또한 자주 출제되는 어휘들과 구어체적인 문장들을 익혀 두면 작문하기에 도움이 됩니다. 비슷한 양식의 문제가 나올 가능성이 높으므로 자신만의 답을 만들어 놓습니다. 해답지에 연필이 아닌 볼펜으로 정확하게 작성해야 하며 사전이나 휴대폰 사용은 금지됩니다.

Teil 2

Eine E-Mail schreiben.

In Ihrer Firma gibt es einen neuen Chef, Herrn Baumgart. Herr Baumgart macht am Sonntag eine Party. Er möchte seinen Neuanfang feiern. Er hat Sie und die anderen Kollegen zu der Party eingeladen.

– Bedanken Sie sich und sagen Sie, dass Sie gern kommen.
– Sagen Sie, dass Sie etwas zur Party mitbringen wollen.
– Fragen Sie nach der Uhrzeit.

Schreiben Sie 30 bis 40 Wörter.
Schreiben Sie etwas zu allen drei Punkten.

Schreiben Sie eine E–Mail.

_____

_____

_____

_____

_____

_____

_____

E-Mail을 작성하세요.

당신의 회사에 새로운 상사 Baumgart씨가 왔다. Baumgart씨는 일요일에 파티를 연다. 그는 새로 부임한 것에 대한 파티를 열고 싶어 한다. 그는 당신과 다른 동료들을 파티에 초대했다.

– 감사 인사를 전하고, 기꺼이 갈 수 있다고 답하세요.
– 파티에 무엇을 가지고 가길 원한다고 말하세요.
– 시간에 대한 질문을 하세요.

30–40개의 단어로 쓰세요.
3개의 제시문을 모두 언급하세요.

어휘 **in Ihrer Firma** 당신의 회사에서 ㅣ **es gibt** ~있다 ㅣ **der Chef** [n.] 팀장, 상사 ㅣ **möchte** [v.] 원하다 (mögen의 접속법 2식) ㅣ **feiern** [v.] 축하하다 ㅣ **dass** [cj.] ~하는 것 ㅣ **haben...eingeladen** [v.] 초대했다 (einladen의 과거) ㅣ **sich bedanken** [v.] 감사하다 ㅣ **mitbringen** [v.] 가져오다 ㅣ **wollen** [v.] 원하다 (화법조동사)

문제풀이 전략

> 전략 1: 지령 및 요구 사항을 정확하게 읽어 보세요.
> 전략 2: 글을 쓰는 상황이나 목적 등을 파악하세요.
> 전략 3: 글에 꼭 포함되어야 하는 3개의 제시문에 대하여 순서대로 언급하세요.

 문제풀이 전략 적용 연습

전략 1 지령 및 요구 상황을 정확하게 읽고 주요 문장에 밑줄을 그어 보세요.

> In Ihrer Firma gibt es einen neuen Chef, <u>Herrn Baumgart. Herr Baumgart macht</u> <u>am Sonntag eine Party.</u> Er möchte seinen Neuanfang feiern. <u>Er hat Sie und die</u> <u>anderen Kollegen zu der Party eingeladen.</u>

새로 온 상사가 파티를 엽니다. 그는 당신과 당신의 동료들을 파티에 초대했습니다.

전략 2 글을 쓰는 상황이나 목적 등을 파악하세요.

> Bedanken Sie sich und sagen Sie, dass Sie gern kommen.

파티 초대에 대한 감사함을 전하고, 참석하겠다는 답장을 보냅니다.

전략 3 글에 꼭 포함되어야 하는 3개의 제시문에 대하여 순서대로 언급하세요.

예시

1) Bedanken Sie sich und sagen Sie, dass Sie gern kommen.
   (감사 인사를 전하고, 기꺼이 갈 수 있다고 답하세요.)
   ① Vielen Dank für die Einladung. Ich komme gern.
      (초대해 주셔서 매우 감사드립니다. 기꺼이 가겠습니다.)
   ② Ich danke Ihnen für die Einladung. Natürlich komme ich gern.
      (초대에 대해 감사드립니다. 저는 당연히 기꺼이 가겠습니다.)
   ③ _____

      _____

2) Sagen Sie, dass Sie etwas zur Party mitbringen wollen.
(파티에 무엇을 가지고 가길 원한다고 말하세요.)

① Wenn Sie möchten, kann ich einen Kuchen mitbringen.
(당신이 원하신다면, 제가 케이크를 가져가도록 하겠습니다.)

② Ich will einen Salat und einen Rotwein mitbringen.
(저는 샐러드와 레드와인을 가지고 가겠습니다.)

③ _____

_____

3) Fragen Sie nach der Uhrzeit. (시간에 대한 질문을 하세요.)

① Wann fängt die Party an? (파티는 언제 시작하나요?)

② Sagen Sie mir bitte die Uhrzeit. (저에게 시간을 말씀해 주세요.)

③ _____

_____

전략 4 필수 항목(체크리스트 참고)을 다시 확인하고 시간을 점검하세요.

다음의 순서대로 작문을 해 보세요.

도입 (Anrede) → 감사함을 전하기 (Bedanken Sie sich) → 기꺼이 간다고 이야기하기
(Sagen Sie, dass Sie gern kommen) → 무엇인가 파티에 가져가기 (zur Party etwas
mitbringen) → 시간과 관련된 질문들 (Uhrzeit fragen) → 감사와 안부 (Dank und Gruß)
→ 이름 (Vorname)

Schreiben Sie eine E-Mail.

_____

_____

_____

_____

_____

_____

_____

Stichpunktzettel

모범답안

Schreiben Teil 2

모범답안

Sehr geehrter Herr Baumgart,
vielen Dank für die Einladung. Ich komme gern. Wenn Sie möchten, kann ich einen Kuchen mitbringen. Wann fängt die Party an? Sagen Sie mir bis Samstag Bescheid. Ich freue mich schon sehr auf die Party.

Viele Grüße
Miriam Fuchs

해석

존경하는 Baumgart씨에게,
초대해 주셔서 매우 감사합니다. 저는 기꺼이 가겠습니다. 당신이 원하신다면 제가 케이크를 가져 가겠습니다. 그리고 파티는 언제 시작하나요? 저에게 토요일까지 알려주세요. 저는 그 파티가 벌써 기대가 됩니다.

많은 안부를 담아
Miriam Fuchs

어휘 **die Einladung** [n.] 초대 | **gern** [adv.] 기꺼이, 즐겨 | **möchten** [v.] ~를 원하다 (mögen의 접속법2식) | **mitbringen** [v.] ~을 가져오다 | **der Bescheid** [n.] 소식

Schreiben Teil 2

모범답안

Lieber Herr Baumgart,
ich danke Ihnen für die Einladung. Natürlich komme ich gern. Ich will einen Salat und einen Rotwein mitbringen. Kann ich noch etwas mitbringen? Wann wird die Party beginnen? Sagen Sie mir bitte die Uhrzeit.

Mit freundlichen Grüßen
Martin Lehrmann

존경하는 Baumgart씨에게.

초대해 주셔서 감사합니다. 저는 물론 기꺼이 가겠습니다. 저는 샐러드와 레드와인을 가지고 갈게요. 내가 무엇을 가져가도 될까요? 언제 파티가 시작되나요? 저에게 시간을 말씀해 주세요.

친절한 안부를 담아
Martin Lehrmann

어휘 **der Salat** [n.] 샐러드 | **der Rotwein** [n.] 레드와인 | **brauchen** [v.] 사용하다 | **sagen** [v.] 말하다

⫟┏ 체크리스트

☐ 당신의 편지를 다시 읽어 보고, 모든 제시문을 제대로 언급하였는지 확인해 보세요.

☐ 누구에게 쓰는 편지입니까? 호칭을 제대로 적었나요? (Sehr geehrte/r..., Liebe/r..., Hallo...,)

☐ 명사의 성을 주의하여 문장을 바르게 적었나요?

☐ 모든 명사의 시작을 대문자로 적었나요?

☐ 존칭을 사용할 때 대문자 사용을 올바르게 적었나요? (Sie, Ihr, Ihnen)

☐ 모든 동사 변화를 알맞게 변화시켰나요?

☐ 안부 인사와 마지막에 이름 적는 것을 잊지 않았나요?

TIPP! 작문할 때 시간을 확인하세요. 쓰기 영역은 두 영역을 **30분** 안에 마쳐야 합니다. 시간을 잘 고려하여 해답지에 볼펜으로 적으세요.

Modul Sprechen 말하기

시험 유형 파악하기

▶ 말하기 샘플 영상

① 말하기 영역 알아보기

A2 말하기 시험은 두 명의 시험 참가자 및 두 명의 시험관이 함께 진행합니다. 준비 시간은 따로 없으며, 과제를 받은 후 시험은 바로 시작됩니다.

말하기 영역은 세 개의 유형으로 구성되어 있습니다. 유형 1은 파트너와 함께 인적사항이나 일상적인 일에 대한 질문을 하고 대답을 하는 형식입니다. 유형 2는 주제가 되는 질문과 연결된 4개의 단어가 적힌 카드를 받고, 자신의 계획, 경험, 또는 습관 등을 묘사해야 합니다. 유형 3은 파트너와 함께 만남을 제안하고 결론(가능한 시간, 일정 협의)을 찾아야 합니다.

② 말하기 영역 한 눈에 보기

구분	영역	말하기 유형	형태와 성격	시간
1	개인적인 질문	대화	4개의 단어 카드를 가지고 질문하고, 답변	1–2분
2	가족, 주거 상황에 대해 이야기하기	독백으로 묘사/대화체	하나의 주제를 가지고 4가지의 핵심 단어들에 대하여 어느 정도 언급하고 시험관의 질문에 답변	3–4분
3	공동의 활동에 대한 협상	대화	파트너와 서로 다른 문제지를 받고 일정 협의하기	3–4분

유형 구분

말하기는 총 3문제로 25점 만점입니다 시험은 15분 정도 진행되며, 참여자마다 대략 7분 정도 소요됩니다.

유형 1: 4점

당신은 자신의 파트너에게 질문을 합니다. 그리고 파트너의 질문에 대답을 합니다.

유형 2: 8점

당신은 자기 자신에 대해 그리고 당신의 삶에 대해 이야기를 합니다.

유형 3: 8점 (발음 5점)

당신은 당신의 파트너와 함께 무엇인가를 계획하고 협의합니다. 당신은 제안을 하고 받은 제안에 대해 반응하고, 당신의 생각을 말해야 합니다. 그리고 가능하면 함께 하나의 해답을 찾아야 합니다.

 시간 및 채점

— Teil 1은 약 1–2분, Teil 2는 약 3–4분, Teil 3은 약 3–4분으로, 말하기 시험은 약 15분 동안 진행됩니다.

— Teil 1은 4점, Teil 2와 Teil 3은 각 8점 만점입니다.

— 발음으로는 최대 5점을 받을 수 있습니다. 만점을 받을 시 총 25점을 받을 수 있습니다.

— 각 본문마다 하나의 질문에 대답하게 되며, 사전, 핸드폰, 메모 등의 사용은 금지됩니다.

Teil 1

당신은 4개의 카드를 받습니다. 카드에 적힌 주제를 가지고 4개의 질문을 만들고, 파트너에게
질문하고, 대답하는 시험 유형입니다.

시험 카드는 다음과 같은 모양입니다.

Kandidat A (참가자 A)

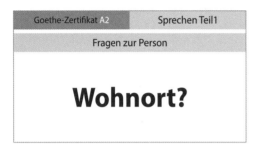

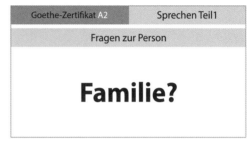

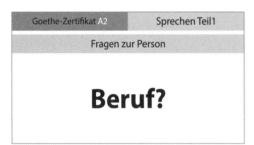

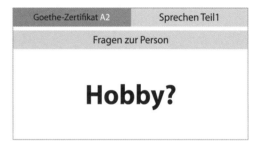

Kandidat B (참가자 B)

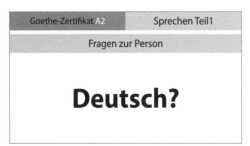

문제풀이 전략

전략 1: 카드에 적힌 단어들을 읽어 보세요.

전략 2: 카드에 적힌 주제로 만들 수 있는 질문을 생각해 보세요.
(20초 정도의 시간이 있습니다.)

전략 3: 한 사람이 질문을 먼저 시작하면, 다른 사람은 대답합니다.
(나머지 3문제도 이렇게 진행됩니다.)

전략 4: 하나 혹은 두 개의 문장이 좋습니다.

전략 5: 모든 주제로 대화를 마친 후 역할을 바꾸어서 다시 대화합니다.

 TIPP! 시험에서 보통 반말이나 존댓말을 사용해야 한다는 정해진 규칙은 없습니다. 하지만 만약 반말을 하고 싶다면 "Wollen wir uns dutzen?"으로 시작해도 됩니다. 하지만 존댓말이 편하시면 생략해도 됩니다.

 문제풀이 전략 적용 연습

전략 1 카드에 적힌 단어들을 읽어 보고 한국어로 질문을 생각해 보세요.

Kandidat A

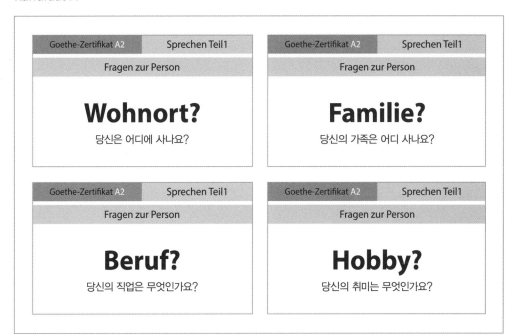

전략 2 한 사람이 질문을 먼저 시작하면, 파트너는 대답합니다.

 TIPP! 대답을 듣고 반응을 해 주세요. Okay, Schön, sehr gut, Aha, Ah ja 등등

Wohnort?

예시답안

A: Wo wohnen Sie?

B: Ich wohne in Seoul, in der Samchungdong Straße 12.

A: Aha!

해석

A: 당신은 어디에 사나요?

B: 저는 서울, 삼청동 거리 12에 살아요.

A: 아하!

전략 3 한 사람이 질문을 먼저 시작하면, 다른 사람은 대답합니다.
(나머지 3문제도 이렇게 진행됩니다.)

전략 4 하나 혹은 두 개의 문장이 좋습니다.

Familie?

예시답안

A: Wo wohnt Ihre Familie?

B: Meine Familie wohnt in Seoul. Wir wohnen zusammen.

A: Schön.

해석

A: 당신의 가족은 어디 사나요?

B: 나의 가족은 서울에 살아요. 저희는 같이 살아요.

A: 좋네요.

Beruf?

A: Was sind Sie von Beruf?

B: Ich gehe noch zur Universität. Danach möchte ich in Deutschland weiter studieren.

A: Sehr gut!

A: 당신의 직업은 무엇인가요?

B: 저는 아직 대학에 다닙니다. 그 다음에 저는 독일에서 계속해서 공부하고 싶습니다.

A: 아주 좋네요!

Hobby?

A: Was ist Ihr Hobby?

B: Ich höre gern Musik und gehe gern spazieren.

A: Aha, das mag ich auch.

A: 당신의 취미는 무엇인가요?

B: 저는 음악을 즐겨 듣고 산책을 갑니다.

A: 아하, 그건 저도 좋아해요.

전략 5 모든 주제로 대화를 마친 후 역할을 바꾸어서 다시 대화합니다.

Kandidat B

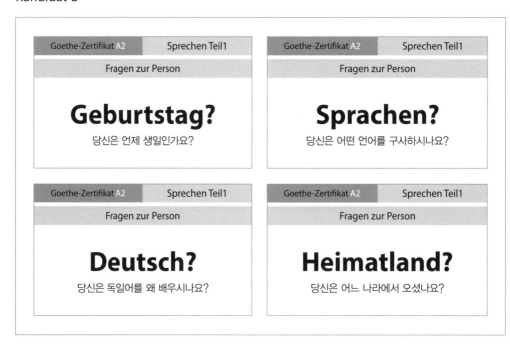

Geburtstag?

예시답안

A: Wann haben Sie Geburtstag?

B: Ich habe am 3. Juni Geburtstag

A: Ach so!

해석

A: 당신의 생일은 언제인가요?

B: 저는 6월 3일에 생일입니다.

A: 아하!

Sprachen?

A: Welche Sprachen sprechen Sie?

B: Ich spreche gut Englisch und ein bisschen Deutsch.
   Aber ich kann noch nicht gut auf Deutsch sprechen.

A: Ah ja.

A: 당신은 어떤 언어를 구사하시나요?

B: 저는 영어를 잘하고 독일어를 조금 합니다.
   하지만 저는 아직 독일어로 말은 잘하지 못합니다.

A: 아하 그렇군요.

Deutsch?

A: Warum lernen Sie Deutsch?

B: Ich lerne Deutsch, weil ich in Deutschland studieren möchte.

A: Viel Glück!

A: 당신은 독일어를 왜 배우시나요?

B: 저는 독일에서 공부하고 싶어서 독일어를 배웁니다.

A: 행운을 빌어요!

Heimatland?

A: Woher kommen Sie?

B: Ich komme aus Korea und bin in Busan geboren.

A: Okay.

A: 당신은 어느 나라에서 오셨나요?

B: 저는 한국에서 왔습니다. 그리고 저는 부산에서 태어났습니다.

A: 그렇군요.

 TIPP! 말하기 시험은 파트너와 함께 대화하는 것이 매우 중요합니다. 주제에서 벗어나는 말은 되도록 하지 않는 것이 좋으며, 카드를 확인 후 짧은 시간 안에 문장을 만드는 것이 중요합니다. 시간적인 제한이 있으므로 혼자서 너무 많은 말을 하지 않도록 합시다. 너무 많은 말을 할 경우 주제에서 벗어날 수 있으며, 감점의 요인이 될 수 있습니다. Teil 1에서 중요한 부분은 내가 독백을 하는 것이 아니라 상대와 대화를 주고받는 것임을 명심하세요.

말하기 정복 연습 문제

실전 시험과 같이 말해 보세요.

Goethe-Zertifikat A2	Sprechen Teil1
Fragen zur Person	

Internet?

Internet?

1) A: Wie findest du das Internet?

   B: _____

2) A: Wie nutzt du das Internet?

   B: _____

3) A: Wie lange nutzt du das Internet am Tag?

   B: _____

---

1) 예시답안   B: Ich finde das Internet gut, weil man dort viele Informationen finden kann.

    해석   A: 인터넷에 대해 어떻게 생각해?
              B: 나는 인터넷에서 많은 정보들을 찾을 수 있어서 좋다고 생각해.

2) 예시답안   B: Ich suche Informationen für meine Hausaufgaben und schreibe oft Email.

    해석   A: 너는 인터넷으로 무엇을 하니?
              B: 나는 숙제를 위한 정보를 찾고, 이메일을 자주 써.

3) 예시답안   B: Ich benutze das Internet circa 3 Stunden am Tag.

    해석   A: 너는 인터넷을 얼마나 오래 사용하니?
              B: 나는 인터넷을 하루에 대략 3시간 사용해.

Musik?

Musik?

1) A: Hörst du gern Musik?

   B: _____

2) A: Welche Musik hörst du am liebsten?

   B: _____

3) A: Spielst du ein Instrument?

   B: _____

---

1) **예시답안** B: Ja, Ich höre sehr gern Musik.

   해석 A: 너는 음악을 즐겨 듣니?
   B: 응, 나는 음악을 아주 즐겨 들어.

2) **예시답안** B: Meine Lieblingsmusik ist K-pop.

   해석 A: 너는 어떤 음악을 가장 즐겨 듣니?
   B: 나의 가장 좋아하는 음악은 K-pop이야.

3) **예시답안** B: Ja, ich lerne seit fünf Jahren Klavier.

   해석 A: 너는 악기 하나 다룰 줄 아니?
   B: 응, 나는 5년째 피아노를 배우고 있어.

말하기 활동

1 의문 부사들을 넣어 보세요.

was, wie, wann, warum, welche, wo, wem, wer

1. Guten Tag, _____ geht es Ihnen?

2. _____ wohnen Sie?

3. Mit_____ leben Sie zusammen?

4. _____ sind Sie von Beruf?

5. _____ Sprachen sprechen Sie?

6. Seit _____ lernen Sie Deutsch?

7. _____ ist Ihre Deutschlehrerin?

2 대답에 맞는 질문을 만들어 보세요.

1. A: _____
   B: Ich bin 1990 geboren.

2. A: _____
   B: Ich komme aus Korea.

3. A: _____
   B: Nein ich bin ledig.

4. A: _____
   B: Ja, eine Schwester und zwei Brüder.

5. A: _____

   B: Nein, ich habe keine Kinder.

6. A: _____

   B: Meine Mutter ist 50 Jahre alt.

7. A: _____

   B: Ich spreche Englisch und ein bisschen Deutsch.

8. A: _____

   B: Seit einem Jahr lerne ich Deutsch.

9. A: _____

   B: Ich lerne Deutsch, weil ich in Deutschland weiter studieren möchte.

10. A: _____

    B: Meine Hobbys sind Lesen und Musik hören.

1 1. wie 2. Wo 3. wem 4. Was 5. Welche 6. wann 7. Wer

2 1. Wann sind Sie geboren?
   2. Was ist Ihre Nationalität / Staatsangehörigkeit? / Woher kommen Sie?
   3. Sind Sie verheiratet?
   4. Haben Sie Geschwister?
   5. Haben Sie Kinder?
   6. Wie alt ist Ihre Mutter?
   7. Welche Sprachen sprechen Sie?
   8. Seit wann lernen Sie Deutsch?
   9. Warum lernen Sie Deutsch?
   10. Was sind Ihre Hobbys? / Was machen Sie in Ihrer Freizeit? /
       Was machen Sie gern?

Teil 2

당신은 하나의 주제와 연관된 4개의 단어가 적힌 카드를 받게 됩니다. 당신의 삶에 대하여 이야기해 보세요.

과제 카드를 받으면 자세히 카드를 볼 수 있는 20초의 시간이 주어집니다. 한 질문당 2-4줄 정도의 문장을 만들면 됩니다. 이 시험은 대략 4분 정도 소요됩니다.

보통 독백이 끝나면 시험관은 2-3개 정도의 질문을 합니다.

시험지는 다음과 같이 생겼습니다.

Aufgabenkarte A

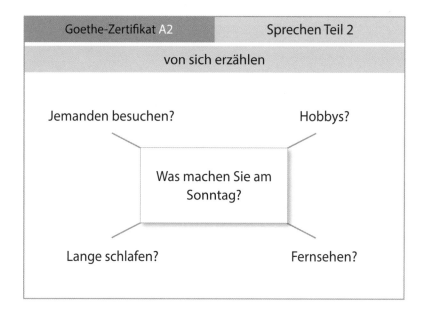

Aufgabenkarte B

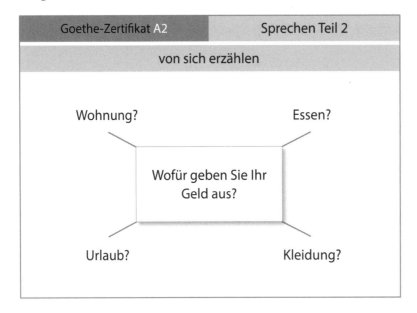

Teil 2에서는 자신의 삶이나 가족, 주거지 등에 대해서 독백처럼 이야기해야 합니다. 주제는 특별히 어렵지 않습니다. 하지만 주제가 아무리 쉽더라도 학생들은 독일어로 말하는 것을 어려워합니다.

우선 모국어인 한국어로 충분한 아이디어를 떠올린 다음, 독일어로 정확하게 말하는 것이 중요합니다. 한국어처럼 유창하게 시작하려고 하면 문장이 만들어지지 않습니다. 처음에는 아주 쉬운 문장들을 떠올려 보세요. 천천히 연결하다 보면 멋진 문장이 만들어질 거예요!

문제풀이 전략

전략 1: 카드에 적힌 질문과 나열된 단어들을 읽어 보세요.
전략 2: 카드에 적힌 주제로 만들 수 있는 대답을 생각해 보세요. (20초 정도의 시간이 있습니다.)
전략 3: 시험관의 예상 질문과 그에 따른 대답을 생각해 보세요.
전략 4: 나열된 단어들로 3~4줄 정도의 문장을 만들어 보세요.

 문제풀이 전략 적용 연습

전략 1 카드에 적힌 질문과 나열된 단어들을 읽어 보세요.

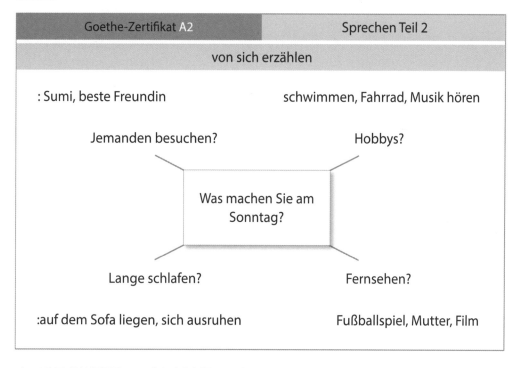

카드 A의 주제와 낱말들을 보고 먼저 아이디어를 모으세요.

다음의 단어들은 당신이 무언가에 대하여 더 길게 이야기하고 싶을 때 도움이 될 것입니다.

시간의 경과	zuerst – dann – danach
빈도수	immer – oft – manchmal – selten – nie
비교급과 최상급의 사용	gern – lieber – am liebsten

예시답안

Lange schlafen?

Wochentags habe ich viele Hausaufgaben. Deshalb schlafe ich erst lange am Sonntag. Ich schlafe manchmal bis 12Uhr. In meiner Freizeit liege ich auch lange Zeit auf dem Sofa und ruhe mich aus.

Hobbys?

Sport ist mein Hobby. Am Sonntag gehe ich immer schwimmen. Das macht mir Spaß! Ich fahre auch gern Fahrrad. Aber wenn ich zu Hause bin, höre ich gern Musik.

Jemanden besuchen?

Meine beste Freundin ist Sumi. Sie wohnt neben mir. Ich besuche sie oder sie besucht mich. Wir reden viel, hören Musik, sehen fern und trinken noch ein Glas Bier.

Fernsehen?

Ich sehe nicht so gern fern. Aber Fußballspiel sehe ich auf jeden Fall. Meine Mutter sieht lieber Dramas.

해석

오랫동안 잠자기?

나는 평일에 숙제가 많습니다. 그래서 일요일에는 먼저 오랫동안 잡니다. 나는 가끔은 12시까지 잡니다. 나는 나의 여가시간에 또한 오랜 시간 동안 소파 위에 누워서 휴식을 취합니다.

취미?

운동은 나의 취미입니다. 나는 일요일에 항상 수영하러 갑니다. 그것은 즐겁습니다! 나는 자전거도 즐겨 탑니다. 하지만 내가 집에 있을 때에는 음악을 즐겨 듣습니다.

누군가를 방문?

나의 가장 친한 여자 친구는 Sumi입니다. 그녀는 나의 근처에 살고 있습니다. 내가 그녀를 방문하거나 그녀가 나를 방문합니다. 우리는 많은 대화를 하고, 음악을 듣고, 텔레비전을 보고 맥주를 한 잔 마십니다.

텔레비전?

나는 텔레비전을 그렇게 즐겨 보지는 않습니다. 하지만 축구 경기는 어떠한 경우라도 봅니다. 나의 어머니는 드라마를 더 즐겨 봅니다.

어휘 **wochentags** [adv.] 평일에 ∣ **schlafen** [v.] 잠자다 ∣ **in meiner Freizeit** 나의 여가시간에 ∣ **liegen** [v.] 누워있다 ∣ **sich ausruhen** [v.] 쉬다 ∣ **fernsehen** [n.] TV를 보다 ∣ **auf jeden Fall** 어떠한 경우라도

TIPP! 더 이상 아이디어가 떠오르지 않아도 너무 긴장하지 마세요. 자신에 대한 이야기를 본인이 알고 있는 단어들과 문장들로 천천히 풀어나가면서 자유롭게 이야기하면 됩니다.

전략 3 시험관의 예상 질문과 그에 따른 대답을 생각해 보세요.

예상 질문

1. **Welche Filme sehen Sie gern?**

   → Ich sehe gern Komödien.

2. **Was machen Sie noch am Sonntag?**

   → Ich gehe in die Bibliothek.

3. **Welches Fußballteam mögen Sie?**

   → Ich bin ein Fan von Bayern München.

해석

1. 어떤 영화를 즐겨 보세요?

   → 나는 코미디영화를 즐겨 봅니다.

2. 일요일에 무엇을 더 하나요?

   → 나는 도서관을 갑니다.

3. 어떤 축구팀을 좋아하시나요?

   → 나는 Bayern München의 팬입니다.

어휘 **der Film** [n.] 영화 ∣ **die Komödie** [n.] 코미디 ∣ **in die Bibliothek** 도서관으로 ∣ **das Fußballteam** [n.] 축구팀 ∣ **der Fan** [n.] 팬

Aufgabenkarte B

카드 B 다음 질문들을 가지고 연습해 보세요.
카드에 적힌 질문과 나열된 단어들을 읽어 보세요.
처음 연습이 어색하다면 상대방이 나에게 질문을 한다고 생각하고 대답하는 것도 도움이 됩니다.

Goethe-Zertifikat A2	Sprechen Teil 2
von sich erzählen	

Wohnung?   Essen?

Wofür geben Sie Ihr Geld aus?

Urlaub?   Kleidung?

질문에 대한 답변을 하세요.

Frage 1. Erzählen Sie bitte. Geben Sie für die Wohnung Geld aus?

_____

_____

_____

_____

Frage 2. Kaufen Sie oft Lebensmittel ein?

_____

_____

_____

_____

Frage 3. Machen Sie oft Urlaub?

_____

_____

_____

_____

Frage 4. Mögen Sie Kleidung?

_____

_____

_____

_____

예시답안

Frage 1 Ich wohne jetzt mit meiner Familie, deshalb zahle ich keine Miete. Aber mein Bruder wohnt nicht mehr bei uns. Er muss für die Miete jeden Monat über 400 Euro bezahlen. Aber er arbeitet, daher ist es kein Problem.

Frage 2 Ich gehe oft mit meiner Mutter zum Supermarkt. Wir kaufen natürlich Essen und Getränke. Ich kaufe gern gesunde Sachen ein, aber die sind auch nicht billig.

Frage 3 Jedes Jahr, wenn ich Urlaub habe, fahre ich zur Jeju Insel. Da wohnt meine Großmutter. Die Jeju Insel ist nicht so groß, aber da ist es sehr hübsch. Dort gibt es schöne Orte und das Essen ist besonders lecker.

Frage 4 Ich liebe Kleidung. Täglich schaue ich mir Kleidung im Internet an. Ich kaufe auch viel im Internet ein. Aber wenn ich die Kleider anprobieren möchte, da gehe ich ins Geschäft.

어휘 bezahlen [v.] 지불하다 ｜ kein 하나도 ~않다 ｜ die Miete [n.] 집세 ｜ wohnen [v.] 살다 ｜ nicht mehr 더 이상 ~아니다 ｜ bei uns 우리 옆에 ｜ oft [adv.] 자주 ｜ mit meiner Mutter 엄마와 함께 ｜ zum Supermarkt 슈퍼마켓으로 ｜ einkaufen [v.] 구입하다, 사다 ｜ natürlich [a.] 당연히 ｜ das Essen [n.] 음식 ｜ das Getränk [n.] 음료 ｜ gesunde Sachen 건강한 것들 ｜ billig [a.] 저렴한 ｜ der Urlaub [n.] 휴가 ｜ die Insel [n.] 섬 ｜ meine Großmutter 나의 할머니 ｜ der Ort [n.] 장소, 지점 ｜ besuchen [v.] 방문하다 ｜ besonders [adv.] 특별히 ｜ lecker [a.] 맛있는 ｜ lieben [v.] 사랑하다 ｜ die Kleidung [n.] 옷 ｜ täglich [a.] 매일의 ｜ im Internet 인터넷에서 ｜ anprobieren [v.] 입어 보다 ｜ gehen [v.] 가다 ｜ ins Geschäft 가게로

해석

질문 1   나는 지금 나의 가족과 살고 있다. 그래서 집세를 지불하지 않는다. 하지만 나의 남동생은 더 이상 우리와 함께 살지 않는다. 그는 매달 400유로 이상의 집세를 지불해야 한다. 하지만 그는 일을 하고 그것은 문제가 아니다.

질문 2   나는 나의 엄마와 함께 자주 슈퍼마켓에 간다. 우리는 당연히 음식과 음료를 구매한다. 나는 건강에 좋은 것들을 구매한다. 하지만 그것들은 싸지 않다.

질문 3   나는 매년 휴가를 제주도로 간다. 거기에는 나의 할머니가 살고 있다. 제주도는 그렇게 크지 않다. 하지만 그곳은 매우 아름답다. 그곳에는 방문할 만한 아름다운 장소들이 있고 음식도 특별히 맛있다.

질문 4   나는 옷을 좋아한다. 매일 인터넷으로 옷을 본다. 나는 또한 인터넷에서 구매를 많이 한다. 하지만 내가 옷들을 입어 보기를 원할 때에는 가게로 간다.

시험관의 예상 질문과 그에 따른 대답을 생각해 보세요.

1. **Gibt es noch etwas, wofür Sie gern Geld ausgeben?**

   → Ja, für meine Katze, ich liebe Haustiere.

2. **Wie oft gehen Sie zum Supermarkt?**

   → Einmal pro Woche gehe ich zum Supermarkt.

3. **Können Sie mir ein Gericht von der Jeju Insel empfehlen?**

   → Man sollte auf der Jeju Insel Jeonbok essen.

4. **Kaufen Sie gern im Internet ein? Oder lieber im Geschäft?**

   → Ich kaufe meistens im Internet.

해석

1. 그밖에 당신이 돈을 기꺼이 지출하는 다른 것이 또 있나요?

   → 네, 나의 고양이를 위해서요, 나는 애완동물을 좋아해요.

2. 당신은 얼마나 자주 슈퍼마켓에 가나요?

   → 일주일에 한 번 정도 슈퍼마켓에 갑니다.

3. 당신은 나에게 제주도의 음식 하나를 추천해 주실 수 있나요?

   → 제주도에서는 전복을 먹어야 해요.

4. 당신은 인터넷 쇼핑을 좋아하나요? 아니면 가게에 가서 사는 걸 더 좋아하나요?

   → 나는 대부분 인터넷에서 구매해요.

Teil 3

당신은 파트너와 각각 하나의 과제에 대해서 다른 정보가 적힌 시험지를 받게 됩니다. 시험 형태는 보통 두 가지로 나옵니다. 시간표가 나올 수도 있고, 그림이나 어휘들이 나열될 수도 있습니다. 한 면은 수험자 A의 시간표, 다른 한 면은 수험자 B의 시간표가 각기 다른 내용으로 적혀 있습니다. 당신은 함께 무엇을 할지 제안을 하고 그것에 대한 상의를 해야 합니다. 그리고 마지막에 함께 해결책을 찾아야 합니다. 가장 많이 출제되는 것은 시간표 유형입니다.

예시 1 **시간표**

Sie möchten am Mittwoch zusammen ein Wörterbuch kaufen gehen. Wann haben Sie beide Zeit? Finden Sie einen Termin.
당신은 수요일에 사전을 사러 같이 가려고 합니다. 언제 당신은 시간이 되나요? 파트너와 알맞는 시간을 찾으세요.

A

Samstag, 17. Mai

7.00	*lange schlafen*
8.00	
9.00	
10.00	
11.00	*Frühstück bei Mario*
12.00	
13.00	
14.00	*Fahrrad abholen*
15.00	
16.00	*Eltern anrufen*
17.00	
18.00	*Fußball-Training*
19.00	
20.00	*20.15 Fußball-Länderspiel*
21.00	*im Fernsehen*

B

Samstag, 17. Mai

7.00	*vormittags Großeinkauf*
8.00	
9.00	
10.00	
11.00	*Friseur/Haare schneiden*
12.00	
13.00	*Essen bei Stefan*
14.00	
15.00	*Schwimmen*
16.00	
17.00	
18.00	*mit dem Hund nach draußen*
19.00	*Arena Kino*
20.00	
21.00	

Sie wollen am Sonntag etwas zusammen unternehmen. Besprechen Sie gemeinsam
und einigen Sie sich am Ende auf eine gemeinsame Aktivität.

당신은 친구와 일요일에 무언가를 함께 하려고 합니다. 함께 상의를 해 보고 무엇을 할지 하나의 활동으로 합의하세요.

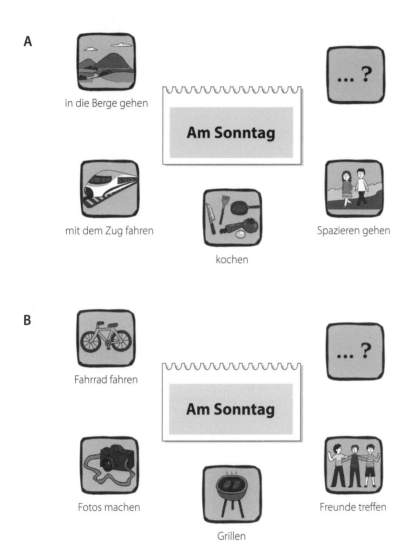

A

in die Berge gehen

Am Sonntag

… ?

mit dem Zug fahren

kochen

Spazieren gehen

B

Fahrrad fahren

Am Sonntag

… ?

Fotos machen

Grillen

Freunde treffen

문제풀이 전략

 TIPP! 시험에는 일상에서 만날 수 있는 다양한 주제들이 나올 수 있습니다. 다양한 주제를 가지고 연습해 보세요.

Aufgabe 1 : 시간표 문제

함께 약속을 잡는 문제입니다. 당신은 수요일에 함께 쇼핑을 가자고 제안을 합니다. 두 명 모두 가능한 시간은 언제입니까? 가능한 시간에 약속을 잡아 보세요.

Aufgabe 1

Sie möchten am Mittwoch zusammen ein Wörterbuch kaufen gehen. Wann haben Sie beide Zeit? Finden Sie einen Termin.

A

Mittwoch

7.00	
8.00	
9.00	9-11:30Uhr Deutschkurs
10.00	
11.00	
12.00	
13.00	13-14Uhr Zahnarzt
14.00	
15.00	
16.00	16-18Uhr Großeinkaufen
17.00	
18.00	
19.00	
20.00	
21.00	21Uhr Fernsehserie anschauen

B

Mittwoch

7.00	7-12Uhr mit Großmutter frühstücken
8.00	
9.00	
10.00	
11.00	
12.00	12-13Uhr Bibliothek
13.00	
14.00	14-16Uhr Deutschkurs
15.00	
16.00	
17.00	
18.00	18-19Uhr Tennis spielen
19.00	
20.00	20Uhr ins Kino mit Stefan
21.00	

문제풀이 전략 적용 연습

전략 1 자신의 시간표를 정확하게 읽으세요.

전략 2 무엇을 제안할지 계획을 하고, 가능한 시간대를 체크합니다.

시험지를 보고, 준비할 수 있는 시간이 3분 정도 주어집니다. 먼저 시작하는 사람이 문제의 상황을 짧게 이야기한 다음에 제안을 합니다.

제안하는 방법

Ich brauche ein neues Wörterbuch. Wollen wir zusammen kaufen gehen?
Hast du um 14 Uhr Zeit?

나는 새로운 사전이 필요해. 우리 함께 사러 갈래? 너 14시에 시간이 되니?

전략 3 상대방의 제안을 듣고, 시간표를 확인합니다.

일반적으로 시험지는 두 사람의 시간이 엇갈리게 문제가 출제됩니다. 두 번째 파트너는 시간이 안 되는 이유를 짧게 이야기 한 다음에 거절을 하게 됩니다.

거절하는 방법 및 의견을 제시할 때 알아두어야 할 표현들을 알아봅시다.

거절하는 방법

1. Es tut mir leid.	미안해.
2. Das geht bei mir nicht.	나의 경우는 안 돼.
3. Das passt mir nicht.	나에게는 안 맞아.
4. Das passt mir leider nicht so gut.	그건 유감스럽게도 나에게 잘 맞지 않아.
5. Das geht nicht.	그건 불가능해.
6. Ich habe einen Termin.	나는 일정이 있어.
7. Ich habe eine Verabredung mit...	나는 ~와 약속이 있어.

새로운 시간 의견 묻기 표현 방법

1. Geht das um ~ Uhr?	~시에 가능하니?
2. Ist das okay um ~ Uhr?	~시에는 가능하니?
3. Kannst du um ~ Uhr gehen?	너는 ~시에 갈 수 있니?
4. Passt es dir um ~ Uhr?	너는 ~시에 가능하니?
5. Wollen wir um ~ Uhr gehen?	우리 ~시에 할까?
6. Haben Sie um ~ Uhr Zeit?	~시에 시간 있나요?

전략 5 마지막에 모두가 가능한 시간과 해결책을 찾아야 합니다.

만약 시간이 너무 늦어지거나 알맞은 시간이 없다면 다음에 보자고 대화를 마무리합니다.

약속 정하기

1. Um ~ Uhr kann ich.	~시에 나는 가능해.
2. Super!	그것 정말 좋다!
3. Bis dann, ich freue mich!	그때 만나자, 나는 기뻐!
4. Vereinbaren wir einen Termin.	우리 일정을 맞추자.

약속 미루기

1. Es ist zu spät. Dann gehen wir nächstes mal hin.	그건 너무 늦어. 그럼 우리 다음번에 가자.
2. Leider passt es nicht am Mittwoch.	유감스럽게도 수요일엔 안 되겠어.
3. Schade, wir haben keine Zeit.	아쉽다. 우리는 시간이 없어.
4. Wir sprechen morgen wieder.	우리 내일 다시 이야기하자.
5. Lass uns bald einen neuen Termin festlegen.	곧 새로운 약속을 잡자.

보통 두 사람의 일정은 서로 다르게 되어 있으므로 상호 간에 의견을 제안하고, 대화를 이어가게 되어 있습니다. 토론을 이끌어 가는 순서를 알아봅시다.

1. 파트너 A가 먼저 제안합니다.
2. 파트너 B가 거절하고 다른 의견을 제시합니다.
3. A도 다시 거절을 하고 반대 의견을 제시합니다.
4. B도 대답을 하고 또 다른 의견을 제시하며 토론합니다.
5. 두 사람이 가능한 날 약속을 정합니다.
6. 동의하거나 다른 날로 약속을 미룹니다.

이제 시간표를 보고 순서대로 A, B의 대화를 적어 봅시다.

A

Mittwoch	
7.00	
8.00	
9.00	9-11:30Uhr Deutschkurs
10.00	
11.00	
12.00	
13.00	13-14Uhr Zahnarzt
14.00	
15.00	
16.00	16-18Uhr Großeinkaufen
17.00	
18.00	
19.00	
20.00	
21.00	21Uhr Fernsehserie anschauen

B

Mittwoch	
7.00	7-12Uhr mit Großmutter frühstücken
8.00	
9.00	
10.00	
11.00	
12.00	12-13Uhr Bibliothek
13.00	
14.00	14-16Uhr Deutschkurs
15.00	
16.00	
17.00	
18.00	18-19Uhr Tennis spielen
19.00	
20.00	20Uhr ins Kino mit Stefan
21.00	

대화를 계속해서 써 보세요.

A: _____

B: _____

A: _____

B: _____

A Hallo, wollen wir am Mittwoch zusammen einkaufen gehen? Ich brauche ein neues Wörterbuch. Hast du Lust? Würdest du mit mir um 12Uhr mitkommen?

B Am Morgen bin ich bei meiner Oma und um 12Uhr wollte ich die Bücher in der Bibliothek abgeben. Heute ist die Abgabefrist. Aber um 13Uhr geht es.

A Da habe ich leider einen Termin beim Zahnarzt. Ich habe starke Schmerzen. Heute muss ich dahin gehen. Wie ist es mit 14Uhr?

B Nein, das passt bei mir leider nicht so gut, weil ich von 14Uhr bis 16Uhr Deutschkurs habe. Zurzeit gehe ich nachmittags zum Sprachkurs. Da kann ich mich besser konzentrieren. Aber wir können uns nach dem Deutschkurs treffen. Geht es um 16 Uhr?

A Ich habe eine Verabredung mit Gabie. Sie fliegt bald wieder nach Österreich. Deswegen planen wir eine Party. Davor müssen wir vieles Einkaufen. Hmm. Geht es dann um 18Uhr?

B Schade, ich kann nicht. Ich spiele mit meinem Freund Max jeden Tag eine Stunde Tennis. Wollen wir um 19Uhr gehen?

A Ja! Endlich! Da habe ich Zeit. Und was machst du um 20Uhr?

B Ich gehe mit Stefan ins Kino. Wir werden einen neuen Film sehen. Wenn du willst kannst du mitkommen.

A Nein danke. Ich habe die aktuellen Filme schon gesehen. Dann sehen wir uns um 19Uhr.

B Bis dann!

어휘 **wollen** [m.v] ~하기를 원한다 ｜ **das Wörterbuch** [n.] 사전 ｜ **einkaufen** [v.] 장보다 ｜ **die Bibliothek** [n.] 도서관 ｜ **abgeben** [v.] 반납하다 ｜ **die Abgabefrist** [n.] 반납일 ｜ **sich konzentrieren** [v.] 집중하다 ｜ **die Schmerzen** [n.] 통증, 고통 ｜ **müssen** [m.v] ~할 수밖에 없다 ｜ **planen** [v.] 계획하다, 설계하다 ｜ **das Einkaufen** [n.] 장보기 ｜ **die Stunde** [n.] 시간, 때 ｜ **mitkommen** [v.] 함께 오다 ｜ **aktuell** [a.] 최신의

A 안녕, 우리 수요일에 함께 쇼핑하러 갈래? 나는 새로운 사전이 필요해. 너는 관심이 있니? 12시에 나와 같이 가 줄래?

B 아침에 나는 나의 할머니 집에 있어서 그리고 12시에 나는 도서관에서 책들을 반납해야 해. 오늘이 반납일이야. 하지만 13시에는 가능해.

A 그때에는 내가 유감스럽게도 치과 예약이 있어. 나의 통증이 너무 심해. 나는 오늘 그곳에 무조건 가야 해. 14시는 어때?

B 아니, 그때는 유감스럽게도 나에게 맞지 않아, 왜냐하면 14시부터 16시까지 독일어 수업이 있거든. 요즘 나는 오후에 어학원에 가. 그때 나는 집중을 더 잘할 수가 있거든. 하지만 우리는 독일어 수업이 끝난 후에 만날 수 있어. 16시에는 가능하니?

A 나는 Gabie와 약속이 있어. 그녀는 곧 다시 오스트리아로 가. 그래서 우리는 파티를 계획하고 있어. 그 전에 우리는 많은 것들을 장을 봐야 해. 흠. 그럼 18시에는 가능하니?

B 아쉽지만, 가능하지 않아. 나는 나의 친구 Max와 함께 매일 한 시간씩 테니스를 쳐. 우리 19시에 갈까?

A 그래! 드디어! 그때 나는 시간이 있어. 그리고 너는 20시에는 무엇을 하니?

B 나는 Stefan과 함께 영화관에 가. 우리는 새로운 영화를 볼 거야. 네가 원한다면 너도 함께 올 수 있어.

A 고맙지만 괜찮아. 나는 이미 최신 영화를 보았어. 그럼 우리 19시에 만나자.

B 그래 그때 보자!

 TIPP! 긴장하지 말고 친구와 이야기하듯이 대화를 진행하면 됩니다.
Ja, Nein 이렇게 간단하게 이야기 하는 것보다는 조금 길게 이야기하는 것이 중요합니다.
한 명이 이야기하는 것보다, 둘이 함께 이야기를 하는 것이 중요합니다.
파트너에게도 이야기할 시간을 주고 상대방의 의견에 호응을 하면 좋습니다. 말하는 도중에 실수한다고 해도 절대 긴장하지 말고, 계속 이야기 하세요.

Aufgabe 2 : 그림, 단어 문제

Teil 3에 자주 출제되는 2번째 유형입니다.
그림과 글자가 같이 나올 수도 있으며, 단어로만 나올 수도 있습니다.

Aufgabe 2

Sie wollen am Sonntag etwas zusammen unternehmen. Besprechen Sie gemeinsam und einigen Sie sich am Ende auf eine gemeinsame Aktivität.

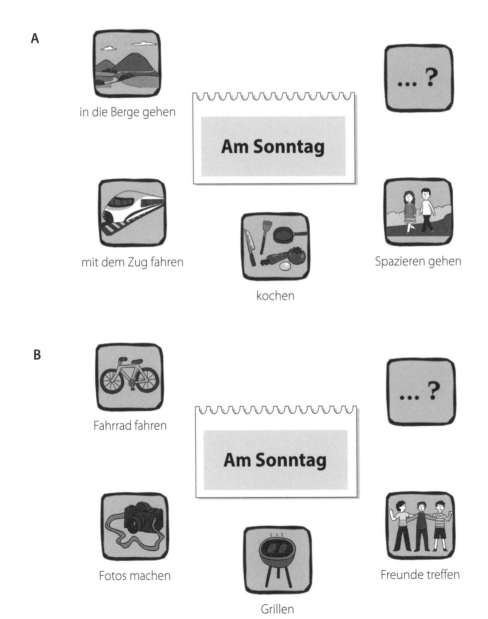

A

in die Berge gehen

Am Sonntag

...?

mit dem Zug fahren

kochen

Spazieren gehen

B

Fahrrad fahren

Am Sonntag

...?

Fotos machen

Grillen

Freunde treffen

대화를 써 보세요.

A: _____

B: _____

A: _____

B: _____

A: _____

B: _____

A: _____

B: _____

A: _____

B: _____

A: _____

B: _____

A: _____

B: _____

A Wir haben uns lange nicht gesehen. Wollen wir am Sonntag etwas unternehmen? Das Wetter wird bestimmt gut.

B Ja, stimmt. Ich schlage vor, dass wir mit dem Fahrrad an den See fahren. Wie findest du das?

A Ach... wir waren doch letzte Woche am See. Ich würde lieber in die Berge fahren.

B Mit dem Fahrrad? Das ist nicht so toll. Mein Fahrrad ist nicht so gut. Und es ist weit von hier.

A Mit dem Zug kann man schneller da sein. Wir können auch die Landschaft geniessen.

B So weit möchte ich nicht fahren. Wir haben nicht genug Zeit.

A Ja, das ist richtig.

B Wollen wir dann im Park Fotos machen? Das ist mein Hobby. Ich mache dir schöne Fotos. Magst du die Idee?

A Ich danke dir, aber lieber nächstes mal. Oder können wir bei mir etwas gesündes mit viel Gemüse kochen? Ich habe gestern so viel eingekauft.

B Ich denke kochen ist auch okay, aber ich würde viel lieber im Garten grillen. Das finde ich am besten!

A Ach so. Aber ich esse nicht so gern Fleisch. Machen wir was anderes. Hmm. Wollen wir dann spazieren gehen?

B Das finde ich ein bisschen langweilig. Ich schlage vor, dass wir zusammen meine Freunde treffen. Mario und Lisa kommen aus Deutschland. Wie wäre es, wenn wir zusammen Deutsch üben? Das hilft uns bestimmt.

A Na ja. Ich lerne jeden Tag Deutsch. Ich würde gern nur mit dir eine schöne Zeit verbringen.

어휘 **letzte Woche** 지난주에 | **am See** 호수에서 | **würde** [v.] ～하겠다 (werden의 접속법2식) | **lieber** [adv.] 더 나은 | **in die Berge** 산으로 | **mit dem Fahrrad** 자전거를 타고 | **weit von hier** 이곳에서 먼 | **genug** [a.] 충분한 | **mögen** [v.] ～ 좋아하다 (화법조동사) | **die Idee** [n.] 의견, 아이디어 | **nächstes mal** 다음번에 | **langweilig** [a.] 지루한 | **bestimmt** [adv.] 확실히 | **vorschlagen** [v.] 제안하다 | **wie wäre es~** ～이 어때? | **üben** [v.] 연습하다 | **verbringen** [v.] (시간을) 보내다

A 우리 오랫동안 못 봤네. 우리 일요일에 무엇인가를 계획할까? 날씨가 아마도 좋을 것 같아.

B 그래, 맞아, 나는 호수로 자전거 타는 것을 제안해. 어떻게 생각해?

A 아.. 우리는 이미 지난주에 호수에 갔었지? 나는 차라리 산으로 가고 싶어.

B 자전거를 타고? 그건 별로야. 내 자전거는 그렇게 좋지 않아. 그리고 산은 이곳에서 꽤 멀어.

A 기차를 타면 조금 더 빨리 갈 수 있을 거야. 우리는 또한 풍경을 즐길 수 있어.

B 그렇게 멀리 가고 싶지는 않아. 우리는 시간이 많지 않아.

A 맞아, 그건 그래.

B 우리 공원에 가서 사진을 찍을까? 그것은 나의 취미야. 나는 아름다운 사진들을 찍는 것을 좋아해. 내가 예쁘게 사진 찍어 줄게. 이 생각 좋은 것 같아?

A 고맙지만 차라리 다음번에 하자. 아니면 우리 집에 가서 무언가를 건강식으로 야채를 가득 넣고 요리하자. 나는 어제 장을 많이 봤거든.

B 내 생각에는 요리도 좋지만 정원에서 바비큐를 하는 것이 훨씬 좋을 것 같아. 나는 그게 가장 좋을 듯해!

A 아, 그래. 하지만 나는 고기를 즐겨 먹지 않아. 우리 다른 것을 하자. 흠... 우리 산책할까?

B 그건 내 생각에 조금 지루해. 나는 나의 친구들과 함께 만나는 것을 추천해. Mario와 Lisa는 독일에서 왔어. 이러면 어때, 우리 함께 독일어를 연습하는 건 어때? 그건 우리에게 확실히 도움이 될 거야.

A 글쎄. 난 매일 독일어를 배워. 난 그저 너랑만 좋은 시간을 보내고 싶어.

위에 나온 새로운 표현들을 익혀 봅시다.

1. Ich würde lieber, ...   나는 차라리, ...
2. Das ist nicht so toll.   그건 좋지 않은 것 같아.
3. Ich denke kochen ist auch okay, aber ich würde gern
   　　　　　　　　　　내 생각에 요리도 괜찮아, 하지만 나는 ~ 기꺼이
4. Das finde ich nicht so gut.   내 생각에 그건 별로야.
5. Das finde ich ein bisschen langweilig.   내 생각에 그건 조금 지루해.
6. Ich schlage vor, ...   나는 ~제안한다. ...
7. Wie wäre es, ...하는 것이 어때?

Kapitel 2

문법

필독! 문법 기본 익히기

① 문장의 기본 요소

주어와 동사

하나의 문장이 완성되기 위해 꼭 필요한 두 가지 요소는 주어와 동사이다.

'나는 간다.'라는 문장을 보면 '나는'과 '간다'의 결합으로 하나의 문장이 성립되는 것을 볼 수 있다. 이때 '누가?'에 해당하는 것을 주어라고 하고, 주어의 움직임이나 상태를 나타내는 말을 동사라고 한다.

Ich(주어) + gehen(동사) = Ich gehe. = 나는 간다.

목적어

주어와 동사로 문장이 성립되기도 하지만 대부분의 문장은 목적어를 필요로 한다.

'나는 노래를 부른다.' 다음 문장을 살펴보면 주어와 동사 사이에 '무엇을'이라는 목적어를 넣어 완벽한 문장이 된다. 하지만 독일어는 한국어의 어순과 다르다. 독일어는 기본적으로 동사의 위치가 두 번째로 오게 되어 있으니 알아 두도록 하자.

Ich(주어) + singe(동사) + ein Lied(목적어). = 나는 노래를 부른다.

수식어

이제 목적어 까지 갖춘 문장이 되었다. 하지만 조금 더 명확하게 의미를 전달하도록 해 주는 요소가 남아 있다. 다음 문장을 보도록 하자.

'나는 아름다운 곡을 부른다.' 다음 문장은 '아름다운'이라는 수식어를 사용하여 더 명확하게 문장을 설명하였다. 이렇게 명사를 수식해 주는 수식어를 형용사라고 한다.

Ich(주어) singe(동사) ein schönes(수식어) Lied(목적어).
= 나는 아름다운 노래를 부른다.

② 독일어의 10 품사

명사   우리 주위에 존재하는 모든 것이 가지고 있는 이름이다. 성과, 격을 가지고 있다.

 der Tisch, die Tasche, das Buch

관사   명사의 앞에서 명사를 규정하고 성, 수, 격을 표시한다.

     예   정관사: der, die, das / 부정관사: ein, eine, ein

대명사   명사를 대신할 때 쓰는 말이며 인칭대명사, 소유대명사, 지시대명사, 관계대명사, 부정대명사 등이 있다.

형용사   문장에서 명사나 동사의 상태와 성질을 수식한다. 예를 들어 'Rock(스커트)'이라는 명사에 'rot(빨간)'라는 형용사가 붙으면 '빨간 스커트'가 된다. 사용법에 따라 수식적 형용사, 서술적 형용사, 부사적 형용사로 사용된다.

     예   schön, rot

수사   숫자, 수량이나 순서를 표시한다.

     예   기수: 1 eins / 서수: 1 erst

동사   '~을 하다'라는 의미로 주어의 움직임과 상태를 나타낸다.

     예   lesen, laufen, gehen, essen

> 🎯 **TIPP!**   명사, 관사, 대명사, 형용사, 수사, 동사는 어미가 바뀐다.
> 명사와 대명사는 성, 수, 격을 가지고 있으므로 수식하는 관사, 형용사, 서수에 따라 어미가 변화한다.
> 동사 또한 명사의 격, 인칭에 따라 형태가 변화한다.

부사   동사 또는 문장의 장소와 시간 및 상황을 나타낸다. 예를 들어 '그녀는 늦게 온다.'에서 '늦게'는 '오다'라는 동사를 수식해 주어 더 명확하게 의미를 전달하였다.

     예   schon, spät

         Sie kommt spät.

접속사   '미아는 학교에 간다. 그리고 학원에 간다.'라는 두 문장을 연결하기 위해 사용되는 '그리고'를 접속사라고 한다. 등위접속사와 종속접속사가 있다.

     예   등위접속사: und, aber, denn... / 종속접속사: wenn, dass...

                        Ich hoffe, dass du kommst.

전치사   독일어의 전치사는 명사 앞에서 장소나 시간 등을 나타낼 때 사용되기도 하고, 특정 동사와 함께 정해진 전치사로 사용되기도 한다. '월요일에', '책상 위에' 등을 표현할 때 전치사가 사용되는 예를 살펴보자. 전치사 an과 월요일 der Montag이 합해지면 am Montag이 되어 '월요일에'라는 의미를 갖게 된다.

     예   an, in, zu, unter

감탄사   놀람과 느낌 등이 자연스럽게 입에서 나오는 것을 감탄사라고 한다.

     예   Ach ja, oh, hmmm

Lektion 1 인칭대명사와 소유대명사

1 인칭대명사

인칭대명사는 성, 수, 격에 따라 변화한다. 격에 따른 인칭대명사의 변화는 중요하므로 반드시 외워야 한다.

1격	ich (나)	du (너)	er (그)	sie (그녀)	es (그것)
2격	meiner (나의)	deiner (너의)	seiner (그의)	ihrer (그녀의)	seiner (그것의)
3격	mir (나에게)	dir (너에게)	ihm (그에게)	ihr (그녀에게)	ihm (그것에게)
4격	mich (나를)	dich (너를)	ihn (그를)	sie (그녀를)	es (그것을)

1격	Sie (당신)	wir (우리)	ihr (너희)	sie (그들)
2격	Ihrer (당신의)	unser (우리의)	euer (너희의)	ihrer (그들의)
3격	Ihnen (당신에게)	uns (우리에게)	euch (너희에게)	ihnen (그들에게)
4격	Sie (당신을)	uns (우리들을)	euch (너희들을)	sie (그들을)

1) 1격

Kommen Sie aus Deutschland? 당신은 독일 출신입니까?

Ja, ich komme aus Deutschland. 네. 나는 독일 출신입니다.

2) 2격

Erbarme dich meiner. 나에게 자비를 베풀어 주세요.

Er gedachte seiner. 그는 그의 과거에 대해 기억했다.

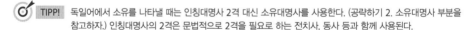

TIPP! 독일어에서 소유를 나타낼 때는 인칭대명사 2격 대신 소유대명사를 사용한다. (공략하기 2. 소유대명사 부분을 참고하자.) 인칭대명사의 2격은 문법적으로 2격을 필요로 하는 전치사, 동사 등과 함께 사용된다.

3) 3격

Wie geht es dir? 어떻게 지내?

Er hilft mir. 그는 나를 돕습니다.

> 🎯 **TIPP!** 동사에 따라서 3격 목적어가 필요한 '3격 지배 동사'가 있다. 예를 들어 'antworten 대답하다, helfen 돕다, gehören ~의 것이다'는 '3격 지배 동사'에 속한다.

4) 4격

Wir treffen uns im Kino. 우리는 영화관에서 만난다.

Ich besuche meinen Lehrer. 나는 나의 선생님을 방문한다.

> 🎯 **TIPP!** lieben 사랑하다, fragen 질문하다, verstehen 이해하다 등의 동사는 '4격 목적어'를 필요로 하는 타동사이다.

5) 명사와 인칭대명사의 사용

Kannst du ihr mein Parket geben? 너는 그녀에게 나의 소포를 줄 수 있니?

→ 3격 대명사는 명사 앞에 위치한다.

Bringst du meinem Vater die Brille? 나의 아버지께 이 안경을 가져다드릴래?

→ 명사는 3격 → 4격 순서로 쓴다.

Bringst du es meinem Vater? 그것을 나의 아버지께 가져다드릴래?

→ 4격 대명사는 명사(3격) 앞에 위치한다.

> 🎯 **TIPP!** 인칭대명사와 명사가 이어서 나올 때에는 항상 인칭대명사가 명사의 앞에 위치한다.

2 소유대명사

소유대명사는 일반적인 경우, 명사 앞에 부가되어 그 명사의 소유자를 표시한다. 예를 들어 나의 책상, 그녀의 코트, 그의 모자에서 [나의], [그녀의], [그의]를 소유대명사라 한다. 소유대명사는 원래 인칭대명사의 2격에서 어원을 찾을 수 있으므로 형태는 유사하지만 용법에 있어서는 차이가 있다.

1) 형태

ich	du	er	es	sie	Sie	wir	ihr	sie
mein 나의	dein 너의	sein 그의	sein 그것의	ihr 그녀의	Ihr 당신(들)의	unser 우리의	euer 너희의	ihr 그(것)들의

2) 용법

명사에 부가될 경우, 소유대명사는 그 뒤에 오는 명사의 성, 수 그리고 격에 따라 단수일 때는 부정관사, 복수일 때는 정관사와 같은 어미변화를 한다. mein을 예로 들면 다음과 같다.

	m.	f.	n	pl.
1격	mein Vater	meine Mutter	mein Zimmer	meine Freunde
2격	meines Vaters	meiner Mutter	meines Zimmers	meiner Freunde
3격	meinem Vater	meiner Mutter	meinem Zimmer	meinen Freunden
4격	meinen Vater	meine Mutter	mein Zimmer	meine Freunde

Er ist mein Bruder. 그는 내 남동생입니다. (남성 1격)

Leko, wo wohnt deine Schwester? Leko야, 너의 언니는 어디에 사니? (여성 1격)

Wie geht es deinen Eltern? 너희 부모님은 잘 지내시니? (복수 3격)

1 다음 적절한 소유대명사를 넣으세요.

1 _____ Kleid ist rosa. 그녀의 원피스는 핑크색이다.

2 _____ Hose ist blau. 그의 바지는 파란색이다.

3 _____ Haare sind braun. 그들의 머리카락은 갈색이다.

4 _____ Hut ist gelb. 그녀의 모자는 노란색이다.

5 _____ Hände sind klein. 그의 손은 작다.

2 다음 문장을 독일어로 작문하세요.

1 당신의 부모님은 어디에 사십니까? (wohnen)

_____

2 나는 나의 남동생을 찾고 있습니다. (suchen)

_____

3 나는 당신을 이미 알고 있습니다. (kennen)

_____

4 당신의 집이 마음에 드십니까? (gefallen)

_____

5 나는 당신을 이해하지 못하겠습니다. (verstehen)

_____

3 빈 칸에 가장 적절한 어미를 넣으시오.

1 Das ist mein_____ Buch. 그것은 나의 책이다.

2 Mit mein_____ Schwester gehe ich nach Hause.
나의 언니와 나는 집으로 간다.

3 Mein_____ Eltern wohnen in Deutschland. 우리 부모님은 독일에 산다.

4 Ich brauche dein_____ Hilfe. 나는 너의 도움이 필요하다.

5 Er liebt sein_____ Sohn. 그는 그의 아들을 사랑한다.

Lektion 2 의문문

의문문은 두 가지 형태가 있다. 1) Ja, nein, doch로 대답할 수 있는, 의문사가 없는 의문문과
2) 구체적인 내용을 물을 때 주로 사용하는 의문사가 있는 형태의 의문문이다.

1 의문사가 없는 의문문의 형태

> 동사 + 주어 ~ ?

의문사가 없는 의문문의 대답이 긍정일 경우는 'Ja', 부정일 경우는 'Nein'으로 대답한다.

Wohnen Sie in Deutschland? 당신은 독일에 삽니까?

→ Ja, ich wohne in Deutschland. 네, 나는 독일에 삽니다.

→ Nein, ich wohne nicht in Deutschland. 아니요, 저는 독일에 살고 있지 않습니다.
Ich wohne in Österreich. 저는 오스트리아에 삽니다.

2 의문사가 있는 의문문의 형태

> 의문사 + 동사 + 주어 ~ ?

1) 의문부사

wann	wo	woher	wohin
언제	어디	어디로부터	어디로
wie	wie viel	warum	wieso
어떻게	얼마나 많이	왜	왜

wann (언제)

→ Wann kommst du? 너는 언제 오니?

→ Wann treffen wir uns? 우리는 언제 만날까?

wo (어디에)

→ Wo arbeiten Sie? 어디에서 일하시나요?

→ Wo ist der Bahnhof? 기차역이 어디입니까?

woher (어디로부터)

→ Woher kommt ihr? 너희들은 어디에서 왔니?

→ Woher kommst du? 너는 어디에서 왔니?

wohin (어디로)

→ Wohin gehst du? 너는 어디로 가니?

→ Wohin fahren Sie? 당신은 어디로 갑니까?

wie (어떻게)

→ Wie alt ist er? 그는 몇 살이니?

→ Wie läuft es? 그것은 어떻게 되어 가니?

warum / wieso (왜)

→ Warum (= wieso) bist du nicht gekommen? 너는 왜 오지 않았니?

→ Warum kommst du zu spät? 너는 왜 너무 늦게 오니?

2) wer (누구): 사람에게만 쓰인다.

1격	2격	3격	4격
wer (누가)	wessen (누구의)	wem (누구에게)	wen (누구를)

1격: Wer ist er? 그는 누구입니까?

2격: Wessen Sohn ist er? 그는 누구의 아들이니?

3격: Wem gehört das Buch? 이 책은 누구의 것입니까?

4격: Wen liebst du? 너는 누구를 사랑하니?

3) was (무엇): 사물에 또는 사람의 직업을 물을 때 쓰인다.

1격	2격	3격	4격
was (무엇)	wessen (무엇의)	-	was (무엇을)

1격: Was ist das? 이것은 무엇입니까?

2격: Wessen Buch ist das? 이것은 누구의 책입니까?

4격: Was magst du? 너는 무엇을 좋아하니?

1 다음 빈칸에 알맞은 동사를 넣으세요.

1 _____ er Deutsch? 그는 독일어를 배우니?

2 _____ ihr zur Schule? 너희는 학교에 가니?

3 _____ du Fleisch? 너는 고기를 먹니?

4 Warum _____ du nach Deutschland? 너는 독일에 왜 가니?

5 Wie spät _____ es jetzt? 지금 시간이 몇 시니?

2 다음 빈칸에 알맞은 의문사를 넣으세요.

Wie	Was	Wann	Woher	Wessen
Welche	Wo	Wohin	Wer	Warum

1 _____ kann mir helfen? 누가 나를 도와줄 수 있니?

2 _____ Auto ist das? 이것은 누구의 자동차니?

3 _____ sollen wir fahren? 우리 어디로 가야 하니?

4 _____ liegt das Buch? 어디에 책이 놓여있니?

5 _____ Kugelschreiber hast du? 너는 누구의 볼펜을 가지고 있니?

6 _____ arbeitest du nicht? 너는 왜 일하지 않니?

7 _____ heißt das auf Deutsch? 이것을 독일어로 뭐라고 하니?

8 _____ hat das gesagt? 누가 그것을 말했니?

9 _____ studierst du? 너는 어디에서 공부하니?

10 _____ Arbeit hast du? 너는 어떤 일을 하니?

수사

우리는 일상생활에서 숫자를 많이 사용한다. 수의 종류로는 일반적인 수를 나타내는 기수와 차례를 나타내는 서수, 시간 읽기, 분수, 횟수 등이 있다. 시험을 치기 전에 수에 대한 정리는 필수적이다.

1 기수 (1, 2, 3...)

가장 많이 사용되는 기수는 수를 셀 때, 수식을 계산할 때, 시간, 전화번호, 연대 등을 표현할 때 사용한다. 1~12까지는 단독적인 단위이며, 13~19는 [단위 수 + zehn]을 사용하고, 20~90의 10 단위 수는 [단위 수 + –zig]을 사용한다. (※예외 30 – ßig)

① 먼저 0부터 12까지 외워야 한다.
② 10부터 1000까지 10단위의 수를 암기한다.
③ 21부터 뒷자리 수를 먼저 읽는다. 예를 들어 21은 einundzwanzig(1+20)라고 읽는다.

Die Zahlen
31
I ein und dreiBig 30
einunddreiBig

0 null	10 zehn	20 zwanzig	30 dreißig
1 eins	11 elf	21 einundzwanzig	40 vierzig
2 zwei	12 zwölf	22 zweiundzwanzig	50 fünfzig
3 drei	13 dreizehn	23 dreiundzwanzig	60 sechzig
4 vier	14 vierzehn	24 vierundzwanzig	70 siebzig
5 fünf	15 fünfzehn	25 fünfundzwanzig	80 achtzig
6 sechs	16 sechzehn	26 sechsundzwanzig	90 neunzig
7 sieben	17 siebzehn	27 siebenundzwanzig	100 hundert (einhundert)
8 acht	18 achtzehn	28 achtundzwanzig	101 hunderteins
9 neun	19 neunzehn	29 neunundzwanzig	102 hundertzwei

200 zweihundert	230 zweihundertdreißig
300 dreihundert	365 dreihundertfünfundsechzig
1,000 tausend	2,000 zweitausend
1,000,000 eine Million	2,000,000 zwei Millionen

2 시간

1) 시간을 물을 때 사용되는 표현

Wie spät ist es? (= Wieviel Uhr ist es?) 몇 시입니까?

Es ist 3:00 Uhr. 3시입니다.

2) 시간 읽기

독일어에서 시간을 나타내는 표현은 두 가지가 있다.

	공식적인 표현 기사 시간, 방송 등의 공용 시간: 시→분의 순서로 말한다. 시 + Uhr + 분	일상 회화적 표현 일상 시간 분→시의 순서로 말한다. vor 전 / nach 후 + 시 15분 = viertel 30분 = halb + 1시간
1:00	Es ist ein Uhr.	Es ist ein Uhr.
1:05	Es ist ein Uhr fünf.	Es ist fünf nach eins.
1:10	Es ist ein Uhr zehn.	Es ist zehn nach eins.
1:15	Es ist ein Uhr fünfzehn.	Es ist viertel nach eins. (일상표현에서 15분 = Viertel)
1:20	Es ist ein Uhr zwanzig.	Es ist zwanzig nach eins. Es ist zehn vor halb zwei.
1:25	Es ist ein Uhr fünfundzwanzig.	Es ist fünf vor halb zwei.
1:30	Es ist ein Uhr dreißig.	Es ist halb zwei.
1:35	Es ist ein Uhr fünfunddreißig.	Es ist fünf nach halb zwei.
1:40	Es ist ein Uhr vierzig.	Es ist zehn nach halb zwei.
1:45	Es ist ein Uhr fünfundvierzig.	Es ist viertel vor zwei.
1:50	Es ist ein Uhr fünfzig.	Es ist zehn vor zwei.
1:55	Es ist ein Uhr fünfundfünfzig.	Es ist fünf vor zwei.
2:00	Es ist zwei Uhr.	Es ist zwei Uhr.

gleich / kurz 사용법

1:03 Es ist kurz nach eins. 1시가 조금 지났다.

1:58 Es ist kurz vor zwei. 2시 되기 조금 전이다.

Es ist gleich zwei. 곧 2시다.

um (～에) 사용법

A: Um wie viel Uhr schläfst du? 너는 몇 시에 자니?

B: Ich schlafe um 11 Uhr. 나는 11시에 자.

A: Wann kommst du? 너는 몇 시에 오니?

B: Ich komme um 5 Uhr. 나는 5시에 가.

> **TIPP!** kommen은 '오다'의 뜻과 '가다'의 뜻을 둘 다 가지고 있습니다. 듣기 문제에 자주 출제됩니다.

Zeitpunkt (시각)	vor(～전에)+Dat.	um(～시에)+Akku. gegen(～시경에)+Akku. an(～에)+Dat. in(～에)+Dat.	nach(～후에)+Dat.
Uhrzeit	zehn vor 9	um 9 Uhr	zehn nach 9
Datum	vor dem 28.Mai	am 28.Mai	nach dem 28.Mai
Tageszeit	vor Mitternacht	am Morgen am Vormittag/ Nachmittag/ Abend in der Nacht um Mitternacht	nach Mitternacht
Tag	vor 3 Tagen	am Freitag	nach 3 Tagen
Woche	vor einer Woche	in dieser Woche	nach einer Woche
Monat	vor einem Monat	im Februar	nach einem Monat
Jahreszeit	vor dem Sommer	im Sommer	nach dem Sommer
Feste	vor Weihnachten	an Weihnachten	nach Weihnachten

3 서수 (첫째, 둘째, 셋째...)

서수는 차례와 순서 또는 날짜 등에 사용하며 숫자에 점을 찍어서 나타낸다. 서수는 1에서 19까지는 '기수 + t'의 형태이며, 20 이상은 '기수 + st'의 형태를 말한다. 그러나 서수 'erst(첫 번째), zweit(두 번째), dritt(세 번째), siebt(일곱 번째), acht(여덟 번째)'는 예외적인 형태를 취한다. 서수는 형용사 어미변화하며, 구체적인 대상을 지시하기 때문에 원칙적으로 정관사와 함께 사용되어야 한다.

1) 서수의 형태

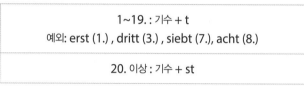

1~19. : 기수 + t 예외: erst (1.) , dritt (3.) , siebt (7.), acht (8.)
20. 이상 : 기수 + st

1. erst	11. elft
2. zweit	12. zwölft
3. dritt	13. dreizehnt
4. viert	14. vierzehnt
5. fünft	15. fünfzehnt
6. sechst	16. sechzehnt
7. siebt	17. siebzehnt
8. acht	18. achtzehnt
9. neunt	19. neunzehnt
10. zehnt	20. zwanzigst
	21. einundzwanzigst
	...
	100. hundertst
	1000. tausendst

서수를 숫자로 표시할 때는 숫자 뒤에 점(.)을 찍으며, 서수는 형용사 어미변화를 한다.

Das war mein 2. (zweiter) Versuch. 그것은 나의 두 번째 시도였다.

Ich wohne im 3. (dritten) Stock. 나는 4층에 산다.

TIPP! 독일에서 건물의 1층은 Erdgeschoss이고, 독일의 1층은 우리나라의 2층을 뜻한다. 따라서 독일에서의 3층이란 한국식으로 4층이다.

2) 날짜

날짜를 읽는 순서는 우리나라와 다르게 날짜 다음에 월을 쓰고, 날짜는 서수 형식으로 쓴다. 이때 날짜는 '~에'라는 뜻으로 사용되는 전치사 an과 함께 자주 사용되는데, 이럴 때에는 am(an+dem)+서수+en 형식으로 쓴다.

> Wann bist du geboren? 너는 언제 태어났니?
>
> Ich bin am 9.(neunten) März 1985 geboren. 나는 1985년 3월 9일에 태어났어.
>
> Wann hat er Geburtstag? 그는 생일이 언제니?
>
> Er hat am 22. (zweiundzwanzigsten) Oktober Geburtstag.
> 그의 생일은 10월 22일이야.

월(月) 의 명칭은 모두 남성명사(m)이다.

Januar	1월	Februar	2월	März	3월	April	4월
Mai	5월	Juni	6월	Juli	7월	August	8월
September	9월	Oktober	10월	November	11월	Dezember	12월

요일의 명칭도 모두 남성명사(m)이다.

Montag	Dienstag	Mittwoch	Donnerstag	Freitag	Samstag	Sonntag
월요일	화요일	수요일	목요일	금요일	토요일	일요일

> Welcher Tag ist heute? 오늘 무슨 요일이니?
>
> Heute ist Sonntag. 오늘은 일요일이야.

날짜 읽기

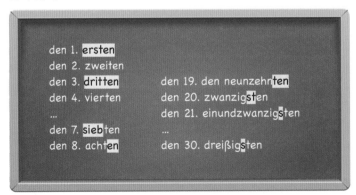

4 분수와 배수

1) 분수의 형태: 기수 + 서수el (분모)

분수가 명사를 수식하는 형용사적 용법으로 사용될지라도 어미변화는 하지 않는다. 분수가 독립적으로 사용될 경우 분모는 대문자로 쓴다.

1/3 = ein Drittel, 1/4 = ein Viertel, 3/5 = drei Fünftel

2) 배수의 형태

원래 물질 명사 앞에서는 그에 상응하는 단위 명사를 사용해야 하지만 회화체에서는 통상적으로 물품 앞에 반복 수(–mal) 만 붙여서 간단하게 사용한다.

기수 + mal ~번
Komm mal! 한 번 와 봐!
Dreimal pro Woche 한 주에 세 번

5 화폐, 연도, 전화번호

1,00: ein Euro 1유로

5,50: fünf Euro fünfzig 5유로 50센트

1989년: (im Jahr) neunzehnhundertneunundachtzig

1099년: (im Jahr) eintausendneunundneunzig

2018년: (im Jahr) zweitausendachtzehn

전화번호 0234 - 6798 null zwei drei vier-sechs sieben neun acht

1 다음 숫자들을 적어 보세요.

1 37 _____

2 104 _____

3 8888 _____

4   9999 _____

2 다음 빈칸에 알맞은 시간을 일상회화적 표현으로 적으세요.

1 Wie spät ist es? 몇 시인가요?

→ Es ist _____ (12:15) 12시 15분입니다.

2 Um wieviel Uhr kommst du? 너는 몇 시에 오니?

→ Um _____ komme ich. (10:45) 10시 45분에 옵니다.

3 Wie spät ist es? 몇 시 인가요?

→ Es ist halb _____ (5:30) 5시 30분입니다.

4 Das Fußballspiel beginnt um _____ Uhr (1:00)
축구 경기는 1시에 시작합니다.

3 밑줄의 아라비아 숫자를 독일어로 적어 보세요.

1 Der Hut kostet 40 Euro. _____ 모자의 가격은 40유로다.

2 Ich bin am 4. Juli 1989 geboren. _____ 나는 1989년 7월 4일에 태어났다.

3 Ich habe mit 26 Jahren geheiratet. _____ 그녀는 26살에 결혼했다.

동사의 시제

동사에는 부정형 (Infinitiv), 과거형 (Imperfekt), 과거분사형 (Partizip) 이렇게 3가지 기본 형태가 있다. **독일어는 영어의 시제와는 다르게 현재 진행형이 없다.** 현재형이 곧 현재 진행형이 된다. 과거형은 문어체로 많이 쓰이며 현재 완료형은 구어체에서 많이 쓰인다. 하지만 사실 과거형과 현재완료 사이에 시제나 내용의 차이는 별로 없다. 과거완료와 미래완료도 특별한 경우를 제외하고는 잘 사용하지 않는다. 그러므로 시제를 공부하기 이전에 동사의 기본적인 형태인 동사의 현재형, 과거형, 과거 분사형을 외우는 것이 중요하다.

현재	Ich	gehe	zur Schule.	
과거	Ich	ging	zum Markt.	
현재완료	Ich	bin	nach Deutschland	gegangen.

1 동사의 과거

동사에 따라 규칙적으로 변화하는 동사와 불규칙적으로 변화하는 동사로 나누어진다.

1) 동사의 약변화

동사의 어간은 바뀌지 않고 어미만 변화한다.

부정형 –en	과거형 –(e)te	과거분사형 ge–(e)t
sagen (말하다)	sagte	gesagt
warten (기다리다)	wartete	gewartet

명사에서 온 동사는 약변화한다.

das Frühstück → frühstücken (아침식사 → 아침을 먹다)	frühstückte	gefrühstückt

–ieren 으로 끝나는 동사도 약변화하며 과거분사에서 **ge**를 생략한다.

studieren (공부하다)	studierte	studiert
komponieren (작곡하다)	komponierte	komponiert

2 현재완료형

동사에 따라 sein 지배동사와 haben 지배동사의 경우로 나눌 수 있다.

---

sein과 결합

Bist du mit dem Zug nach Köln gefahren?
Ich bin spät aufgewacht.

haben과 결합

Ich habe mein Fahrrad vor die Tür gestellt.
Ich habe Hausaufgaben gemacht.

---

1) sein 지배 동사

– 장소의 이동을 뜻하는 동사

예 kommen 오다 | gehen 가다 | laufen 뛰다 | fahren 타다 | fliegen 날다 | reisen 여행하다

– 상태 변화를 뜻하는 동사

예 sterben 죽다 | einschlafen 잠들다 | genesen 회복하다 | waschen 씻다 | wachsen 자라다

– 기타

예 sein 존재하다, 있다 | werden ~이 되다 | bleiben 머무르다, 체류하다 | begegnen 만나다, 마주치다
folgen 뒤따라가다 | gelingen 잘되다, 성공하다

2) haben 지배 동사

	Ich habe mein Fahrrad in die Garage gestellt.
H a b e n	Iris hat sich in letzter Zeit sehr verändert.
	Geld haben wir nicht gewollt.
	Gestern hat es geregnet.

– 타동사, 재귀동사, 화법조동사, 비인칭 동사와 상태의 지속을 뜻하는 자동사 등이 이에
속한다.
예 fragen [타동사] 묻다, 질문하다 | sich freuen [재귀동사] 기뻐하다 | wollen [화법조동사] ~을 하고
싶다 | schlafen [상태 · 지속을 뜻하는 자동사] 자다

3 동사의 강변화

강변화하는 불규칙 동사는 과거형과 과거분사형을 암기해야 한다.

haben (갖고 있다)	hatte	gehabt
sein (~이다, 존재하다)	war	gewesen
werden (~이 되다)	wurde	geworden
essen (먹다)	aß	gegessen
bleiben (머물다)	blieb	geblieben
geben (주다)	gab	gegeben
gehen (가다)	ging	gegangen
helfen (돕다)	half	geholfen
kommen (오다)	kam	gekommen
stehen (서다)	stand	gestanden
sprechen (말하다)	sprach	gesprochen
sehen (보다)	sah	gesehen
anfangen (시작하다)	fing...an	angefangen
ankommen (도착하다)	kam...an	angekommen
abfahren (출발하다)	fuhr...ab	abgefahren
bekommen (받다)	bekam	bekommen
verstehen (이해하다)	verstand	verstanden
sitzen (앉아있다)	saß	gesessen
treffen (만나다)	traf	getroffen
kennen (알다, 친밀하다)	kannte	gekannt
nehmen (잡다, 사다, 타다)	nahm	genommen
singen (노래하다)	sang	gesungen
trinken (마시다)	trank	getrunken

3 과거의 인칭변화

finden의 예를 들어 살펴보자. 과거형 또한 현재형과 같이 인칭변화를 한다.

ich	du	er/sie/es	wir	ihr	Sie/sie
fand (발견했다/생각했다)	fandest	fand	fanden	fandet	fanden

4 미래형

아직 일어나지 않고 앞으로 일어날 일을 미래형으로 표현한다.

werden (~이 되다)의 현재 + 부정형 (동사의 원형)

ich	du	er/sie/es	wir	ihr	Sie/sie
werde	wirst	wird	werden	werdet	werden

(현재) Du fährst nach Busan. 너는 부산에 간다.

(미래) Du wirst nach Busan fahren. 너는 부산에 가게 된다.

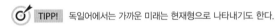 **TIPP!** 독일어에서는 가까운 미래는 현재형으로 나타내기도 한다.

5 완료형

완료형으로는 현재완료, 과거완료, 미래완료가 있다.

1) 현재완료

haben / sein의 현재 + 과거분사

	haben 동사	sein 동사	werden 동사
ich	habe	bin	werde
du	hast	bist	wirst
er/sie/es	hat	ist	wird
wir	haben	sind	werden
ihr	habt	seid	werdet
sie/ Sie	haben	sind	werden

Ich bin dorthin gefahren. 나는 그쪽으로 갔다.

Du hast das Buch gelesen. 너는 그 책을 읽었다.

2) 과거완료

과거와 현재완료보다 앞서 일어난 일을 서술할 때 사용한다.

> **haben / sein 의 과거 + 과거분사**

Nachdem ich die Hausaufgaben gemacht hatte, hast du die Hausaufgaben gemacht.

내가 숙제를 끝낸 후에, 네가 숙제를 했다.

Du hattest das Buch gelesen, bevor ich dich angerufen habe.

너는 내가 전화하기 전에, 그 책을 읽었다.

3) 미래완료

> **werden의 현재 + 과거분사 + haben /sein**

Ich werde nach Dortmund gefahren sein. 나는 Dortmund(지역)로 갔을 것이다.

Er wird das Buch gelesen haben. 그는 책을 읽었을 것이다.

연습문제

1 다음 ( ) 안의 동사를 과거형으로 변화시키세요.

1 Er (gehen) nach Hause. 그는 집으로 갔다.

2 Er (haben) kein Geld mehr. 그는 돈이 더 이상 없었다.

3 Er (öffnen) die Tür. 그는 문을 열었다.

4 Der Vater (sprechen) kein Wort. 아버지는 아무 말도 하지 않았다.

5 Der Lehrer (sehen) uns nicht. 선생님은 우리를 보지 못했다.

2 동사의 3가지 기본형을 완성하세요.

1 sein _____ gewesen

2 haben hatte _____

3 _____ _____ gefahren

4 kennen _____ _____

5 _____ nahm _____

3 다음 문장의 동사를 현재완료형으로 고쳐 보세요

1 Der Vogel singt wunderschön. 그 새는 아름답게 노래한다.

→ _____

2 Sie sitzen im Zimmer. 그들은 방안에 앉아 있다.

→ _____

3 Ich treffe ihn vor dem Kino. 나는 그를 영화관 앞에서 만난다.

→ _____

4 Er trinkt gern ein Glas Milch. 그는 우유 한 잔을 즐겨 마신다.

→ _____

Lektion 5 화법조동사

동사는 사람이나 사물의 움직임 또는 작용을 나타내며, 화법조동사는 본동사의 의미를 돕는다. 아래의 문장들처럼 화법조동사를 이용하면 어떠한 일에 대한 허락, 허가, 의무, 의지, 바램 등을 다양하게 표현할 수 있다.

신데렐라와 언니들

① 언니1: 나는 무조건 축제에 가야 해.

② 신데렐라: 저도 함께 가도 되나요?

③ 언니2: 아니! 너는 하루 종일 청소해야 해!

Ich singe.	나는 노래한다.
Ich kann singen.	나는 노래를 할 수 있다.
Ich darf singen.	나는 노래를 해도 된다.
Ich mag singen.	나는 노래하기를 좋아한다.
Ich will singen.	나는 노래를 할래.
Ich soll singen.	나보고 노래를 하래. /해야 한다.
Ich muss singen.	나는 노래를 해야만 한다.

 TIPP! 화법조동사에서 가장 중요한 것은 본동사에 조동사가 함께 오면 조동사는 본동사의 자리에 위치하며, 본동사는 원형으로 문장의 끝에 위치한다. 분리 동사의 경우에도 마찬가지로 분리하지 않고 동사의 원형으로 끝에 온다.

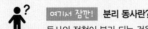 **분리 동사란?**

동사의 전철이 분리 되는 것을 말한다. 자세한 것은 다음 과에서 알아보자.

Ich fahre heute nach Seoul. 나는 오늘 서울에 간다.

→ Ich muss heute nach Seoul fahren. 나는 오늘 서울에 가야만 한다.

Du spielst Klavier. 너는 피아노를 친다.

→ Du kannst Klavier spielen. 너는 피아노를 칠 수 있다.

1 화법조동사의 현재인칭변화

	können	**dürfen**	**mögen**	**müssen**	**wollen**	**sollen**
ich	kann	darf	mag	muss	will	soll
du	kannst	darfst	magst	musst	willst	sollst
er/sie/es	kann	darf	mag	muss	will	soll
wir	können	dürfen	mögen	müssen	wollen	sollen
ihr	könnt	dürft	mögt	müsst	wollt	sollt
Sie/sie	können	dürfen	mögen	müssen	wollen	sollen

2 조동사의 용법

können

① '할 수 있다'라는 능력과 가능성

Ich kann Flöte spielen. 나는 플룻을 연주할 수 있다.

② 공손한 질문

Können (könnten) Sie mir helfen? 저를 도와주시겠어요?

🎯 TIPP!　könnten은 접속법 2식의 형태로 좀 더 공손하게 말할 때 사용한다.

dürfen

① '～을 해도 좋다'라는 허가의 의미

Darf ich hier schwimmen? 제가 이곳에서 수영해도 될까요?

② 금지를 뜻함

Man darf hier nicht rauchen. 여기에서 담배를 피면 안 됩니다.

mögen

① '～을 좋아하다'라는 취향 및 기호

Ich mag ihn nicht. 나는 그를 좋아하지 않는다.

② möchten은 mögen의 접속법 2식의 형태로 '～을 하고 싶다'라는 소망을 나타낸다.

Er möchte in Deutschland studieren. 그는 독일에서 공부를 하고 싶어 한다.

müssen

① '～해야 한다'라는 외부적인 강제나 강요 혹은 필요

Ich muss heute ins Büro gehen. 나는 오늘 사무실을 가야만 한다.

② '～ 임에 틀림없다'라는 강한 추측

Das muss auf dem Tisch liegen. 그것은 분명히 책상 위에 놓여 있어야 한다.

wollen

① '～하고 싶다', '～ 할 예정이다'라는 의지나 계획

Ich will eine Reise machen. 나는 여행을 하고 싶다.

② '～를 했다고 주장한다', '～를 한다고 주장한다' (제3자의) 주장

Der Mann will einmal USA besucht haben. 그 남자는 미국을 한 번 방문했다고 한다.

sollen

① '～하라고 한다'라는 3자의 부탁, 충고, 권유

Sie hat gesagt, ich soll früh aufstehen. 그녀는 나에게 일찍 일어나야 한다고 말했다.

② '～해야 한다'라는 도덕적인 의무

Die Kinder sollen ihre Eltern ehren. 아이들은 그들의 부모님을 공경해야 한다.

③ '～라고 한다'라는 간접적 지식 혹은 소문

Er soll im Ausland gestorben sein. 그는 외국에서 죽었다고 한다.

3 화법조동사의 과거형

	können	dürfen	mögen	müssen	wollen	sollen
ich	konnte	durfte	mochte	musste	wollte	sollte
du	konntest	durftest	mochtest	musstest	wolltest	solltest
er/sie/es	konnte	durfte	mochte	musste	wollte	sollte
wir	konnten	durften	mochten	mussten	wollten	sollten
ihr	konntet	durftet	mochtet	musstet	wolltet	solltet
Sie/sie	konnten	durften	mochten	mussten	wollten	sollten

Er konnte nicht weiter laufen. 그는 더 이상 뛸 수 없었다.

Du musstest Hausaufgaben machen. 너는 숙제를 해야 했었다.

Sie wollte in Deutschland studieren. 그녀는 독일에서 공부하기를 원했었다.

1 다음 중 가장 적당한 것을 고르세요.

1 Er ( ) in Deutschland studieren.

그는 독일에서 공부하고 싶다.

① wollen　② wollet　③ wollte　④ will

2 Hier ( ) man nicht rauchen.

여기에선 흡연이 금지이다.

① dürft　② darf　③ durfte　④ dürfen

3 Du ( ) bezahlen. 너는 계산해야 한다.

① muss　② muß　③ musst　④ musstest

4 ( ) du ihn? 너는 그를 좋아하니?

① Mag　② Mögen　③ Magst　④ Mögt

5 Ich ( ) Deutsch lesen, aber nicht sprechen.

나는 독일어를 읽을 수 있다, 하지만 말할 수는 없다.

① will　② darf　③ kann　④ muss

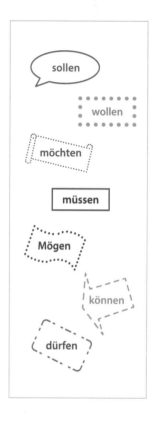

2 빈 칸에 알맞은 현재형과 과거형을 적으세요.

1 Ich _____ / _____ schlafen. (wollen)

현재: 나는 자고 싶다. (과거: 싶었다.)

2 Er _____ / _____ arbeiten. (müssen)

현재: 그는 일을 해야 한다. (과거: 해야 했다.)

3 Du _____ / _____ ausgehen. (dürfen)

현재: 너는 외출해도 된다. (과거: 해도 됐었다.)

4 Wir _____ / _____ anfangen. (sollen)

현재: 우리는 시작해야 한다. (과거: 해야 했다.)

5 Sabine _____ / _____ studieren. (mögen)

현재: Sabine는 대학에서 공부하기를 좋아한다. (과거: 좋아했었다.)

3 다음 문장들을 화법 조동사를 사용하여 작문하세요.

1 A: 제가 지금 집에 가도 될까요?

B: 그래, 너는 지금 집에 가도 돼. (dürfen)

_____

_____

2 우리는 내일 소풍을 가고자 한다. (wollen)

_____

3 제가 이 그림을 간직해도 될까요? (dürfen/behalten)

_____

4 너는 무조건 독일어 시험에 꼭 합격해야 한다. (müssen/bestehen)

_____

5 나는 매우 피곤하다. 그러므로 나는 그것을 할 수 없다. (können/machen)

_____

Lektion 6 · 분리동사와 비분리동사

1 분리동사

1) 분리전철과 분리동사

전치사, 부사 등이 동사의 앞에 붙어서 전철로 쓰일 때가 있는데, 이때의 전철을 분리전철이라고 한다. 전치사 및 부사를 전철로 하는 동사는 분리하며, 다음과 같은 성질을 갖는다.

> ▶ 현재, 과거 및 명령형에서 전철은 분리하고 문장 뒤에 온다.
> ▶ 과거분사에서 ge는 전철과 어간 사이에 위치한다.
>   (예를 들어 ankommen의 과거분사는 angekommen이 된다.)
> ▶ 분리 동사에 zu부정형을 만들 때에는 전철과 어간 사이에 zu를 넣는다.

auf	stehen
an	kommen
ab	nehmen
aus	gehen
mit	nehmen
nach	denken
bei	bringen
ein	laden
vor	haben
zu	stimmen
statt	finden

동사는 앞에 붙는 전철(접두사 Präfix)에 따라 분리동사와 비분리동사로 나눌 수 있다.

2) 자주 쓰이는 분리전철과 분리동사

auf-	aufstehen 일어나다 aufmachen 열다
an-	ankommen 도착하다 anrufen 전화하다 anfangen 시작하다
ab-	abnehmen 떼어내다, 감소하다 abholen 데리고 오다, 받아오다 abfahren 출발하다
aus-	ausgehen 외출하다 ausziehen 옷을 벗다 ausmachen 불을 끄다
mit-	mitnehmen 가지고 가다, 동행하다 mitmachen 함께하다
nach-	nachdenken 숙고하다
bei-	beibringen 가르치다 beitragen 기여하다
ein-	einladen 초대하다 einsteigen 승차하다 einkaufen 쇼핑하다
vor-	vorhaben 계획하다 vorstellen 소개하다
zu-	zustimmen 찬성하다 zumachen 닫다
zurück-	zurückgeben 돌려주다 zurückkommen 돌아오다
statt-	stattfinden 개최하다

3) 분리동사의 시제

현재형	Ich gehe um 9 Uhr aus. 나는 9시에 나간다.
과거형	Ich ging um 9 Uhr aus. 나는 9시에 나갔다.
현재완료형	Ich bin um 9 Uhr ausgegangen. 나는 9시에 나갔다.

과거, 과거분사의 변화는 기본 동사의 변화와 같으며 과거분사의 ge—는 전철의 뒤에 온다.

원형	과거	과거분사
ankommen 도착하다 teilnehmen 참가하다	kam...an nahm...teil	angekommen teilgenommen

4) 분리동사의 명령형 (명령법 참조)

Bitte steigen Sie ein! 승차하십시오! (einsteigen 승차하다)

Sehen Sie sich den Fahrplan an! 기차 시간표를 자세히 보세요!

(ansehen 주시하다, 자세히 보다)

2 비분리동사

1) 비분리 전철과 비분리 동사

비분리 전철은 8가지가 있으며, 외워야 한다. 비분리 동사는 다음과 같은 성질을 가진다.

> ▶ 비분리 동사의 전철은 악센트를 가지지 않는다.
> ▶ 비분리 동사는 과거분사에서 ge가 붙지 않는다. (예외: miss-가 붙는 동사는 ge가 붙기도 하고, 붙지 않기도 한다.)

be-	besuchen 방문하다 bescreiben 묘사하다 beginnen 시작하다
ge-	gehören ~에 속하다 gefallen 마음에 들다
ent-	entwickeln 발전시키다 entdecken 발견하다
emp-	empfehlen 추천하다 empfinden 느끼다
er-	erzählen 말하다 erfahren 경험하다 erleben 겪다, 체험하다
ver-	verkaufen 팔다 verstehen 이해하다 verlieren 잃다
zer-	zerbrechen 깨뜨리다 zerstören 파괴하다
miss-	misshören 잘못 듣다 missbrauchen 남용하다

2) 비분리동사의 시제

현재형	Er versteht nichts. 그는 아무것도 이해하지 못한다.
과거형	Er verstand nichts. 그는 아무것도 이해하지 못했다.
현재완료형	Er hat nichts verstanden. 그는 아무것도 이해하지 못했다.

비분리동사의 과거, 과거분사도 기본 동사의 변화와 같다. 단, 과거분사의 ge-는 붙이지 않는다.

Der Hut hat mir gut gefallen. 그 모자는 나의 마음에 들었다.

3 분리. 비분리 동사

연결되는 동사의 사용법과 뜻에 따라 분리. 비분리 전철을 분리를 하는 경우도 있고 분리하지 않는 경우도 있다.

über- / um- / unter- / voll- / er- / wider- / wieder

분리 동사로 사용되는 경우

wiedersehen 다시 만나다	**wider**spiegeln 반영하다
wiedergeben 되돌려주다, 갚다	**unter**gehen (해가) 지다

비분리 동사로 사용되는 경우

widerstehen 저항하다	widersprechen 반대 의견을 말하다, 이의를 제기하다	untersuchen 진찰하다, 조사하다
übernachten 숙박하다	überzeugen 설득하다	vollenden 완성하다
unterbrechen 중단하다	unterrichten 강의하다	unterhalten 대화하다

1 다음 주어진 동사를 이용하여 현재형 문장을 쓰세요.

1 Ich _____ dich morgen _____. (anrufen) 내가 내일 너에게 전화할게.

2 Der Zug _____ pünktlich _____. (ankommen)
그 기차는 정확하게 도착한다.

3 Die Studenten _____ die Schule _____. (verlassen)
학생들은 학교를 떠난다.

4 Mein Onkel _____ mich _____. (besuchen) 나의 삼촌은 나를 방문한다.

5 _____ das Fenster _____! (zumachen - du 명령형) 창문을 닫아!

2 다음 문장을 현재완료형 문장으로 작문해 보세요.

1 나는 6시에 일어났다. (ich / aufstehen / um 6 Uhr)

_____

2 그는 방문을 열었다. (er / aufmachen / die Tür)

_____

3 Nina는 파티에 함께 왔다. (Nina / mitkommen / zur Party)

_____

4 그는 수업을 시작했다. (er / mit dem Unterricht / beginnen)

_____

5 그는 아무것도 이해하지 못했다. (er / verstehen / nichts)

_____

전치사

전치사는 명사나 대명사의 앞에 위치하여 장소, 시간 관계 등 명사와 다른 단어와의 관계를 연결해
준다. 그리고 방법, 목적, 원인, 이유까지 나타내며 종류에 따라 2격, 3격, 4격, 3·4격 지배 전치사로
구분된다. 또한 의미와 용법을 격 지배와 함께 외워 두어야 한다.

1 전치사의 격 지배

1) 2격 지배 전치사

während	~동안에	wegen	~때문에
(an) statt	~대신에	trotz	~에도 불구하고
außerhalb	~이외에, ~바깥쪽에	innerhalb	~의 안쪽에

① **während** (~동안에)

Während des Sommers ist er bei seinem Onkel.

여름 동안 그는 그의 삼촌댁에 있다.

Während des Abendessens denkt er an sie.

저녁 식사하는 동안에 그는 그녀를 생각한다.

② **wegen** (~때문에)

Wegen des Wetters machen wir heute keinen Ausflug.

날씨 때문에 우리는 오늘 소풍을 가지 않는다.

③ **statt** (~대신에)

Statt des Onkels kam die Tante. 삼촌 대신에 이모가 왔다.

④ **trotz** (~에도 불구하고)

Trotz seines Alters ist mein Großvater gesund.

나의 할아버지는 그의 나이에도 불구하고 건강하다.

⑤ **außerhalb** (~의 바깥쪽에)

Die Stadt Suwon liegt außerhalb der Stadt Seoul.

수원은 서울 바깥쪽에 있다.

⑥ **innerhalb** (〜의 안쪽에, 〜동안에)

Sie ist innerhalb der nächsten Stunde zu Hause.

그녀는 다음 몇 시간 동안 집에 있다.

 TIPP! 위 예문들을 자세히 살펴보자. 2격 지배 전치사 다음으로 오는 명사에는 정관사와 부정관사의 2격이 쓰이는데 이때 주의할 것은 남성과 중성의 경우 명사 뒤에 s가 붙으나, 여성이나 복수의 경우, 명사 뒤에 아무것도 붙지 않는다. 그렇기 때문에 예문 ⑤번과 ⑥번에서는 다른 예문들과 다르게 명사 뒤에 s가 붙지 않는다.

2) 3격 지배 전치사

aus	〜의 밖으로, 〜로 부터	außer	〜의 밖에
mit	〜와 함께	nach	〜로 향해, 〜후에
seit	〜이래로	bei	〜옆에, 〜댁에
von	〜로 부터, 〜의	zu	〜에게, 〜로
entgegen	〜을 향하여, 〜을 반대하여	gegenüber	〜맞은편에, 〜건너편에

① **aus** (〜의 밖으로, 태생, 출신)

Er kommt aus dem Zimmer. (안 → 밖) 그는 방에서 나온다.

Peter kommt aus Deutschland. (태생) Peter는 독일 출신이다.

Er trägt eine Uhr aus Gold. (재료) 그는 금으로 된 시계를 찬다.

Er weiß es aus der Erfahrung. (원인) 그는 그것을 경험으로부터 안다.

② **außer** (〜의 밖에, 〜을 제외하고)

Heute essen wir außer Haus. (〜밖에서) 오늘 우리는 외식을 한다.

Außer mir sind alle Schüler fleißig. (제외) 나를 제외한 모든 학생들은 부지런하다.

③ **bei** (〜집에, 〜옆에, 〜때)

Er wohnt bei dem Opa. (집에) 그는 할아버지 집에 산다.

Ich wohne bei der Kirche. (근처) 나는 교회 근처에서 산다.

Bei dem Essen liest der Vater eine Zeitung. (〜때) 아버지는 식사 중에 신문을 읽는다.

④ **mit** (〜함께, 〜가지고)

Ich spiele mit dem Freund Fußball. (〜함께) 나는 친구와 함께 축구를 한다.

Ich schreibe mit dem Kugelschreiber. (도구) 나는 볼펜으로 쓴다.

Ich habe jetzt kein Geld mit mir. (휴대) 나는 지금 돈을 가지고 있지 않다.

⑤ **nach** (〜후에, 〜로 향해)

Nach dem Essen machen wir einen Spaziergang.

(〜후에) 식사 후에 우리는 산책을 한다.

Ich gehe direkt nach Hause.

(〜방향) 나는 바로 집으로 간다.

Meiner Meinung nach ist das falsch. (판단) 내 생각에 의하면 이건 틀렸어.

🎯 **TIPP!** nach가 '〜에 의하면'의 뜻으로 쓰일 때는 명사 뒤에 오는 경우가 많다.

⑥ **seit** (〜이래로)

Er wohnt seit einem Jahr in Daegu. 그는 1년 전부터 대구에 살고 있다.

Seit einer Woche kann er nicht mehr schlafen.

일주일 전부터 그는 더 이상 잘 수 없다.

⑦ **von** (〜부터, 〜의, 〜에 대해)

Der Kaufmann reist von Seoul nach Berlin.

(출발의 기점) 그 판매원은 서울에서부터 베를린으로 여행 간다.

Ich habe Zeit vom 1. Dezember bis zum 3. Dezember.

(〜부터) 나는 12월 1일부터 12월 3일까지 시간이 있다.

Demian ist ein Werk von Hermann Hesse.

(소유의 표시) 데미안은 Hermann Hesse의 작품이다.

Der Lehrer spricht von der Politik. (대상) 그 교사는 정치에 대하여 말한다.

⑧ **zu** (〜에게, 〜하러)

Er kommt zu mir. (인물) 그는 나에게 온다.

Er zeigt mir den Weg zum Bahnhof. (방향) 그는 나에게 역에 가는 길을 보여준다.

Sie geht zum Essen. (목적) 그녀는 식사하러 간다.

⑨ **gegenüber** (〜맞은편에)

Hans wohnt gegenüber. (대칭) Hans는 집 맞은편에 산다.

⑩ **entgegen** (〜향하여, 〜반대하여)

Das Kind läuft seinem Vater entgegen. (방향) 그 아이는 아빠를 향하여 뛰어간다.

Er geht nach Hause entgegen meinem Befehl. (반대) 그는 나의 명령과 반대하여
집으로 간다.

3) 4격 지배 전치사

bis	〜까지	ohne	〜이 없이
gegen	〜에 대하여	entlang	〜을 따라
für	〜을 위하여, 때문에	um	〜둘레에
durch	〜를 통하여		

① **bis** (〜까지)

Der Zug fährt bis Busan. (공간) 그 기차는 부산까지 간다.

Ich lerne bis 12 Uhr nachts. (시간) 나는 저녁 12시까지 배운다.

② **durch** (〜를 통하여)

Hans geht durch den Garten. (공간) Hans는 정원을 통과하여 간다.

Das Unglück entsteht durch den Krieg. (원인) 불행은 전쟁으로 인해 생긴다.

③ **für** (〜을 위하여)

Wir studieren für die Prüfung. (목적) 우리는 시험을 위해서 공부한다.

Das Geschenk ist für dich. (소속) 이 선물은 너를 위한 거야.

Du bist jung für dein Alter. (기준) 너는 너의 나이에 비해서 어리다.

④ **gegen** (〜에 대하여, 반대하여, (시간)경에)

Er kommt gegen 9 Uhr. (시간) 그는 9시경에 온다.

Er ist gegen meine Behauptung. (반대) 그는 나의 의견에 반대한다.

⑤ **ohne** (〜없이, 〜을 제외하고)

Sie trinkt Kaffee ohne Zucker. (〜없이) 그녀는 설탕 없이 커피를 마신다.

Er geht aus dem Zimmer, ohne mich zu grüßen.
(부정사와 함께) 그는 나에게 인사도 없이 방에서 나갔다.

⑥ **um** (〜둘레에, 〜정각에, 〜위해서)

Wir sitzen um den Tisch. (주위) 우리는 책상 주위에 앉는다.

Er kommt um 10 Uhr. (정각) 그는 10시 정각에 온다.

Man isst, um zu leben. (부정사와 함께) 사람은 살기 위해 먹는다.

⑦ **entlang** (〜을 따라)

Wir gehen entlang den Rhein. 우리는 그 라인강을 따라 걷는다.

4) 3 · 4격 지배 전치사

an	〜에, 옆에	auf	〜위에	hinter	〜뒤에
in	〜안에	neben	〜옆에	vor	〜앞에
über	〜위에	unter	〜밑에, 〜아래에	zwischen	〜사이에

어떤 사물의 위치를 나타낼 때 3격, 어떤 동작의 방향 (운동의 방향)을 나타낼 때는 전치사의 뒤에 4격을 사용한다.

	Wo (+3격)	Wohin (+4격)
in	Die Katze ist im Wasser. 고양이는 물속에 있다.	Die Katze geht ins Wasser. 고양이는 물속으로 간다.
auf	Die Katze ist auf einem Tisch. 고양이는 책상 위에 있다.	Jemand setzt die Katze auf den Tisch. 누군가가 고양이를 책상 위에 앉힌다.
über	Über der Katze ist eine Lampe. 고양이 위에 램프가 있다.	Über die Katze fliegt ein Vogel. 고양이 위로 새 한 마리가 난다.
unter	Die Katze ist unter dem Stuhl. 고양이는 의자 아래 있다.	Jemand setzt die Katze unter den Stuhl. 누군가가 고양이를 의자 아래 앉힌다.
an	Die Katze sitzt an der Tür. 고양이는 문 쪽에 앉아 있다.	Die Katze stellt sich an die Wand. 고양이는 벽 쪽으로 간다.
vor	Der Teller ist vor der Katze. 접시는 고양이 앞에 있다.	Ich stelle den Teller vor die Katze. 나는 접시를 고양이 앞에 둔다.

hinter	Die Katze ist hinter einem Schrank. 고양이는 장롱 뒤에 있다.	Die Katze geht hinter einen Schrank. 고양이는 장롱 뒤로 간다.
neben	Die Katze ist neben mir. 고양이는 내 옆에 있다.	Die Katze setzt sich neben eine andere Katze. 고양이는 다른 고양이 옆에 앉는다.
zwischen	Die Katze schläft zwischen dem Tisch und dem Sofa. 고양이는 책상과 소파 사이에서 잔다.	Die Katze läuft zwischen die Tische. 고양이는 책상들 사이를 뛰어다닌다.

3격: Wo?에 대한 답변일 때 (sitzen / liegen / stehen)

4격: Wohin?에 대한 답변 일 때 (setzen / legen / stellen)

3격:

A: Wo liegt das Buch? 그 책은 어디에 놓여 있니?

B: Es liegt auf dem Tisch. 그 책은 책상 위에 놓여 있다.

4격:

A: Wohin lege ich das Buch? 어디로 이 책을 놓을까?

B: Lege das Buch auf den Tisch. 그 책은 책상 위에 놓아.

1 다음 ( ) 안에 들어갈 적당한 전치사를 고르세요.

1 (　　　　) dem Essen rauche ich gern. 식사 후에 나는 담배를 즐겨 피운다.

① Statt   ② Gegen   ③ Zu   ④ Nach

2 (　　　　) Abend gehen wir ins Kino. 저녁에 우리는 영화관에 간다.

① Am   ② Im   ③ Um   ④ Vom

3 Ich gehe (　　　　) des schönen Wetters spazieren.

나는 좋은 날씨 때문에 산책을 한다.

① trotz   ② wegen   ③ mit   ④ für

4 Das Bild hängt (　　　　) der Wand. 그림은 벽에 걸려 있다.

① an   ② in   ③ auf   ④ um

5 Ich gehe (　　　　) den Wald. 나는 숲을 통해 간다.

① in   ② auf   ③ an   ④ durch

2 다음 알맞는 정관사 어미를 넣으세요.

1 Der Lehrer steht hinter _____ Tisch. 선생님은 책상 뒤에 서 있다.

2 Ich setze das Kind auf _____ Stuhl. 나는 아이를 의자에 앉힌다.

3 Die Kinder spielen in _____ Garten. 아이들은 정원에서 놀고 있다.

4 Wir sehen mit _____ Augen und hören mit _____ Ohren.

우리는 눈으로 보고, 귀로 듣는다.

5 Hängen Sie die Lampe über _____ Tisch. 전등을 책상 위쪽에 다세요.

3 괄호 안에 알맞은 전치사를 넣으세요.

1 Ein Ball ist _____ den Büchern. 공이 책들 사이에 있다.

2 Ein Ball ist _____ den Radio. 공은 라디오 앞에 있다.

3 Ein Ball ist _____ der CD. 공은 CD 위에 있다.

4 Ein Ball ist _____ dem Sofa. 공은 소파 아래에 있다.

5 Ein Ball ist _____ den Fotos. 공은 사진 뒤에 있다.

6 Ein Ball ist _____ dem Kasten. 공은 상자 안에 있다.

7 Ein Ball ist _____ dem Fernseher. 공은 TV의 면적에 닿아있다.

8 Ein Ball ist _____ der Blume. 공은 꽃 옆에 있다.

Lektion 8 | 접속사

접속사는 문장과 문장 또는 문장 가운데의 두 성분을 이어 주는 기능을 갖는다. 그렇기 때문에 단순한 문장을 길게 연결하여 확대시켜 주며 어떤 사건의 원인이나 결과를 의미 있게 연결해 준다. 주로 사용되는 접속사들을 정확하게 암기하면서 문장의 구조도 외워야 한다.

1 대등(등위) 접속사

und	그리고	aber	그러나	oder	또는	denn	그 까닭은
zum Beispiel	예를 들면	das heißt	그 말을 자세히 하면	nämlich	그 말인즉	nur	단지

대등한 관계에 있는 문장 또는 어구들을 연결시키는 접속사를 뜻한다. 동사의 위치는 변하지 않는다.

1) und 그리고

Ich komme aus Südkorea und Midori kommt aus Japan.
나는 한국에서 왔다. 그리고 Midori는 일본에서 왔다.

2) aber 그러나

Ich habe noch eine Prüfung, aber meine Schwester ist schon fertig.
나는 시험이 아직 하나 더 있다. 하지만 나의 여동생은 벌써 끝났다.

3) oder 또는

Trinkst du Bier oder Wein?
맥주를 마실래 또는 와인을 마실래?

4) denn 그 까닭은, 왜냐하면

Ich gehe heute nicht zur Schule, denn ich bin krank.
나는 오늘 학교에 가지 않는다, 왜냐하면 몸이 아프기 때문이다.

5) zum Beispiel (구체적인 예시) 예를 들면

Wir haben viel eingekauft, zum Beispiel Apfel, Banane und Fleisch.
우리는 장을 많이 보았다. 예를 들면 사과와 바나나 그리고 고기이다.

6) **das heißt** (설명) 그 말을 자세히 하면

Wir, das heißt ich und meine Freundin, wollen nach Deutschland.

우리는, 자세히 이야기하면 나와 나의 여자 친구는, 독일에 가기를 원한다.

7) **nämlich** 그 말인즉

Wir lernen in der Universität zwei Sprachen, nämlich Englisch und Deutsch.

우리는 대학에서 두 가지 언어, 즉 영어와 독일어를 배운다.

8) **nur** 단지, 오로지

Sie ist nicht krank, nur müde.

그녀는 아프지 않고 단지 피곤하다.

9) **ohne** ~하지 않고

Sie kam zu meiner Party, ohne ein Geschenk.

그녀는 선물 없이 나의 파티에 왔다.

2 부사적 접속사

부사적 접속사 뒤에 오는 문장은 '동사 + 주어'로 순서가 변한다. 동사의 위치는 "2번째" 라고 기억하면 좋다.

deswegen (darum, daher, deshalb)	그렇기 때문에	trotzdem (dennoch)	그럼에도 불구하고
sonst	그렇지 않으면	also	그러므로, 따라서

1) **deswegen (darum, daher, deshalb)** 그렇기 때문에

Ich bin so müde, deswegen gehe ich nicht ins Kino.

나는 너무 피곤하다. 그래서 극장에 가지 않는다.

Ich bin sehr krank, deshalb kann ich heute nicht in die Schule gehen.

나는 몸이 매우 아프다. 그래서 오늘 학교를 갈 수가 없다.

Er spricht sehr leise, darum kann man ihn nicht gut verstehen.

그는 아주 조용히 말한다. 그래서 사람들은 그를 잘 이해하지 못한다.

Ich mag gern Süßigkeiten, daher esse ich oft Bonbons.

나는 단것들을 좋아한다. 그래서 사탕을 자주 먹는다.

2) trotzdem (dennoch) 그럼에도 불구하고

Es regnet, trotzdem machen wir einen Ausflug.

비가 온다. 그럼에도 불구하고 우리는 소풍을 간다.

3) sonst 그렇지 않으면

Sei ruhig, sonst lese ich dir das Buch nicht vor.

조용히 해, 그렇지 않으면 나는 너에게 책을 읽어 주지 않을 거야.

4) also 그러므로, 따라서

Ich denke, also schaff ich es.

나는 생각한다. 그러므로 나는 해낼 수 있다.

3 종속접속사 (Nebensatz)

종속접속사는 주문장에 부문장을 연결시키는 접속사를 뜻한다. 두 문장 사이에는 콤마를 찍으며, 부문장에서는 동사가 맨 끝으로 간다.

앞서 언급했듯이 주문장이 앞에 오면, [주어 + 동사....+ 종속접속사 + 주어 ... 동사]로 정동사가 문장의 끝으로 가며, 부문장이 앞에 오면 부문장 뒤에 오는 주문장은 순서가 바뀌게 되어 [종속접속사 + 주어 + 동사 + 동사(주문장의) 주어...]의 순서가 된다.

wenn	만일 ~라면, ~할 때	als	~했을 때
dass	~라는 것	ob	~인지 아닌지
weil	~왜냐하면 ~이기 때문에	obwohl	비록 ~ 일지라도
bis	~까지	bevor	~전에
während	~하는 동안에	nachdem	~한 후에

1) wenn 만일 ~라면, ~할 때

Wenn ich Zeit habe, gehe ich gern ins Kaufhaus.

내가 시간이 있다면 나는 백화점에 즐겨 간다.

2) als ~했을 때

Als ich ein Kind war, war ich sehr klein.

내가 어렸을 때, 나는 정말 작았다.

3) **dass ~라는 것**

   Es ist klar, dass sie fleißig arbeitet.

   그녀가 열심히 일하는 것은 분명하다.

4) **ob ~인지 아닌지**

   Ich weiß nicht genau, ob es richtig oder falsch ist.

   나는 그것이 옳은지 틀린지 정확히 모르겠다.

5) **weil ~왜냐하면 ~이기 때문에**

   Ich bleibe heute zu Hause, weil ich krank bin.

   나는 아프기 때문에 오늘 집에 있을 것이다.

6) **obwohl 비록 ~일지라도**

   Obwohl ich krank bin, muss ich arbeiten.

   나는 비록 아플지라도, 일을 해야 한다.

7) **bis ~까지**

   Warte im Auto, bis ich zurück komme.

   차에서 기다려, 내가 돌아올 때까지.

8) **bevor ~전에**

   Bevor die Party vorbei war, bin ich nach Hause gegangen.

   파티가 끝나기 전에 나는 집으로 갔다.

9) **während ~하는 동안에**

   Während ich in Deutschland war, war sie in Japan.

   내가 독일에 있는 동안, 그녀는 일본에 있었다.

10) **nachdem ~한 후에**

   Nachdem sie ihr Studium abgeschlossen hatte, fand sie sofort einen Job.

   그녀는 학업을 마친 후에, 그녀는 바로 일자리를 얻었다.

1 다음 주어진 두 문장을 대등접속사로 연결하세요.

1 Er kommt heute nicht. Er kommt morgen.

→ 그는 오늘 오지 않는다, 하지만 그는 내일 온다.

→ _____

2 Willst du mit mir ins Kino gehen? Hast du Lust auf ein Konzert?

→ 너는 나와 함께 영화관에 가기를 원하니, 아니면 콘서트에 가는 것에 관심이 있니?

→ _____

3 Ich komme aus Süd-Korea. Er kommt aus Japan.

→ 나는 한국에서 왔어, 그리고 그는 일본에서 왔어.

→ _____

4 Wir können bei Mia einen Film sehen. Sie hat viele DVDs.

→ 우리는 Mia네 집에서 영화를 볼 수 있어, 왜냐하면 그녀는 많은 DVD를 가지고 있어.

→ _____

5 Fahrt ihr mit dem Auto? Fahrt ihr mit dem Zug?

→ 너희들은 자동차를 타고 오니, 아니면 기차를 타고 오니?

→ _____

2 다음 알맞은 종속접속사를 고르세요.

Ich möchte
Deutsch lernen,

1 _____ ich in Deutschland studieren will.

① weil   ② obwohl

2 _____ ich nicht so gut sprechen kann.

① weil   ② wenn

3 _____ ich mich für die Fremdsprache

intererssiere.

① weil   ② obwohl

4 _____ ich keine Zeit habe.

① weil   ② obwohl

5 _____ ich zwei Kinder habe.

① dass   ② obwohl

3 다음 빈칸에 알맞는 종속 접속사를 넣으세요.

dass	obwohl	nachdem	während
als	wenn	weil	bevor

1 _____ ich am Hauptbahnhof ankam, war der Zug schon weg.

내가 중앙역에 도착했었을 때, 기차는 이미 떠났었다.

2 _____ Sie wollen, komme ich mit.

당신이 원하시면, 나도 함께 갈게요.

3 Sie konnte nicht schlafen, _____ sie arbeiten musste.

그녀는 잘 수 없었다. 왜냐하면 그녀는 일을 해야 했기 때문이다.

4 Ich hoffe, _____ Sie bald wieder gesund sind.

나는 당신이 곧 다시 건강해지기를 소망한다.

5 Almut hört Musik, _____ sie ihr Zimmer aufräumt.

Almut는 그녀의 방을 청소하는 동안에 음악을 듣는다.

6 Ich mache eine kleine Pause, _____ ich weitergehe.

나는 더 걷기 전에 조금 휴식을 하겠다.

7 _____ ich immer spare, reicht mein Geld nicht.

내가 늘 절약함에도 불구하고, 나의 돈은 충분하지 않다.

형용사의 어미변화

형용사는 명사의 성격을 규정하며, 부사는 형용사나 다른 부사를 꾸며 준다. 독일어에서는 형용사가 '명사 앞에서 명사를 수식 할 때' 명사와 같이 어미변화를 하지만 형용사와 부사의 형식적인 구분이 되지 않는다. 형용사의 어미변화는 명사를 수식하는 형용사 앞에 관사가 있는지 없는지에 따라서 형태가 변화한다.

형용사는 강변화, 약변화, 혼합변화에 의해 3가지 사용법으로 나뉜다.

강변화	Alter Wein schmeckt gut	오래된 와인은 맛있다.
약변화	Ich habe den alten Wein gekauft.	나는 그 오래된 와인을 샀다.
혼합변화	Das ist ein alter Wein.	그것은 오래된 와인이다.

1 형용사의 강변화 (관사가 없이 형용사가 명사를 수식할 경우)

	m.	f.	n.	pl.
1격	-er	-e	-es	-e
2격	-en -es	-er	-en -es	-er
3격	-em	-er	-em	-en
4격	-en	-e	-es	-e

	m.	f.	n.	pl.
1격	alter Tisch	graue Maus	kleines Kind	neue CDs
2격	alten Tisches	grauer Maus	kleinen Kindes	neuer CDs
3격	altem Tisch	grauer Maus	kleinem Kind	neuen CDs
4격	alten Tisch	graue Maus	kleines Kind	neue CDs

1) 1격

→ Das Buch „Kleiner Prinz" ist bekannt. 책 "어린 왕자"는 유명하다.

→ Im Sommer kommen viele ausländische Touristen nach Korea.
여름에는 많은 외국인 관광객이 한국에 온다.

2) 2격

→ Er ist der Komponist vieler guter Werke. (pl. die Werke)
그는 많은 좋은 곡들의 작곡가이다.

3) 3격

→ Sie hat vielen Kindern geholfen. (pl. die Kinder)
그녀는 많은 아이들을 도왔다.

4) 4격

→ Guten Morgen. (der Morgen) 안녕하세요. (아침 인사)

→ Sie hat alten Poster gekauft. (der Poster) 그녀는 오래된 포스터를 샀다.

→ Das Mädchen liebt braune Schokolade. 소녀는 갈색 초콜릿을 좋아한다.

2 형용사의 약변화 (정관사와 형용사가 명사를 수식할 경우)

＊정관사(류) [der, dieser, jener, mancher, jeder, aller, solcher]

	m.	f.	n.	pl.
1격	-e	-e	-e	-en
2격	-en -es	-en	-en -es	-en
3격	-en	-en	-en	-en
4격	-en	-e	-e	-en

	m.	f.	n.	pl.
1격	der alte Hut	die schöne Frau	das gute Buch	die alten Männer
2격	des alten Hutes	der schönen Frau	des guten Buches	der alten Männer
3격	dem alten Hut	der schönen Frau	dem guten Buch	den alten Männern
4격	den alten Hut	die schöne Frau	das gute Buch	die alten Männer

1) 1격

→ Das ist der teure Hut. (der Hut) 그것이 그 비싼 모자이다.

→ Das ist die schöne Bluse. (die Bluse) 그것이 그 예쁜 블라우스다.

→ Das ist das große Haus. (das Haus) 그것이 그 큰 집이다.

→ Das sind die lieben Kinder. (pl. die Kinder) 그들이 그 사랑스런 아이들이다.

2) 2격

→ Das ist die Tür des neuen Rathauses. (das Rathaus)
이것은 새로 지은 시청의 문이다.

3) 3격

→ Ich fahre mit diesem alten Auto. (das Auto)
나는 이 오래된 자동차를 탄다.

→ Am letzten Sonntag war ich in Bonn. (der Sonntag)
지난 주 일요일에 나는 Bonn에 있었다.

4) 4격

→ Wie findest du die rote Bluse mit den Punkten? (die Bluse)
너는 그 빨간 물방울 무늬 블라우스를 어떻게 생각해?

→ Die rote Hose finde ich schrecklich. (die Hose)
나는 그 빨간 바지가 끔찍하다.

3 형용사의 혼합변화 [부정관사(ein, kein)와 소유대명사(mein, dein)] 등이 명사를 수식할 경우

	m.	f.	n.	pl.
1격	-er	-e	-es	-en
2격	-en -es	-en	-en -es	-en
3격	-en	-en	-en	-en
4격	-en	-e	-es	-en

	m.	f.	n.	pl.
1격	mein alter Hut	meine schöne Frau	mein gutes Buch	meine alten Männer
2격	meines alten Hutes	meiner schönen Frau	meines guten Buches	meiner alten Männer
3격	meinem alten Hut	meiner schönen Frau	meinem guten Buch	meinen alten Männern
4격	meinen alten Hut	meine schöne Frau	mein gutes Buch	meine alten Männer

1) 1격

→ Das ist ein gestreifter Hut. (der Hut) 그것은 줄무늬가 있는 모자이다.

→ Das ist eine langärmlige Bluse. (die Bluse) 그것은 긴 팔 블라우스이다.

2) 2격

→ Das ist das Kind einer hübschen Frau. (die Frau)
그 아이는 어느 예쁜 여자의 아이다.

3) 3격

→ Ich habe einem fremden Mann geholfen. (der Mann)
나는 한 낯선 남자에게 도움을 주었다.

→ Das Hochhaus liegt in einem ruhigen Wohngebiet.
아파트는 조용한 거주 지역에 위치한다.

4) 4격

→ Ich zeige ihm meine schöne Sonnenbrille. (die Sonnenbrille)
나는 그에게 나의 예쁜 선글라스를 보여준다.

→ Ich mag keinen starken Kaffee.
나는 강한 커피를 좋아하지 않는다.

4 형용사 어미변화의 기타 유의점

1) -el, -er, -en 로 끝나는 형용사는 원형의 e를 뺀다.

→ teuer – teur   → ein teures Auto 비싼 자동차

→ dunkel – dunkl → im dunklen Zimmer 어두운 방에서

→ offen – offn   → durch offne Tür 열린 문을 지나서

2) hoch + 형용사가 명사 앞에서 수식을 할때는 c를 뺀다.

→ Das Haus ist hoch 그 집은 높다. → Das ist ein hohes Haus. 그것은 높은 집이다.

3) viel (많은)과 wenig (적은, 얼마 되지 않은)와 물질명사 (추상)의 결합은 반드시 단수를 쓰고 viel과 wenig는 어미변화를 하지 않는다.

→ Ich habe viel Geld (viel Zeit). 나는 돈이 많다. (시간이 많다)

→ Wir haben wenig Zeit. 우리는 시간이 별로 없다.

＊ Vielen Dank는 예외

5 형용사의 명사적 용법

형용사를 대문자로 표기하여 명사화 할 수 있다. 이때 명사화된 단어는 형용사처럼 성과 격에 따른 어미변화를 한다. 관사와 어미가 남성 변화를 하면 남자를 의미하고, 여성 변화를 하면 여자를 의미한다. 또한 복수 변화를 할 때에는 복수의 사람들을 의미한다.

1) 형용사 + 명사의 결합

(m) Alter Mann → Alter 노인(남자), 나이 든 남자

(f) Alte Frau → Alte 노인(여자), 나이 든 여자

(pl) Alte Menschen → Alten 노인들

2) 부정관사 + 형용사 + 명사의 결합

    (m) ein fremder Mann → ein Fremder 외국 남자

    (f) eine fremde Frau → eine Fremde 외국 여자

3) 정관사 + 형용사 + 명사의 결합

    (m) der fremde Mann → der Fremde 그 외국 남자

    (f) die fremde Frau → die Fremde 그 외국 여자

    (pl) die fremden Leute → die Fremden 그 낯선 사람들

Ich kenne einen Deutschen. (eine Deutsche, einige Deutschen)
나는 한 독일 남자를 (독일 여자를 / 몇 명의 독일인을) 알고 있다.

Den Deutschen (die Deutsche, die Deutschen) habe ich eingeladen.
나는 그 독일 남자를 (그 독일 여자를 / 그 독일 사람들을) 초대했다.

4) 추상적 의미의 중성 변화

형용사가 중성 형태로 명사화 하면 '~ 한 것'이라는 의미가 된다.

예 das Schöne (= Schönes) 아름다운 것 / das Neue (= Neues) 새로운 것

1 다음 빈칸에 알맞은 형태를 넣으세요.

    1 Dieser Hauptbahnhof ist groß. 이 중앙역은 크다.
        → **Das ist ein groß_____ Hauptbahnhof.** 이것은 큰 중앙역이다.

    2 Diese Stadt ist schön. 이 도시는 아름답다.
        → **Das ist eine schön_____ Stadt.** 이것은 아름다운 도시이다.

    3 Dieses Kino ist neu. 이 영화관은 새로 생겼다.
        → **Das ist ein neu_____ Kino.** 이것은 새로 생긴 영화관이다.

    4 Diese Firma ist klein. 이 회사는 작다.
        → **Das ist eine klein_____ Firma.** 이것은 작은 회사이다.

    5 Diese Häuser sind schön. 그 집들은 아름답다.
        → **Das sind schön_____ Häuser.** 이것들은 아름다운 집들이다.

2 다음 빈칸에 적당한 어미를 넣으세요.

    1 Mein Vater trinkt gern rot_____ Wein.
        나의 아버지는 레드와인을 즐겨 마신다.

    2 Heidelberg ist eine alt_____ romantisch _____ Stadt.
        Heidelberg는 오래된 낭만적인 도시이다.

    3 Sie wohnt bei ihren alt_____ Eltern.
        그녀는 그녀의 나이든 부모님과 함께 산다.

    4 In Köln gibt es ein_____ alt_____ Dom.
        Köln에는 오래된 성당이 있다.

    5 Der Rhein ist ein schön_____ Fluss.
        Rhein은 아름다운 강이다.

3 다음 괄호 안에 알맞는 형태를 고르세요.

1 Du musst (   ) Freunden helfen. 너는 가난한 친구들을 도와야 한다.

    ① den armen   ② der armen   ③ dem armen   ④ die arme

2 Ein Kind spielt mit einem(   ) Ball. 아이는 빨간 공을 가지고 논다.

    ① rotes   ② rotem   ③ rote   ④ roten

3 Mein (   ) Tisch ist zu teuer. 나의 큰 책상은 너무 비싸다.

    ① groß   ② großer   ③ große   ④ großes

4 Ein Mann hilft den (   ) Damen. 남자는 나이 든 숙녀들을 돕는다.

    ① alten   ② alter   ③ alte   ④ altes

5 Eine Frau aus Deutschland ist (   ). 독일 출신의 여자는 독일 여자이다.

    ① ein Deutsche   ② ein Deutscher   ③ einer Deutscher   ④ eine Deutsche

4 다음 빈칸에 알맞은 형태를 넣으세요.

> Lieber Ben,
> ich habe eine ① neu_____ Wohnung! Sie liegt im Zentrum und ist nicht
> so teuer. Ich habe ein ② klein_____ Wohnzimmer, eine ③ modern_____
> Küche und zwei ④ schön_____ Schlafzimmer. Komm mich bald besuchen!
>
> Liebe Grüße
> Emilie

Lektion 10 관계대명사

관계대명사 문장은 그 앞에 위치한 명사나 대명사를 구체적으로 서술하는 역할을 한다. 이 때 관계대명사는 선행사인 명사나 대명사와 성과 수가 일치해야 하며, 격은 관계문 안에서의 격을 따른다. 관계대명사는 관계절 맨 앞에 위치하며, 전치사와 함께 올 때는 전치사 + 관계대명사의 순서로 위치한다. 관계문도 종속문의 한 종류이기 때문에 동사는 문장의 끝에 위치한다.

1 관계대명사의 형태

관계대명사의 형태는 정관사와 2격 그리고 복수 3격을 제외하고 동일하다.

	m.남성	f.여성	n.중성	pl.복수
1격	der	die	das	die
2격	dessen	deren	dessen	deren
3격	dem	der	dem	denen
4격	den	die	das	die

문장구조: S+V+O, 관계대명사+S+O+V.
　　　　　　주문장　　　　　부문장(관계문장)

관계대명사의 주문장에서는 선행사의 성과 수의 지배를 받고, 부문장인 관계문장에서는 역할에 따라 격의 지배를 받는다. 관계문의 부문장은 종속문이기 때문에 관계대명사 뒤에 주어가 오고 동사가 가장 끝에 위치한다.

1) 1격

Das ist meine Freundin. Sie spielt sehr gut Klavier.	이 사람은 나의 여자 친구이다. 그녀는 피아노를 아주 잘 친다.

이 두 문장을 하나의 독일어 문장으로 표현하면 „Das ist meine Freundin, die sehr gut Klavier spielt." (이 사람이 피아노를 아주 잘 치는 나의 여자 친구입니다)가 된다.
위의 예문에서 볼 수 있듯이 관계문장은 한 개의 문장으로 못다한 말을 계속하기 위해 관계대명사가 들어간 부문장을 통해 연결한다.

다음 두 문장을 연결해 보도록 하자.

Hier wohnt die Studentin. Sie kommt aus Korea.	이곳에는 여대생이 산다. 그녀는 한국에서 왔다.

Hier wohnt die Studentin, die aus Korea kommt. (이곳에는 한국에서 온 여대생이 산다.) 가 된다.

위에 언급 하였듯이 관계대명사는 선행사의 성과 일치해야 하며, 동사는 문장의 끝으로 간다.

2) 2격

2격의 예를 알아보도록 하자. 주의해야 할 것은 2격이 수식하는 명사는 관사없이 2격 관계대명사 바로 뒤에 위치한다.

예를 들어 다음 두 문장을 보도록 하자.

Das ist der Professor. Ich kenne seine Frau.	이 사람은 그 교수이다. 나는 그의 부인을 안다.

Das ist der Professor, dessen Frau ich kenne. (그 사람은 내가 부인을 알고 있는 그 교수이다.) 가 된다.

3) 3격

두 문장을 보도록 하자.

Das ist der alte Mann. Ich habe gestern ihm (dem Alten Mann) geholfen.	이 사람은 그 노인이다. 나는 어제 그에게 (그 노인에게) 도움을 주었다.

Das ist der alte Mann, dem ich gestern geholfen habe. (그 사람이 어제 내가 도와주었던 그 노인이다.) 가 된다.

Die Schülerin wohnt in Berlin. Ich bin ihr gestern begegnet.	그 여학생은 베를린에 산다. 나는 어제 그 여학생을 만났다.

Die Schülerin, der ich gestern begegnet bin, wohnt in Berlin. (내가 어제 만났던 그 여학생은 베를린에 산다.)가 된다.

4) 4격

4격의 예를 알아보기 전에, 먼저 다음 문장을 해석해 보자.

„Meine Mutter hat mir die Tasche geschenkt, die ich haben wollte." (나의 엄마는 내가 갖고 싶었던 가방을 선물했다.) 이 문장을 보면 선행사는 가방이고, 관계대명사 die는 4격 목적어가 된다.

원래 선행사와 관계대명사는 나란히 앞뒤로 위치하는 것이 원칙이지만, 아래 예문과 같이 과거분사만 문장 끝에 위치할 경우 다소 어색한 문장형태가 된다. „Meine Mutter hat mir eine Tasche, die ich haben wollte, geschenkt." 그렇기 때문에 예외적으로 주문장에서 완료시제로 사용된 과거분사나 화법조동사와 결합되는 원형동사 등은 선행사와 관계대명사 사이에 위치할 수 있다.

하지만 이런 동사들이 관계문장 이후에 위치한다고 해서 문법적으로 틀린 문장은 아니다.

몇 개의 예문을 더 알아보자.

Das ist der Freund. Ich habe ihn im Urlaub kennengelernt.	이 사람은 그 친구이다. 나는 그를 휴가에서 알게 되었다.

Das ist der Freund, den ich im Urlaub kennengelernt habe. (그가 이번 휴가 때 알게 된 그 친구이다.) 가 된다.

Das sind die Studenten. Ich habe gestern sie kennengelernt.	그들은 학생들이다. 나는 그들을 어제 알게 되었다.

Das sind die Studenten, die ich gestern kennengelernt habe. (그들은 내가 어제 알게된 학생들이다.) 가 된다.

2 관계대명사 wer

관계대명사 'wer'는 '~하는 사람'이라는 의미를 지니며 선행사 없이 사용된다. 즉 그 자체로서 선행사와 관계대명사의 역할을 동시에 한다.

1격	2격	3격	4격
wer	wessen	wem	wen

~한 사람'을 가리킬 때 관계대명사 wer를 사용한다.

wer는 문장의 맨 앞에 위치하며, 3인칭 단수로 쓰이고, wer 문장 안에서 격을 맞춰야 한다.

Wer mich liebt, wird glücklich sein. 나를 좋아하는 사람은 행복해질 것이다.

Wem ich helfe, (der) will auch mir helfen. 내가 돕는 사람이 나를 역시 도와줄 것이다.

3 관계대명사 was

1격	2격	3격	4격
was	wessen	-	was

어느 특정한 사물이 아닌 막연히 '~한 것'을 나타내기 때문에 성과 단수, 복수의 구별이 없다. 하지만 관계대명사이므로 문장에서 차지하는 격은 있다. (단 3격은 없다)

① 선행사가 특정한 명사가 아닐 경우에는 관계대명사 'was'형을 사용한다. 예를 들면 das (그 것), etwas (어떤 것), nichts (아무것도… 아니다, 無), alles (모든 것), vieles (많은 것) 등이 있다.

② 선행사가 중성 명사화된 형용사의 최상급일 경우에도 'was'를 사용한다.

③ 선행사가 앞 문장 전체 또는 일부일 경우에도 관계대명사는 'was'를 사용한다.

> Sie erzählte ihnen alles, was sie in Deutschland erlebt hatte.
> 그녀는 독일에서 겪은 모든 일들을 그들에게 말해주었다.

> Ich habe es nicht verstanden, was sie mir gesagt hat.
> 나는 그녀가 나에게 말했던 것을 이해하지 못했다.

1 괄호 안에 알맞는 관계대명사를 넣으세요.

1 Der Schüler, (　　　　) fleißig arbeitet, ist mein Neffe.

그 열심히 일하는 학생은 나의 조카이다.

2 Das ist der Professor, (　　　　) Frau ich kenne.

그 사람은 내가 부인을 알고 있는 그 교수이다.

3 Das Mädchen, (　　　　) das Buch gehört, sieht gesund aus.

그 책은 건강해 보이는 소녀의 것이다.

4 Der Mann, (　　　　) du gestern getroffen hast, ist der Professor.

네가 어제 만난 그 남자는 그 교수이다.

5 Es gibt viele arme Menschen, (　　　　) man helfen muss.

도와주어야 하는 많은 가난한 사람들이 있다.

2 다음 두 문장으로 하나의 관계문을 만드세요.

1 Kennen Sie die Leute? Die Leute haben laut gesungen.

→ _____

크게 노래 불렀던 그 사람들을 아시나요?

2 Das ist der Professor. Ich habe bei dem Professor studiert.

→ _____

그는 내가 사사하는 교수님이다.

3 Das Kind hat sich gefreut. Ich habe ihm ein Spielzeug geschenkt.

→ _____

내가 장난감을 선물한 그 아이는 기뻐했다.

4 Das ist der Freund. Er spielt sehr gut Klavier.

→ _____

이 사람이 피아노를 아주 잘 치는 그 친구이다.

5 Das ist die Freundin. Ich habe sie im Urlaub kennengelernt.

→ _____

이 사람이 내가 휴가에서 알게 된 그 여자 친구이다.

6 Er sagte mir alles. Er wusste alles.

→ _____

그는 나에게 그가 아는 모든 것을 말했다.

주제별 필수 어휘

Er stellt dem Freund seine Freundin vor.

그는 친구에게 그의 여자 친구를 소개합니다.

Darf ich dir meine Freundin vorstellen?

Hier ist meine Freundin Sara.

Hallo, ich bin Paul. Es freut mich, dich kennenzulernen.

해석 ·))〉
내가 너에게 나의 여자 친구를 소개해도 될까?
여기는 내 여자 친구 Sara야.
안녕, 나는 Paul이야. 너를 만나게 되어 기뻐.

Wie heißt du?	너는 이름이 뭐니?
Wie ist dein Vorname?	너의 이름이 뭐니?
Wie ist dein Nachname?	너의 성이 뭐니?
Wo bist du geboren?	너는 어디에서 태어났니?
Woher kommst du ?	너는 어디 출신이니?
Wie alt bist du?	너는 몇 살이니?

단어 ''

die Familie n. 가족	die Heirat n. 결혼
der Freund n. 남자 친구	das Baby n. 갓난아이
die Freundin n. 여자 친구	der Junge n. 소년
der Mann n. 성인 남자, 남편	das Mädchen n. 소녀
die Frau n. 성인 여자, 아내	das Kind n. 아이

 MP3 W01

① **(keine) Kinder haben**   v. 아이(자녀)가 없다 / 있다

du hast, er hat

haben - hatte - gehabt

Haben Sie Kinder? 당신은 아이들이 있습니까?

Ich habe ein Kind. 저는 아이가 한 명 있습니다.

Ich habe keine Kinder. 저는 아이들이 없습니다.

② **zusammenleben**   v. 함께 살다

du lebst zusammen, er lebt zusammen

zusammenleben - lebte zusammen - zusammengelebt

Ich lebe noch mit meinen Eltern zusammen. 나는 아직 나의 부모님과 함께 산다.

③ **heiraten**   v. 결혼하다

du heiratest, er heiratet

heiraten - heiratete - geheiratet

Meine Schwester heiratet heute. 나의 언니는 오늘 결혼한다.

④ **teilen**   v. 나누다

du teilst, er teilt

teilen - teilte - geteilt

Ich teile ein Zimmer mit meinem Bruder. 나는 나의 남동생과 방을 나누어 쓴다.

⑤ **da sein**   v. 거기에 있다

du bist, er ist

sein - war - gewesen

Ist meine Mutter da, bitte? 저의 엄마가 그 곳에 있습니까?

⑥ **der Geburtsort**   n. 출생지

Mein Geburtsort ist Busan. 나의 출생지는 부산이다.

⑦ **der Wohnort**   n. 거주지

Ich musste meinen Wohnort verlegen. 나는 나의 거주지를 옮겨야만 했다.

⑧ **das Heimatland**   n. 고향

Ich vermisse mein Heimatland. 나는 나의 고향이 그립다.

⑨ **die Geschwister**   n. 남매

Hast du Geschwister? 넌 남매가 있니?

Ja, ich habe einen Bruder und zwei Schwestern.
응, 나는 남자 형제 한 명과 여자 형제 둘이 있어.

⑩ **der Großvater**   n. 할아버지

Der Großvater ist der Vater meines Vaters. 할아버지는 내 아버지의 아버지다.

⑪ **geboren**   a. 태어난

Wo sind Sie geboren? 당신은 어디에서 태어났습니까?

In Seoul. Das liegt in Asien. 서울에서요. 그 곳은 아시아에 위치해 있습니다.

⑫ **die Großfamilie**   n. 대가족   *die Kleinfamilie   n. 핵가족

Meine Familie ist eine Großfamilie. 나의 가족은 대가족입니다.

⑬ **eigentlich**   adv. 실제로, 원래, 도대체

Eigentlich hat meine Mutter immer recht. 나의 엄마는 실제로 항상 옳다.

⑭ **sportlich**   a. 운동의, 스포츠의

Meine Schwester ist nicht besonders sportlich.
나의 여동생은 운동을 특별히 잘하지 못한다.

⑮ **mein** 나의

Morgen früh geht mein Vater zur Arbeit. 나의 아버지는 내일 일찍 출근한다.

1   아이들이 있습니까?

_____

2   나는 아직 나의 부모님과 함께 산다.

_____

3   당신은 어디에서 태어났습니까?

_____

4   나는 나의 남동생과 방을 나누어 쓴다.

_____

5   저희 엄마가 그곳에 있습니까?

_____

6   나의 출생지는 부산이다.

_____

7   나의 가족은 대가족입니다.

_____

8   나는 나의 고향이 그립다.

_____

9   나의 여동생은 운동을 특별히 잘하지 못한다.

_____

10 나의 아버지는 내일 일찍 출근한다.

_____

여가시간

Der Lehrer fragt Maria über die Freizeit.
선생님은 Maria에게 여가시간에 대하여 질문합니다.

해석 ·》
Maria, 너는 여가시간에 무엇을 하니?
저는 테니스를 즐겨 쳐요.

Was sind deine Hobbys?	너의 취미들은 무엇이니?
Meine Hobbys sind...	나의 취미들은...
Liest du gern Bücher?	너는 책들을 즐겨 읽니?
Hörst du oft Musik?	너는 음악을 자주 듣니?
Welche Musik gefällt dir am besten?	너는 어떤 음악이 가장 마음에 드니?

단어 "

das Lesen n. 독서	das Programm n. 프로그램
der Roman n. 소설	fernsehen v. 텔레비전을 보다
die Zeitung n. 신문	schwimmen v. 수영하다
das Buch n. 책	Tennis spielen v. 테니스를 하다
Radio hören v. 라디오 청취	Fußball spielen v. 축구를 하다
Musik hören v. 음악 감상	

 MP3 W02

① **sich interessieren (für)**   v. 흥미를 느끼다

du interessierst dich, er interessiert sich

interessieren - interessierte - interessiert

> Interesse haben (an) ~에 관심이 있다

Ich interessiere mich für Musik. 나는 음악에 흥미를 느낀다.

② **zeichnen**   v. 스케치하다

du zeichnest, er zeichnet

zeichnen - zeichnete - gezeichnet

Er hat mit Kohle gezeichnet. 그는 목탄으로 스케치했다.

③ **sich bewegen**   v. 움직이다

du bewegst dich, er bewegt sich

bewegen - bewog - bewogen

Ich muss mich mehr bewegen, sonst nehme ich zu.
나는 더 많이 움직여야 한다, 그렇지 않으면 살이 찐다.

④ **laufen**　v. 달리다, 상영되다

du läufst, er läuft

laufen - lief - gelaufen

Bis wann läuft der Film? 그 영화는 언제까지 상영됩니까?

Vielleicht bis zum Wochenende. 아마 주말까지요.

⑤ **planen**　v. 계획하다

du planst, er plant

planen - plante - geplant

Was planst du jetzt? 너는 이제 무엇을 할 계획이니?

⑥ **grillen**　v. 그릴에 굽다

du grillst, er grillt

grillen - grillte - gegrillt

Soll ich Würste grillen? 내가 소시지들을 구울까?

⑦ **reisen**　v. 여행하다

du reist, er reist

reisen - reiste - gereist

Wir sind mit dem Zug nach Füssen gereist.
우리는 기차를 타고 Füssen으로 여행을 했다.

⑧ **im Internet surfen**　v. 인터넷 서핑을 하다

du surfst, er surft

surfen - surfte - gesurft

Ich surfe gern im Internet. 나는 인터넷에서 서핑하는 것을 좋아한다.

⑨ **sammeln**　v. 모으다

du sammelst, er sammelt

sammeln - sammelte - gesammelt

Er sammelt Briefmarken. 그는 우표를 수집한다.

⑩ **Sport machen** v. 운동을 하다

du machst, er macht

machen - machte - gemacht

Ski fahren	v. 스키를 타다
Snowboard fahren	v. 스노보드를 타다
schwimmen	v. 수영하다
Fahrrad fahren	v. 자전거 타다
wandern	v. 도보하다, 이동하다
klettern	v. 등반하다 (등산)

Ich mache kaum Sport. 나는 운동을 거의 하지 않는다.

⑪ **das Radio** n. 라디오

Ich höre gern die Musik im Radio. 나는 라디오에서 음악을 즐겨 듣는다.

⑫ **die Ausstellung** n. 전시

Im Museum gibt es zurzeit eine Ausstellung. 박물관에서는 요즘 전시가 열리고 있다.

⑬ **das Stück** n. 부분, 단락, 작품

Zurzeit komponiere ich ein Stück für Klavier. 요즘 나는 피아노 곡을 작곡한다.

⑭ **das Museum** n. 박물관

Ein Besuch des Museums lohnt sich immer. 박물관에 방문하는 것은 항상 가치가 있다.

⑮ **das Instrument** n. 악기

das Klavier	n. 피아노
die Violine	n. 바이올린
die Flöte	n. 플루트, 피리
die Gitarre	n. 기타
das Cello	n. 첼로

Spielen Sie ein Instrument? 당신은 악기를 연주합니까?

1   나는 음악에 흥미를 느낀다.

_____

2   당신은 악기를 연주합니까?

_____

3   나는 라디오에서 음악을 즐겨 듣는다.

_____

4   그 영화는 언제까지 상영됩니까?

_____

5   요즘 나는 피아노 곡을 작곡한다.

_____

6   박물관에서는 요즘 전시가 열리고 있다.

_____

7   박물관에 방문하는 것은 항상 가치가 있다.

_____

8   나는 인터넷에서 서핑하는 것을 좋아한다.

_____

9   그는 우표를 수집한다.

_____

10   나는 운동을 거의 하지 않는다.

_____

Lektion 3

일상

Der Wecker klingelt. Der Mann wacht langsam auf.

알람이 울립니다. 남자는 천천히 깨어납니다.

해석
알람이 울린다. 벌써 7시 50분이야!
알았어, 곧 갈게.

표현

Guten Morgen!	안녕하세요! (아침 인사)
Guten Tag!	안녕하세요! (낮 인사)
Guten Abend!	안녕하세요! (저녁 인사)
Gute Nacht!	안녕히 주무세요!
Wie spät ist es?	지금이 몇 시야?

단어

der Alltag n. 일상	das Frühstück n. 아침
der Wecker n. 알람	die Wäsche n. 빨래
die Dusche n. 샤워	das Handtuch n. 수건
das Shampoo n. 샴푸	das Bett n. 침대
die Seife n. 비누	das Kissen n. 쿠션
die Uhr n. 시계	

 MP3 W03

① **arbeiten** v. 일하다

du arbeitest, er arbeitet

arbeiten - arbeitete - gearbeitet

Ich arbeite nicht gern. 나는 즐겨 일하지 않는다.

② **beginnen** v. 시작하다

du beginnst, er beginnt

beginnen - begann - begonnen

Die Schule beginnt jeden Morgen um 8 Uhr. 학교는 매일 아침 8시에 시작된다.

③ **aufstehen** v. 일어나다

du stehst auf, er steht auf

aufstehen - stand auf - aufgestanden

Ich stehe um 9 Uhr auf. 나는 9시에 일어난다.

④ **machen**   v. 하다

du machst, er macht

machen - machte - gemacht

Was machst du am Wochenende? 너는 주말에 무엇을 하니?

⑤ **frühstücken**   v. 아침을 먹다

du frühstückst, er frühstückt

frühstücken - frühstückte - gefrühstückt

> **das Frühstück** n. 아침 식사   **Frühstück machen** 아침 식사를 준비하다

Frühstücken Sie jeden Morgen? 당신은 매일 아침 식사를 하시나요?

⑥ **schlafen**   v. 잠자다

du schläfst, er schläft

schlafen - schlief - geschlafen

Wann schläfst du? 너는 언제 자니?

⑦ **wecken**   v. 깨우다

du weckst, er weckt

wecken - weckte - geweckt

Kannst du mich morgen um 6 Uhr wecken? 너는 내일 6시에 나를 깨워 줄 수 있니?

⑧ **essen**   v. 먹다

du isst, er isst

essen - aß - gegessen

Ich esse kein Fleisch. 나는 고기를 먹지 않는다.

⑨ **abholen**   v. 마중가다, 데리러 가다

du holst ab, er holt ab

abholen - holte ab - abgeholt

Ich hole dich um 5 Uhr ab. 나는 너를 5시에 데리러 갈게.

⑩ **Bescheid geben**　v. 정보를 주다, 알려주다

du gibst, er gibt

geben - gab - gegeben

Bitte geben Sie mir Bescheid. 저에게 알려주세요.

⑪ **die Uhrzeit**　n. 시간, 시각

Kannst du mir die Uhrzeit sagen? 나에게 시간을 말해 줄 수 있니?

⑫ **die Zeit**　n. 시간, 시각

Haben Sie am Samstag Zeit? 당신은 토요일에 시간 있나요?

Ich habe keine Zeit. 나는 시간이 없어요.

⑬ **die Woche**　n. 주

Nächste Woche fliege ich nach Deutschland. 나는 다음 주에 독일로 출국한다.

⑭ **spät**　a. 늦은

Er kommt immer zu spät. 그는 항상 너무 늦게 온다.

> Wie spät ist es? 몇 시입니까? = Wie viel Uhr ist es?

⑮ **heute**　adv. 오늘

Treffen wir uns heute? 우리 오늘 만나나요?

> gestern 어제　　　　morgen 내일　　　　übermorgen 모레

check up

1 나는 즐겨 일하지 않는다.

_____

2 학교는 매일 아침 8시에 시작된다.

_____

3 나는 9시에 일어난다.

_____

4 너는 주말에 무엇을 하니?

_____

5 당신은 매일 아침 식사를 하시나요?

_____

6 너는 언제 자니?

_____

7 내일 6시에 나를 깨워 줄 수 있니?

_____

8 나에게 시간을 말해 줄 수 있니?

_____

9 나는 너를 5시에 데리러 갈게.

_____

10 토요일에 시간 있나요?

_____

Der Mann braucht eine Wohnung.

그 남자는 집이 필요합니다.

> Kann man das Haus besichtigen?

> Ja, das ist möglich.

해석 ·))
집을 구경해 보아도 될까요?
네, 그것은 가능합니다.

Wo wohnst du?	너는 어디에 사니?
Wie ist deine Adresse?	너의 집 주소는 어떻게 되니?
Wie viele Zimmer hat eure Wohnung?	너희 집은 몇 개의 방이 있니?
Hast du ein eigenes Zimmer?	너는 네 방이 있니?

단어 "

die Wohnung n. 집	das Schlafzimmer n. 침실
das Haus n. 집, 주택	das Badezimmer n. 욕실
das Erdgeschoss n. 1층	die Küche n. 부엌
das Untergeschoss n. 지하	der Nachbar n. 이웃 사람
das Dach n. 지붕	die Nachbarin n. 이웃 사람(여성)
der Balkon n. 발코니	der Mieter n. 임차인, 세 든 사람
das Wohnzimmer n. 거실	der Vermieter n. 임대인, 빌려주는 사람

 MP3 W04

① **mieten** v. 임차하다, 빌리다

du mietest, er mietet

mieten - mietete – gemietet

| die Miete n. 임대 | die Monatsmiete n. 월세 |

Ich möchte ein schönes Haus mieten. 나는 예쁜 집을 빌리고 싶다.

② **vermieten** v. 세 놓다

du vermietest, er vermietet

vermieten - vermietete – vermietet

Ich vermiete mein Haus für 2 Jahre. 나는 2년 동안 나의 집을 세 놓는다.

③ **finden** v. 찾다

du findest, er findet

finden - fand – gefunden

Können Sie mir helfen, eine gute Wohnung zu finden.

당신은 나에게 좋은 집을 찾을 수 있도록 도움을 줄 수 있나요.

④ **suchen** v. 찾다

du suchst, er sucht

suchen - suchte – gesucht

Ich suche meinen Schlüssel. 나는 나의 열쇠를 찾는다.

⑤ **gefallen** v. 마음에 들다

du gefällst, er gefällt

gefallen - gefiel - gefallen

Wie gefallen Ihnen die Häuser? 집들이 당신 마음에 듭니까?

Wie gefällt Ihnen die Wohnung? 집이 당신 마음에 듭니까?

⑥ **beschreiben** v. 묘사하다

du beschreibst, er beschreibt

beschreiben - beschrieb - beschrieben

Beschreiben Sie mir bitte Ihre Wohnung. 당신의 집을 묘사해 주세요.

⑦ **heizen** v. 난방을 하다

du heizt, er heizt

heizen - heizte - geheizt

Jetzt muss man wieder heizen. 이제 다시 난방을 해야 한다.

⑧ **umziehen** v. 이사하다

du ziehst um, er zieht um

umziehen - zog um - umgezogen

Wir ziehen morgen um. 우리는 내일 이사한다.

⑨ **ankreuzen** v. X 표 하다

du kreuzt an, er kreuzt an

ankreuzen - kreuzte an - angekreuzt

Kreuzen Sie an, wo Sie wohnen wollen. 당신이 살고 싶은 곳에 X표시를 해 주세요.

⑩ **das Zimmer**   n. 방

das Arbeitszimmer n. 작업실	das Schlafzimmer n. 침실
das Wohnzimmer n. 거실	das Kinderzimmer n. 아이들 방

Diese Wohnung hat zwei Zimmer. 이 집은 방이 두 개 있다.

⑪ **das Haus**   n. 집

der Balkon n. 발코니	die Terrasse n. 테라스
der Flur n. 복도	die Toilette n. 화장실

Ich habe ein Haus. 나는 집이 있다.

⑫ **das Bad**   n. 욕실

Gibt es hier ein Bad? 이곳에 욕실이 있습니까?
Ja, dort. 예, 저곳입니다.

⑬ **die Wohnung**   n. 집

Die Wohnung ist schön. 이 집은 아름답다.

⑭ **das Apartment**   n. 아파트

Das Apartment ist doch nicht klein. 이 아파트는 그다지 작지 않다.

⑮ **die Ferienwohnung**   n. 펜션

Die Ferienwohnung ist nicht so schön. 이 펜션은 그렇게 아름답지 않다.

1 나는 예쁜 집을 빌리고 싶다.

_____

2 나는 2년 동안 나의 집을 세 놓는다.

_____

3 당신은 나에게 좋은 집을 찾을 수 있도록 도움을 줄 수 있나요.

_____

4 나는 나의 열쇠를 찾는다.

_____

5 집들이 당신 마음에 어떻게 듭니까?

_____

6 당신의 집을 묘사해 주세요.

_____

7 이곳에 욕실이 있습니까?

_____

8 이 집은 아름답다.

_____

9 당신이 살고 싶은 곳에 X 표시를 해 주세요.

_____

10 이 집은 방이 두 개 있다.

_____

집2

Die Frau braucht ein Haus.

그 여자는 집이 필요합니다.

die Wohnung 집

③ das Arbeitszimmer

① die Garten

④ die Toilette

⑤ das Fenster

⑦ die Waschmaschine

⑥ die Lampe

⑧ die Garage

② der Boden

⑨ der Keller

해석 ◄))
① 정원 ② 땅, 토지 ③ 작업실 ④ 화장실 ⑤ 창문
⑥ 전등 ⑦ 세탁기 ⑧ 차고 ⑨ 지하실

Wie viel Miete bezahlen Sie?	당신은 얼마의 집세를 지불하십니까?
Wie hoch sind die Nebenkosten?	부대 비용은 얼마나 됩니까?
Seit wann wohnen Sie hier?	언제부터 이곳에 사셨나요?
Wie lange leben Sie hier?	얼마나 오래 이곳에 사셨나요?

단어 💬

der Garten n. 정원	der Keller n. 지하실
das Arbeitszimmer n. 작업실	der Boden n. 바닥, 땅
der Schreibtisch n. 책상	das Fenster n. 창문
die Lampe n. 전등	die Tür n. 문
der Teppich n. 카페트	die Treppe n. 계단
der Spiegel n. 거울	die Garage n. 차고
die Waschmaschine n. 세탁기	die Toilette n. 화장실, 변기

🎵 MP3 W05

① **der Quadratmeter**   n. 평방미터

Das Zimmer ist 13 Quadratmeter. 방은 13 평방미터이다.

② **die Kaution**   n. 보증금

Die Kaution kostet 300 Euro. 보증금은 300유로이다.

③ **die Nebenkosten**   n. 부대 비용

Die Nebenkosten des Hauses sind teuer. 집의 부대 비용은 비싸다.

④ **die 2-Zimmer-Wohnung**   n. 투룸

Die 2-Zimmer-Wohnung gefällt mir. 투룸은 내 마음에 든다.

⑤ **die Anmeldung**   n. 신청서

Wo kann ich die Anmeldung abgeben? 제가 어디서 신청서를 제출할 수 있습니까?

⑥ **die Richtung**   n. 방향

links 왼쪽에   geradeaus 똑바로
rechts 오른쪽에   (da) oben 거기 위에
nach links 좌측으로   (da) hinten 거기 뒤에
nach rechts 우측으로   (da) drüben 건너편에

Gehen Sie in Richtung Rathaus. 시청 방향으로 가세요.

⑦ **die Adresse**   n. 주소

die Straße n. 거리   der Platz n. 장소
die Postleitzahl n. 우편번호   die Hausnummer n. 집 번지
die Telefonnummer n. 전화번호

Wie ist Ihre Adresse? 당신의 주소는 어떻게 되나요?

20249 Hamburg, Lärheidestraße 1. 20249 Hamburg, Lärheidestraße거리 1입니다.

⑧ **prima**   a. 뛰어난, 우수한, 훌륭한

Das Haus ist prima. 이 집은 훌륭하다.

⑨ **unangenehm**   a. 불편한, 언짢은

Tut mir leid, das Zimmer ist wirklich unangenehm.
미안하지만, 이 방은 정말 불편합니다.

⑩ **schlimm**   a. 좋지 않은, 나쁜

So schlimm war das Haus nicht. 그 집은 그렇게 나쁘진 않았다.

⑪ **einfach**   a. 쉬운, 간단한   adv. 그냥

Die Wohnung ist einfach super! 이 집은 그냥 최고이다!

⑫ **möbliert**   a. 가구가 딸린

Ich brauche ein möbliertes Zimmer. 나는 가구가 딸린 방을 원한다.

⑬ **genau**   adv. 정확한, 딱 들어맞는

Genau! Das ist ein richtiges Haus für Sie! 바로 이거예요! 이것이 당신에게 적절한 집입니다!

⑭ **seit wann** 언제부터

Seit wann wohnen Sie hier? 당신은 언제부터 이곳에 사셨나요?

⑮ **wie lange** 얼마나 오랫동안

Wie lange leben Sie hier? 당신은 얼마나 오래 이곳에 사셨나요?

1   방은 13 평방미터이다.

_____

2   보증금은 300유로이다.

_____

3   집의 부대 비용은 비싸다.

_____

4   투룸은 내 마음에 든다.

_____

5   제가 어디서 신청서를 제출할 수 있습니까?

_____

6   나는 가구가 딸린 방을 원한다.

_____

7   당신의 주소는 어떻게 되나요?

_____

8   당신은 언제부터 이곳에 사셨나요?

_____

9   당신은 얼마나 오래 이곳에 사셨나요?

_____

10 그 집은 그렇게 나쁘진 않았다.

_____

날씨

Wie ist das Wetter heute?
오늘의 날씨는 어떤가요?

der Wetterbericht (die Wettervorhersage) 일기예보

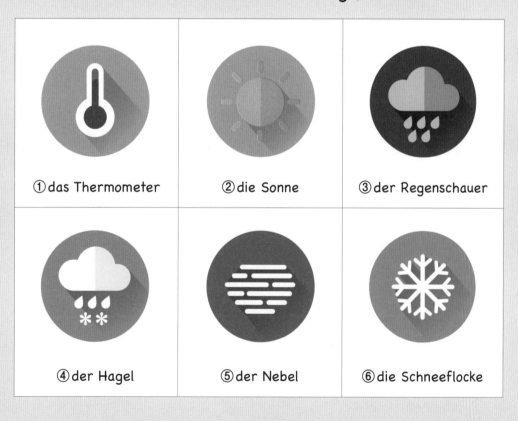

① das Thermometer
② die Sonne
③ der Regenschauer
④ der Hagel
⑤ der Nebel
⑥ die Schneeflocke

해석 ·))▶
① 온도계 ② 태양, 해 ③ 소나기
④ 우박 ⑤ 안개 ⑥ 눈송이

Was sagt die Wettervorhersage?	일기예보에서는 뭐라고 하나요?
Wie viel Grad ist es heute?	오늘 몇 도인가요?
Es ist windig.	바람이 붑니다.
Es ist	날씨가 ... 합니다.

단어 ,,

der Wetterbericht n. 일기예보	der Regenbogen n. 무지개
die Wettervorhersage n. 일기예보	der Schauer n. 호우
das Thermometer n. 온도계	schwül a. 습한
der Hagel n. 우박	nebelig a. 안개 낀
der Nebel n. 안개	eisig a. 얼음으로 덮인
die Schneeflocke n. 눈송이	frostig a. 몹시 추운
der Vollmond n. 보름달	heiter a. 맑은

 MP3 W06

① **regnen** v. 비 오다 *der Regen n. 비

(es) regnet

regnen - regnete - geregnet

Es regnet. 비가 온다.

Es hat den ganzen Tag geregnet. 하루 종일 비가 내렸다.

② **schneien** v. 눈 내리다 *der Schnee n. 눈

(es) schneit

schneien - schneite - geschneit

Es schneit viel im Winter. 겨울에는 눈이 많이 온다.

③ **scheinen** v. 빛나다

du scheinst, er scheint

scheinen - schien - geschienen

Die Sonne scheint, der Himmel ist blau und wolkenlos.

태양은 빛나고, 하늘은 파랗고 구름한 점 없다.

④ **leuchten** v. (양초, 램프, 태양 등) 빛을 발하다, 빛나다

du leuchtest, er leuchtet

leuchten - leuchtete - geleuchtet

Heute Nacht leuchtet der Mond besonders hell. 오늘 밤에는 달이 특히 밝게 비친다.

⑤ **schwitzen** v. 땀을 흘리다

du schwitzt, er schwitzt

schwitzen - schwitzte - geschwizt

Wegen des heißen Wetters schwitze ich. 더운 날씨 때문에 나는 땀을 흘린다.

⑥ **hageln** v. 우박이 내리다

(es) hagelt

hageln - hagelte - gehagelt

Es hat gehagelt. 우박이 내렸다.

⑦ **blasen** v. 불다

du bläs(es)t, er bläst

blasen - blies - geblasen

Aus Nordwest blies ein heftiger Wind. 북서쪽으로부터 강한 바람이 불었다.

⑧ **die Jahreszeit** n. 계절

der Frühling n. 봄	im Frühling 봄에
der Sommer n. 여름	im Sommer 여름에
der Herbst n. 가을	im Herbst 가을에
der Winter n. 겨울	im Winter 겨울에

Welche Jahreszeit magst du? 너는 어느 계절을 좋아하니?

⑨ **die Temperatur** n. 온도

Die Temperatur ist gestiegen. 온도가 올라갔다.

⑩ **das Wetter**   n. 날씨

gut. 좋아요	schlecht. 나빠요
schön 쾌청해요	nicht so gut. 그렇게 좋진 않아요

Wie ist das Wetter? 날씨가 어때?

⑪ **die Himmelsrichtung**   n. 방향

der Osten n. 동쪽	im Osten 동쪽에
der Westen n. 서쪽	im Westen 서쪽에
der Süden n. 남쪽	im Süden 남쪽에
der Norden n. 북쪽	im Norden 북쪽에

Die Himmelsrichtungen sind Norden, Süden, Osten und Westen.
방향은 북쪽, 남쪽, 동쪽 그리고 서쪽이다.

⑫ **kalt**   a. 차가운

Im Winter ist es kalt. 겨울엔 날씨가 춥다.

⑬ **unglaublich**   a. 믿어지지 않는, 황당무계한

Ich bin ganz sicher, dass das Wetter morgen unglaublich schön werden
wird.
나는 내일 날씨가 믿을 수 없을 만큼 좋다고 확신한다.

⑭ **über**   prp. ~위에, ~상위에

Manchmal ist das Wetter über 28 Grad. 때때로 날씨가 28도(℃)를 넘는다.

⑮ **gegen**   prp. 대략, 거의

Gegen 19 Uhr wird es wieder warm. 19시경에 다시 따뜻해진다.

1 하루 종일 비가 내렸다.

---

2 겨울에는 눈이 많이 온다.

---

3 태양은 빛나고, 하늘은 파랗고 구름한 점 없다.

---

4 방향은 북쪽, 남쪽, 동쪽 그리고 서쪽이다.

---

5 겨울엔 날씨가 춥다.

---

6 우박이 내렸다.

---

7 때때로 날씨가 28도(℃)를 넘는다.

---

8 너는 어느 계절을 좋아하니?

---

9 온도가 올라갔다.

---

10 날씨가 어때?

건강1

Herr Riam hat Kopfschmerzen.
Riam 씨는 머리가 아픕니다.

der Köper 신체

① der Rücken
② der Hals
③ die Brust
④ der Bauch
⑤ der Arm
⑥ der Kopf
⑦ der Finger
⑧ die Hand
⑨ das Gesicht
⑩ das Knie
⑪ das Bein
⑫ der Fuß
⑬ die Zehe

해석 •))▶
① 등 ② 목 ③ 가슴 ④ 배 ⑤ 팔 ⑥ 머리 ⑦ 손가락
⑧ 손 ⑨ 얼굴 ⑩ 무릎 ⑪ 다리 ⑫ 발 ⑬ 발가락

Ich bin krank.	나는 아픕니다.
Ich bin gesund.	나는 건강합니다.
Ich habe ... schmerzen. (Kopf / Bauch / Zahn)	저는 ...통증이 있습니다. (두통 / 복통 / 치통)
Mein/-e ... tut/tun weh.	저는 ...가 아픕니다.
Ich muss zum Arzt gehen.	나는 의사에게 (병원에) 가야 합니다.

단어 🎧

der Körper n. 몸	der Arm n. 팔
der Kopf n. 머리	die Hand n. 손
das Gesicht n. 얼굴	der Finger n. 손가락
der Hals n. 목	das Knie n. 무릎
die Schulter n. 어깨	das Bein n. 다리, 정강이
der Rücken n. 등	der Fuß n. 발
die Brust n. 가슴	die Zehe n. 발가락
der Bauch n. 배	

🎵 MP3 W07

① **wehtun**   v. 아프다 (몸) *krank a. 아픈

du tust weh, er tut weh

wehtun - tat weh - wehgetan

Mein Bein tut weh. 내 다리가 아프다.

Meine Ohren tun weh. 내 귀에 통증이 있다.

② **untersuchen**   v. 검사하다, 진찰하다

du untersuchst, er untersucht

untersuchen - untersuchte - untersucht

Ich will mich zunächst untersuchen lassen. 나는 우선 진찰을 받고 싶다.

③ **husten**   v. 기침하다

du hustest, er hustet

husten - hustete - gehustet

Ich habe die ganze Nacht gehustet. 나는 밤새 기침을 했다.

④ **bleiben** v. 머무르다

du bleibst, er bleibt

bleiben - blieb - geblieben

Bleiben Sie im Bett. 당신은 침대에 누워 있어야 합니다.

⑤ **brauchen** v. 필요로 하다, 쓰다, 사용하다

du brauchst, er braucht

brauchen - brauchte - gebraucht

Ich brauche einen Termin. 나는 예약이 필요하다.

⑥ **verschieben** v. 연기하다, 밀어 옮기다

du verschiebst, er verschiebt

verschieben - verschob - verschoben

Kann ich den Termin auf Donnerstag verschieben?
제가 약속 날짜를 목요일로 연기할 수 있나요?

⑦ **vorbeikommen** v. 지나가다, 잠시 방문하다

du kommst vorbei, er kommt vorbei

vorbeikommen - kam vorbei - vorbeigekommen

Brauche ich da einen Termin oder kann ich einfach vorbeikommen?
저는 예약이 필요한가요 아니면 그냥 방문해도 될까요?

⑧ **aussehen** v. ~처럼 보이다

du siehst aus, er sieht aus

aussehen - sah aus - ausgesehen

Ihre Hand sieht ja schlimm aus! 당신의 손이 아파 보입니다!

⑨ **absagen** v. 취소하다

du sagst ab, er sagt ab

absagen - sagte ab - abgesagt

Ich muss den Termin absagen. 저는 예약을 취소해야만 합니다.

⑩ **atmen** v. 숨 쉬다

du atmest, er atmet

atmen - atmete - geatmet

Sie atmet sehr schnell. 그녀는 숨을 아주 빨리 쉰다.

⑪ **sich erkälten** v. 감기 들다

du erkältest dich, er erkältet sich

erkälten - erkältete - erkältet

Er hat sich erkältet. 그는 감기에 걸렸다.

⑫ **operieren** v. 수술하다

du operierst, er operiert

operieren - operierte - operiert

Ich lasse mich nicht operieren. 나는 수술을 받지 않겠다.

⑬ **fühlen** v. 느끼다

du fühlst, er fühlt

fühlen - fühlte - gefühlt

Ich fühle mich nicht wohl. 나는 몸 상태가 좋지 않다.

⑭ **die Besserung** n. 회복, 좋아짐

Gute Besserung! 쾌유를 빕니다!

⑮ **der Arzt, die Ärztin** n. 의사, 여의사

Er geht zum Arzt. 그는 의사한테 간다.

1 다리가 아프다.

_____

2 그는 감기에 걸렸다.

_____

3 쾌유를 빕니다!

_____

4 당신은 침대에 누워 있어야 합니다.

_____

5 나는 예약이 필요하다.

_____

6 제가 약속 날짜를 목요일로 연기할 수 있나요?

_____

7 저는 예약이 필요한가요 아니면 그냥 방문해도 될까요?

_____

8 당신의 손이 아파 보입니다!

_____

9 나는 예약을 취소해야만 한다.

_____

10 난 몸 상태가 좋지 않다.

_____

건강2

Im Krankenhaus braucht man einen Termin.

병원에서는 예약이 필요합니다.

해석 ◀))▶
당신은 예약하셨나요?
네, 저는 이미 예약했습니다.

Wo ist die Apotheke?	약국이 어디에 있습니까?
Ich brauche ein Medikament.	나는 약이 필요합니다.
Ich schreibe Ihnen ein Rezept.	처방전을 써 드리겠습니다.
Ich habe Grippe.	나는 독감에 걸렸습니다.
Ich wünsche Ihnen gute Besserung.	쾌유를 바랍니다.

단어 "

das Krankenhaus n. 병원	die Erkältung n. 감기
die Krankheit n. 질병	der Termin n. 예약
die Gesundheit n. 건강	das Medikament n. 약품, 약
der Schmerz n. 아픔, 고통	das Rezept n. 처방전
die Verletzung n. 부상, 상처	der Arzt n. 의사
der Husten n. 기침	der Patient n. 환자
das Fieber n. 열	die Untersuchung n. 검사
das Niesen n. 재채기	das Wartezimmer n. 대기실
die Grippe n. 유행성 독감	

MP3 W08

① **der Termin**   n. 기한, 예약

Haben Sie am Dienstag noch einen Termin frei?
화요일에 아직 비어 있는 예약 자리가 있나요?

② **der Schmerz**   n. 고통

Ich habe Bauchschmerzen. 나는 복통이 있다.

③ **das Fieber**   n. 열

Wie hoch ist das Fieber? 열이 얼마나 높은가요?

④ **die Gesundheit**   n. 건강

Ingwer-Tee ist gut für die Gesundheit. 생강차는 건강에 좋다.

⑤ **die Krankheit**　n. 병

Geben Sie mir bitte ein Mittel gegen Fahrkrankheit!
저에게 (자동차)멀미약을 좀 주세요!

⑥ **das Krankenhaus**　n. 병원

Muss ich im Krankenhaus bleiben? 제가 병원에 있어야 하나요?

⑦ **die Krankenversicherung**　n. 의료보험

Welche Krankenversicherung haben Sie? 어떤 의료보험을 가지고 있나요?

⑧ **die Tablette**　n. 알약　*die Medizin　n. 의학, 약품

Nehmen Sie die Tablette hier. Das hilft gegen die Schmerzen.
이 알약을 받으세요. 이것은 고통에 도움이 될 것입니다.

⑨ **der Krankenschein**　n. 의료보험증

Haben Sie Ihren Krankenschein dabei? 의료보험증 갖고 오셨어요?
Ja, hier ist er. 네, 여기에 있습니다.

⑩ **der Kopf**　n. 머리

Ich habe Kopfschmerzen. (= Der Kopf tut mir weh.) 나는 머리가 아프다.

⑪ **dick**　a. 두꺼운, 부은

Dein Fuß ist ja ganz dick! 네 발이 완전히 부었어!

⑫ **fit**　a. 건강한

Ich halte mich durch Tennis fit. 나는 테니스를 통해 건강을 유지한다.

⑬ **krank**　a. 아픈

Er kommt nicht in die Schule, weil er krank ist. 그는 아파서 학교에 오지 않는다.

⑭ **schlimm**　a. (몸의 상태가) 나쁜, 언짢은

Ich habe schlimme Zähne. 나의 이는 좋지 않다.

⑮ **gesund (↔ krank)**   a. 건강한

Rauchen ist nicht gesund. 흡연은 건강에 좋지 않다.

1 흡연은 건강에 좋지 않다.

_____

2 나는 복통이 있다.

_____

3 열이 얼마나 높아?

_____

4 네 발이 완전히 부었어!

_____

5 그는 아파서 학교에 오지 않는다.

_____

6 제가 병원에 있어야 하나요?

_____

7 어떤 의료보험을 가지고 있나요?

_____

8 이 알약을 받으세요. 이것은 고통에 도움이 될 것입니다.

_____

9 의료보험증 갖고 오셨어요?

_____

10 나는 머리가 아프다.

_____

도시 관광

In der Stadt gibt es viele Gebäude.
도시에는 많은 건물들이 있다.

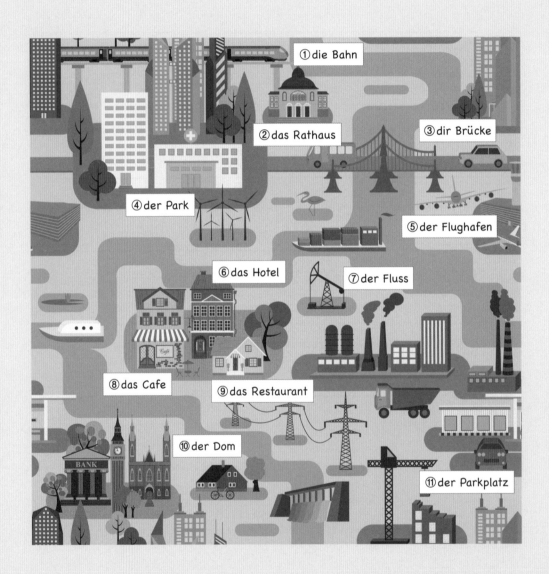

① die Bahn
② das Rathaus
③ dir Brücke
④ der Park
⑤ der Flughafen
⑥ das Hotel
⑦ der Fluss
⑧ das Cafe
⑨ das Restaurant
⑩ der Dom
⑪ der Parkplatz

해석 ◀))▶
① 철도 ② 시청 ③ 다리 ④ 공원 ⑤ 공항 ⑥ 호텔
⑦ 강 ⑧ 커피숍 ⑨ 레스토랑 ⑩ 성당 ⑪ 주차장

표현

Wie komme ich zur/ zum ...? 내가 ...으로 어떻게 갈 수 있나요?	
Wo ist ...? ...어디에 있습니까?	
Was möchten Sie besichtigen? 무엇을 관람하고 싶습니까?	
Gibt es hier ...? 여기 ...있나요?	

단어

die Stadt n. 도시	das Kino n. 영화관
die Altstadt n. 구시가지	das Restaurant n. 레스토랑
die Brücke n. 다리	der Parkplatz n. 주차장
der Fluss n. 강	der Flughafen n. 공항
das Rathaus n. 시청	die Bahn n. 철도
der Dom n. 성당	das Cafe n. 카페
die Kirche n. 교회	der Park n. 공원
das Hotel n. 호텔	das Stadion n. 경기장

MP3 W09

① **besichtigen**   v. 구경하다, 둘러보다

du besichtigst, er besichtigt

besichtigen - besichtigte - besichtigt

Haben Sie schon das Schloss Neuschwanstein besichtigt?
당신은 Neuschwanstein 성을 이미 구경하셨나요?

② **sich erinnern**   v. 기억하다

du erinnerst dich, er erinnert sich

erinnern - erinnerte - erinnert

Erinnern Sie sich an diese Stadt? 당신은 이 도시를 기억하시나요?

③ **abbiegen**   v. 굽히다, 방향을 바꾸다

du biegst ab, er biegt ab

abbiegen - bog ab - abgebogen

Das Auto ist nach rechts abgebogen. 그 자동차는 우회전을 했다.

④ **führen**　v. 안내하다, 이끌다, 지도하다

du führst, er führt

führen - führte - geführt

Er führte die Touristen durch ein Museum. 그는 관광객들에게 박물관을 안내했다.

⑤ **begegnen**　v. 마주치다, 만나다

du begegnest, er begegnet

begegnen - begegnete - begegnet

Ich bin ihr auf der Straße begegnet. 나는 그녀를 길에서 마주쳤다.

⑥ **erfahren**　v. 경험하다, (듣고) 알다

du erfährst, er erfährt

erfahren - erfuhr - erfahren

Wie haben Sie davon erfahren? 당신은 그것에 대해 어떻게 알게 되었어요?

⑦ **der Platz**　n. 장소

Wie weit ist es zum Goetheplatz? 괴테 광장까지 얼마나 먼가요?

Er ist hier um die Ecke. 그곳은 이곳 모퉁이에 있습니다.

⑧ **die Führung**　n. 안내

Ich danke Ihnen für die Führung. 안내해 주셔서 감사드립니다.

⑨ **die Sehenswürdigkeit**　n. 볼거리, 관광지

Entschuldigung, ich bin auf der Suche nach Sehenswürdigkeiten.
실례합니다, 나는 관광지를 찾고 있습니다.

Tut mir leid, ich bin auch fremd hier. 죄송합니다, 저도 여기가 낯설어요.
(= Ich bin nicht von hier. 나는 이곳 사람이 아닙니다.**)**

⑩ **die Eintrittskarte**　n. 입장권　*Eintritt　n. 입장

Wo kann man hier eine Eintrittskarte kaufen? 이곳 어디에서 입장권을 살 수 있나요?

Da gehen Sie am besten zum Eingang. 당신은 입구로 가는 것이 가장 좋습니다.

⑪ **der Hauptbahnhof** n. 중앙역

Wie komme ich zum Berlin Hauptbahnhof?
제가 베를린 중앙역으로 어떻게 가야 하나요?

⑫ **die Nähe** n. 근처

Gibt es hier in der Nähe ein Kaufhaus? 여기 근처에 백화점이 있습니까?
Es ist gar nicht weit weg. 그것은 여기서 전혀 멀리 있지 않습니다.

⑬ **der Norden** n. 북쪽

Die Stadt liegt im Norden von Hamburg. 도시는 함부르크 북쪽에 있다.

⑭ **berühmt** a. 유명한 *bekannt a. 잘 알려진, 유명한

Der Dom ist sehr berühmt. 그 성당은 매우 유명하다.

⑮ **es gibt** ~가 있다

Wo gibt es hier Brot? 빵은 이곳 어디에 있나요?
In der Bäckerei Schmidt. Schmidt 베이커리요.

1 그 성당은 매우 유명하다.

_____

2 베를린 중앙역은 어떻게 가나요?

_____

3 도시는 함부르크 북쪽에 있다.

_____

4 그는 관광객들에게 박물관을 안내했다.

_____

5 나는 그녀를 길에서 마주쳤다.

_____

6 여기 근처에 백화점이 있습니까?

_____

7 괴테 광장까지 얼마나 먼가요?

_____

8 안내해 주셔서 감사드립니다.

_____

9 실례합니다, 저는 관광지를 찾고 있습니다.

_____

10 이곳 어디에서 입장권을 살 수 있나요?

_____

의류

Die zwei Freundinnen machen einen Schaufensterbummel.

두 명의 친구들이 쇼윈도를 둘러보고 있습니다.

해석 ·))▶
저 하얀 블라우스 어때?
내 생각에는, 저 치마가 더 예뻐.

Wie viel kostet ...?	...의 가격이 얼마입니까?
Wie findest du ...?	...가 어때?
Ich nehme das.	나는 이것을 구매할게요.
Das ist preiswert.	그것은 적당한 가격이다.
Das ist .... (teuer / billig)	그것은 ...하다 (비싼 / 저렴한)

단어 ">"

die Kleidung n. 의류	die Hose n. 바지
das Schaufenster n. 쇼윈도	die Jacke n. 재킷
das Hemd n. 남방	der Mantel n. 코트
die Bluse n. 블라우스	die Jeans n. 청바지
das T-shirt n. 티셔츠	der Hut n. 모자
der Rock n. 스커트	die Brille n. 안경
das Kleid n. 원피스	die Socke n. 양말
der Pullover n. 스웨터	der Schuh n. 신발

🔊 MP3 W10

① **kaufen** v. 쇼핑하다

du kaufst, er kauft

kaufen - kaufte - gekauft

Hast du schon das Kleid gekauft? 너는 벌써 그 원피스를 샀니?

② **anziehen** v. 옷을 입다

du ziehst an, er zieht an

anziehen - zog an - angezogen

Ziehen Sie die Größe M einmal an. 사이즈 M을 한번 입어 보세요.

③ **anprobieren** v. 입어 보다

du probierst an, er probiert an

anprobieren - probierte an - anprobiert

Darf ich es einmal anprobieren? 제가 한번 입어 보아도 될까요?

④ **sich anschauen**   v. 바라보다, 응시하다

du schaust dich an, er schaut sich an

anschauen - schaute an - angeschaut

Er hat den Hut angeschaut. 그는 그 모자를 바라보았다.

⑤ **stehen**   v. 서 있다, 어울리다

du stehst, er steht

stehen - stand - gestanden

Welcher Rock steht mir besser? 어떤 치마가 저에게 더 어울리나요?

⑥ **passen**   v. 어울리다

du paßt, er paßt

passen - paßte - gepaßt

Das passt zu dir. 그것은 너에게 어울린다.

⑦ **gefallen**   v. 누구의 맘에 들다

du gefällst, er gefällt

gefallen - gefiel - gefallen

Mir gefällt das nicht so gut.	제 마음에 그닥 들지 않아요.
– Mir schon.	– 제 마음에 들어요.
– Mir auch nicht.	– 제 마음에도 안 들어요.

Mir gefällt der Mantel. 코트는 마음에 든다.

⑧ **die Damenkleidung**   n. 여성복

Wo finde ich Damenkleidung? 저는 어디에서 여성복을 찾을 수 있나요?

⑨ **das Sonderangebot**   n. 특가 상품

Ich habe den Anzug im Sonderangebot gekauft.
나는 그 양복을 특가 상품으로 구매했다.

⑩ **die Farbe**　n. 색

das Grün	n. 녹색
das Blau	n. 파란색
das Rot	n. 빨간색
das Braun	n. 갈색
das Schwarz	n. 검은색
das Gelb	n. 노란색
das Weiß	n. 흰색

*형용사는 소문자로 표기해야 한다.

웹 grün 녹색의, **blau** 청색의

Welche Farbe magst du? 너는 어떤 색상을 좋아하니?

⑪ **die Größe**　n. 치수, 크기

Haben Sie den Rock auch in Größe 2? 치마가 사이즈 2로도 있나요?

⑫ **das Kaufhaus**　n. 백화점, 큰 상점

Wo ist ein Kaufhaus? 백화점은 어디에 있나요?

⑬ **die Ermäßigung**　n. 할인

Wo bekomme ich Ermäßigung? 어디서 할인을 받을 수 있니?

⑭ **die Qualität**　n. 품질

Die Qualität muss stimmen. 품질이 적합해야 한다.

⑮ **welch** 특정한 (어떤 것)

der	welcher	welcher Mantel
die	welche	welche Bluse
das	welches	welches Buch

Welche Hose soll ich nehmen? 저는 어떤 바지를 구매해야 할까요?

1   너는 벌써 그 원피스를 샀니?

        _____

2   사이즈 M을 한 번 입어 보세요.

        _____

3   제가 한 번 입어 보아도 될까요?

        _____

4   품질이 적합해야 한다.

        _____

5   어떤 치마가 나에게 더 어울리나요?

        _____

6   어디서 할인을 받을 수 있니?

        _____

7   코트는 마음에 든다.

        _____

8   저는 어디에서 여성복을 찾을 수 있나요?

        _____

9   치마가 사이즈 2로도 있나요?

        _____

10   너는 어떤 색상을 좋아하니?

        _____

학업

Die Schüler sitzen aufmerksam in ihrem Klassenzimmer.

학생들은 집중하며 그들의 교실에 앉아 있습니다.

해석 ·))♪
누가 낭독해 볼까?
제가 낭독해 보겠습니다.

표현

Darf ich auf die Toilette gehen?	제가 화장실을 가도 될까요?
Ich verstehe nicht. Könnten Sie es bitte widerholen?	저는 이해가 되지 않아요. 반복해서 말씀해 주실 수 있나요?
Auf welcher Seite ist das?	이것은 몇 페이지에 있나요?
Wie heißt das auf Deutsch?	이것은 독일어로 뭐라고 합니까?
Welche Hausaufgaben müssen wir machen?	우리는 무엇을 숙제로 해야 합니까?
Wann ist die Prüfung?	시험은 언제인가요?
Was sagt die Lehrerin?	선생님은 뭐라고 말하나요?

▶▶ 추가 표현

Hör gut zu!	잘 들어!
Lies den Text vor!	본문을 읽어!
Mach das Licht aus!	불을 꺼!
Beantworte die Fragen!	질문에 대답해!
Setz dich!	앉아라!
Stehe auf!	일어나!
Komm(e) an die Tafel!	칠판으로 와!
Schlag das Buch auf!	책을 펴!
Schlag das Buch zu!	책을 접어!

단어

das Klassenzimmer n. 교실	die Ausbildung n. 직업교육
der Unterricht n. 수업	der Schüler n. 학생
die Universität n. 대학교	der Lehrer n. 선생님
das Gymnasium n. 김나지움 (초등학교와 대학교를 연결하는 독일의 9년제 중·고등학교)	die Tafel n. 칠판
	einfach a. 쉬운
	schwierig a. 어려운

 MP3 W11

① **lernen** v. 배우다

du lernst, er lernt

lernen - lernte - gelernt

Ich lerne Deutsch. 나는 독일어를 배운다.

② **studieren**   v. (대학에서) 공부하다

du studierst, er studiert

studieren - studierte - studiert

Er studiert fleißig. 그는 열심히 공부한다.

③ **Hausaufgaben machen**   v. 숙제하다   *die Hausaufgabe   n. 숙제

du machst, er macht

machen - machte - gemacht

Zuerst mache ich Hausaufgaben. 나는 먼저 숙제를 한다.

④ **bedeuten**   v. 의미하다

du bedeutest, er bedeutet

bedeuten - bedeutete - bedeutet

Was bedeutet das Wort? 이 단어는 무슨 의미니?

⑤ **erklären**   v. 설명하다

du erklärst, er erklärt

erklären - erklärte - erklärt

Erklären Sie mir den Satz? 그 문장을 저에게 설명해 주시겠습니까?

⑥ **fehlen**   v. 부족하다, 결석하다

du fehlst, er fehlt

fehlen - fehlte - gefehlt

Wer fehlt heute? 오늘 누가 결석했나요?

⑦ **das Hauptfach**   n. 전공

Mein Hauptfach ist Medizin. 나의 전공은 의학이다.

⑧ **das Studium**   n. 대학 공부

Sie hat das Studium der Anglistik abgebrochen. 그녀는 영문학 전공을 중단했다.

⑨ **die Klasse**   n. 학급

Peter ist der größte in der Klasse. Peter가 반에서 제일 크다.

⑩ **die Sprache**　n. 언어

Wie viele Sprachen sprichst du? 너는 몇 개의 언어를 할 줄 아니?

⑪ **die Fremdsprache**　n. 외국어

Wir lernen in der Schule zwei Fremdsprachen.
우리는 학교에서 두 가지 외국어를 배운다.

⑫ **das Informationsmaterial**　n. 정보 자료

Können Sie mir bitte das Informationsmaterial zusenden?
저에게 정보 자료를 보내 주실 수 있습니까?

⑬ **die Prüfung**　n. 시험

Morgen habe ich eine Prüfung in Deutsch. 나는 내일 독일어 시험을 친다.

⑭ **der Klassenlehrer**　n. 담임 선생님

Ich mag meinen Klassenlehrer. 나는 담임 선생님을 좋아한다.

⑮ **der Monat**　n. 달

der Januar	n. 1월
der Februar	n. 2월
der März	n. 3월
der April	n. 4월
der Mai	n. 5월
der Juni	n. 6월
der Juli	n. 7월
der August	n. 8월
der September	n. 9월
der Oktober	n. 10월
der November	n. 11월
der Dezember	n. 12월

Ende des Monats fliege ich nach Deutschland. 월말에 나는 독일로 간다.

check up

1 나는 독일어를 배운다.

_____

2 그는 열심히 공부한다.

_____

3 나는 먼저 숙제를 한다.

_____

4 이 단어는 무슨 의미니?

_____

5 그 문장을 저에게 설명해 주시겠습니까?

_____

6 나는 내일 독일어 시험을 친다.

_____

7 나의 전공은 의학이다.

_____

8 저에게 정보 자료를 메일로 보내 주실 수 있습니까?

_____

9 우리는 학교에서 두 가지 외국어를 배운다.

_____

10 너는 몇 개의 언어를 할 줄 아니?

_____

레스토랑

Eine Familie bestellt im Restaurant.

한 가족이 레스토랑에서 주문을 합니다.

표현 ""

Was darf es sein?	무엇을 드릴까요?
Ich hätte gern	저는 ...을 주문하고 싶어요.
Ich nehme	저는 ...을 선택할게요.
Ich bekomme	저는 ...을 받을게요.
Guten Appetit!	맛있게 드세요!

단어 ""

der Fisch n. 생선	das Frühstück n. 아침 식사
der Salat n. 샐러드	das Mittagessen n. 점심 식사
die Suppe n. 수프	das Abendessen n. 저녁 식사
die Pizza n. 피자	der Wein n. 와인
die Spaghetti n. 스파게티	das Bier n. 맥주
die Nachspeise n. 디저트	die Obsttorte n. 과일 타르트

 MP3 W12

① **suchen**   v. 찾다

du suchst, er sucht

suchen - suchte - gesucht

Ich suche einen Platz. 나는 자리를 찾고 있다.

② **nehmen**   v. 잡다, 사다

du nimmst, er nimmt

nehmen - nahm - genommen

Nehmen Sie doch Platz. 자리에 앉으세요.

Ich nehme die Suppe, bitte. (식당 주문) 저는 수프를 먹겠어요.

③ **bestellen**   v. 주문하다, 예약하다

du bestellst, er bestellt

bestellen - bestellte - bestellt

Haben Sie schon bestellt? 이미 주문하셨습니까?

Nein, noch nicht. Aber jetzt möchte ich bitte bestellen.

아니요, 아직이요. 하지만 이제 주문하고 싶습니다.

④ **bringen**   v. 가져오다

du bringst, er bringt

bringen - brachte - gebracht

Verzeihen Sie, das Essen ist nicht frisch und zu kalt.
죄송합니다만, 요리가 신선하지 않고 너무 차갑네요.

Oh, das tut mir leid. Ich bringe Ihnen ein neues Gericht.
미안합니다. 새로운 요리를 가져다 드리겠습니다.

⑤ **bezahlen**   v. 지불하다

du bezahlst, er bezahlt

bezahlen - bezahlte - bezahlt

Kann ich mit Kreditkarte bezahlen? 제가 신용카드로 지불할 수 있나요?

⑥ **probieren**   v. 시도하다

du probierst, er probiert

probieren - probierte - probiert

Probier mal diesen Wein! 이 와인을 한번 맛봐!

⑦ **schneiden**   v. 자르다

du schneidest, er schneidet

schneiden - schnitt - geschnitten

Zuerst habe ich Brot geschnitten. 나는 먼저 빵을 잘랐다.

⑧ **das Bier**   n. 맥주

Ein Glas Bier bitte! 여기 맥주 한 잔이요!

⑨ **das Restaurant**   n. 레스토랑, 식당

der Kellner	n. 웨이터
die Kellnerin	n. 여자 웨이터
das Trinkgeld	n. 팁

Wo ist das Restaurant? 레스토랑은 어디에 있니?

⑩ **der Gast**   n. 손님

Er ist heute Abend mein Gast. 그는 오늘 밤 나의 손님이다.

⑪ **die Rechnung**   n. 영수증

Die Rechnung bitte. 영수증을 부탁합니다.

⑫ **der Appetit**   n. 식욕

Guten Appetit! 맛있게 드세요!
Ich bedanke mich ebenfalls. 감사합니다. 당신도요.

⑬ **der Spaß**   n. 재미, 즐거움

Viel Spaß beim Essen! 즐겁게 식사하세요!

⑭ **die Lust**   n. 의욕, 소망

Hast du Lust auf eine Pizza? 피자 먹으러 갈래?

⑮ **satt**   a. 배부른, 완전한, 만족한

Ich bin schon satt. 나는 이미 배부르다.

1 나는 자리를 찾고 있다.

_____

2 자리에 앉으세요.

_____

3 이미 주문하셨습니까?

_____

4 죄송합니다만, 요리가 신선하지 않고 너무 차갑네요.

_____

5 제가 신용카드로 지불할 수 있나요?

_____

6 이 와인을 한번 맛봐!

_____

7 즐거운 식사하세요!

_____

8 여기 맥주 한 잔이요!

_____

9 맛있게 드세요! 감사합니다, 당신도요!

_____

10 영수증을 부탁합니다.

_____

여행

Am Gleis 3 wartet man Intercity nach München.

3번 게이트에서 München으로 가는 급행열차를 기다립니다.

해석 ·))))
어디로 가시나요?
저는 München으로 갑니다.

표현

Wo kann man das Ticket kaufen?	어디에서 티켓을 살 수 있습니까?
Womit fahren Sie?	무엇을 타고 가시나요?
Ich fahre mit .... (dem Zug / mit dem Flugzeug / mit dem Auto)	나는 (기차를 타고/ 비행기를 타고/ 자동차를 타고) 갑니다.
Ich wünsche Ihnen eine gute Reise!	좋은 여행 되시기를 바랍니다.

단어

die Reise n. 여행	die Eisenbahn n. 철도
der Flughafen n. 공항	das Gleis n. 게이트, 선로
der Hafen n. 항구	der reservierte Platz n. 예약된 자리
der Bahnhof n. 역	der Intercity n. 급행열차
die Bushaltestelle n. 버스 정거장	verspätet a. 늦은
der Automat n. 자동판매기	pünktlich a. 정시에

 MP3 W13

① **buchen** v. 예약하다

du buchst, er bucht

buchen - buchte - gebucht

Würden Sie mir bitte einen Flug buchen? 비행기를 예약해 주시겠어요?

② **fahren** v. (차를 타고) 가다, 타다

du fährst, er fährt

fahren - fuhr - gefahren

Ich fahre übers Wochenende zu meinen Freunden.
나는 주말 동안 친구들에게 간다.

③ **ankommen** n. 도착하다

du kommst an, er kommt an

ankommen - kam an - angekommen

Der Zug kommt um 13 Uhr in Berlin an. 기차는 13시에 Berlin에 도착한다.

④ **ansehen**　v. 바라보다, 살피다

du siehst an, er sieht an

ansehen - sah an - angesehen

Sie sieht sich den Fahrplan an. 그녀는 열차 시간표를 살펴본다.

⑤ **mitkommen**　v. 동반하다, 따라가다

du kommst mit, er kommt mit

mitkommen - kam mit - mitgekommen

Ich würde gern mitkommen, aber ich bin leider krank.

나는 함께 가고 싶지만, 유감스럽게도 아파요.

⑥ **fliegen**　v. 날아가다

du fliegst, er fliegt

fliegen - flog - geflogen

Fliegen Sie mit dem Flugzeug? 당신은 비행기를 타고 가시나요?

⑦ **einpacken**　v. 짐을 싸다

du packst ein, er packt ein

einpacken - packte ein - eingepackt

Du sollst allein deinen Koffer einpacken. 너는 혼자 짐을 싸야 한다.

⑧ **verpassen**　v. 놓치다

du verpasst, er verpasst

verpassen - verpasste - verpasst

Wir haben gerade das Flugzeug verpasst. 우리는 방금 비행기를 놓쳤다.

⑨ **einsteigen**　v. 올라타다, 승차하다　*****aussteigen**　v. 내리다　*****umsteigen**　v. 환승하다

du steigst ein, er steigt ein

einsteigen - stieg ein - eingestiegen

Steigen Sie bitte schnell ein! 빨리 탑승하세요!

⑩ **ankommen**　v. 도착하다

du kommst an, er kommt an

ankommen - kam an - angekommen

Um 4 Uhr komme ich an. 나는 4시에 도착한다.

⑪ **zurückfahren**　v. 되돌아가다

du fährst zurück, er fährt zurück

zurückfahren - fuhr zurück - zurückgefahren

Du musst unbedingt zurückfahren. 너는 무조건 되돌아가야 한다.

⑫ **führen**　v. 이끌다

du führst, er führt

führen - führte - geführt

Führt dieser Weg zur Stadtmitte? 이 길은 시내 중앙으로 가는 길입니까?

⑬ **die Fahrt**　n. 차타고 하는 여행

Die Fahrt nach Hamburg dauert 4 Stunden.

Hamburg로 가는 여정은 4시간이 걸린다.

⑭ **der Bahnsteig**　n. 플랫폼

Von welchem Bahnsteig fährt der Zug nach München ab?

München행 열차는 어느 플랫폼에서 출발하나요?

Von Bahnsteig sieben. 7번 플랫폼에서요.

⑮ **die Durchsage**　n. 안내 방송

Leider habe ich die Durchsage nicht gehört.

나는 유감스럽게도 안내 방송을 못 들었다.

1   Hamburg로 가는 여정은 4시간이 걸린다.

    _____

2   나는 주말 동안 친구들에게 간다.

    _____

3   열차는 13시에 Berlin에 도착한다.

    _____

4   나는 유감스럽게도 안내 방송을 못 들었다.

    _____

5   나는 함께 가고 싶지만, 유감스럽게도 아파요.

    _____

6   이 길은 시내 중앙으로 가는 길입니까?

    _____

7   너는 무조건 되돌아가야 한다.

    _____

8   우리는 방금 비행기를 놓쳤다.

    _____

9   빨리 탑승하세요!

    _____

10   나는 4시에 도착한다.

    _____

Kapitel 4

모의고사

Lesen

Sie lesen in einer Zeitung diesen Text.

Wählen Sie für die Aufgaben 1 bis 5 die richtige Lösung a, b oder c.

Christian Rach - Biografie eines Starkochs

Starkoch Christian Rach ist 1957 im Saarland geboren, wuchs mit den leckeren Rezepten seiner Mutter, in der Nähe von Frankreich auf. Schon als Kind war er gern in der Küche. Heute ist Rach nicht nur Koch, sondern auch Restaurantbesitzer und TV-Star.

Kurz nach seinem Abitur ist er nach Hamburg gezogen, und dort hat er Mathematik und Philosophiestudium begonnen. Während die meisten Studenten kellnerten, um sich sein Studium zu finanzieren, hat er dort angefangen zu kochen. Das war so erfolgreich, wenn er gekocht hatte, war kein Tisch mehr frei.

Aber mit dem Studium war es schwierig. Deswegen brach Rach sein Studium ab und begann eine Kochausbildung. Er wollte in Hamburg bleiben, deshalb öffnete er im Jahr 1986 in Hamburg-Altona sein erstes Restaurant.

Nach 23 Jahren wollte Rach etwas Neues ausprobieren und schloss das Restaurant. Mit der Sendung „Teufelsküche" startete Rach seine Fernsehkarriere auf RTL. Später folgte „Rach, der Restauranttester". Die Sendung hat den Deutschen Fernsehpreis gewonnen.

---

1   Christian Rach ist _____

    a ein unbekannter Koch.

    b nicht nur ein berühmter Koch, sondern auch TV-Star.

    c ein TV-star, der ein Koch werden will.

2 **Neben dem Studium arbeitete er** _____

    a im Restaurant.

    b nicht.

    c im Büro.

3 **Christian Rach** _____

    a beendete sein Studium erfolgreich.

    b bekam Geld von seinen Eltern.

    c hat sein Studium abgebrochen.

4 **Christian Rach wollte nach 23 Jahren** _____

    a Starkoch werden.

    b was anderes versuchen.

    c ein neues Restaurant eröffnen.

5 **Mit der Sendung „Teufelsküche"** _____

    a wollte er nicht mehr arbeiten.

    b hat Rach mit seiner Kochkarriere aufgehört.

    c hat Rach mit seiner Fernsehkarriere angefangen.

Teil 2

Sie lesen die Informationstafel in einem Kaufhaus.
Lesen Sie die Aufgaben 6 bis 10 und den Text. In welchen Stock gehen Sie?
Wählen Sie die richtige Lösung a, b oder c.

Beispiel

0   Sie möchten eine Tasse Kaffee trinken.

    a 1. Stock

    b 4. Stock

    c Anderes Stockwerk

6   Sie möchten für Ihre 3 jährige Tochter ein Kleid kaufen.

    a 1. Stock

    b 2. Stock

    c Anderes Stockwerk

7   Sie haben Ihren Geldbeutel verloren und Sie wollen wieder einen haben.

    a Erdgeschoss

    b 2. Stock

    c Anderes Stockwerk

8 Sie wollen eine Feuchtigkeitscreme als Geschenk kaufen.

[a] 1. Stock

[b] 2. Stock

[c] Anderes Stockwerk

9 Sie möchten einen Film sehen.

[a] Untergeschoss

[b] 2. Stock

[c] Anderes Stockwerk

10 Sie brauchen einen Mantel für Ihren Mann.

[a] 2. Stock

[b] 3. Stock

[c] Anderes Stockwerk

Kaufhaus Wilhelms	
4. Stock	Kino, DVDs, Geschenke, Spielsachen, Freizeittaschen, Koffer, Brieftasche und Portemonnaie, Café, Bäcker, Friseur- und Nagelstudio, Kunden-WC
3. Stock	Handy, Telefon, MP3-Player, CD-Player, DVD-Player, Radio, Fernseher, Computer, Notebook, Tablet, Software, Drucker, CD, Videospiel, Mode für Kinder und Jugendliche, Babybekleidung
2. Stock	Herrenmode, Nachtwäsche für ihn, Unterwäsche für ihn, Möbel für Wohnzimmer, Möbel für Bad und Küche, Teppiche, Lampen, Gardinen, Kissen, Decken, Dekoartikel, Handtücher
1. Stock	Damenmode, Nachtwäsche für sie, Unterwäsche für sie, Kinderwagen, Schuhe, Uhren, Schmuck, Parfüm, Kosmetik, Sportkleidung, Arbeitskleidung
EG	Information, Geschirre und Gläser, Bestecke, Töpfe und Pfannen, Grills, Schreibwaren, Glückwunschkarten, Kalender, Schultaschen, Souvenirs, Schuhwerkstatt, Schlüsseldienst, Blumenladen
UG	Supermarkt, Putz- und Waschmittel, Fotoservice, Tabak, Zeitschriften und Zeitungen, Theater und Konzertkarten, Reisebüro, Geldautomat, Kunden-WC

* Portemonnaie: kleine Tasche für das bei sich getragene Geld.

Teil 3

Sie lesen eine E-mail. Wählen Sie für die Aufgaben 11 bis 15 die richtige Lösung a, b oder c.

Liebe Piona,

ich bin sehr froh, dass du mich besuchen kommst. Ich erinnere mich an unseren Urlaub in Madrid. Wenn du dieses Mal kommst, werden wir sicher wieder eine schöne Zeit verbringen. Leider kann ich dich am Freitag nicht abholen, weil ich bis 18 Uhr arbeiten muss. Aber dein Zug kommt um 17 Uhr schon in Duisburg Hbf an. Kannst du vielleicht direkt zu meiner Wohnung kommen? Ich beschreibe dir den Weg. Er ist ganz einfach. Du nimmst vor dem Bahnhof die Buslinie 1 und dann steigst du an der Papenburgstraße aus. Dann siehst du schon ein gelbes Haus. Bitte klingle bei Löw. Meine Schwester Jara ist zu Hause. Sie weiß, dass du kommst und sie freut sich auch. Hast du alles verstanden? Ich denke, du schaffst es bestimmt. Und kennst du noch Julia? Sie will uns auch kurz besuchen kommen, um dich zu sehen. Dann sehen wir uns bald!

Ganz liebe Grüße
Marek

11 **Piona und Marek haben** _____

    a sich in Madrid kennengelernt.

    b in Duisburg zusammen gewohnt.

    c zusammen einen Urlaub gemacht.

12 **Marek muss länger arbeiten, deshalb** _____

    a kann er sie leider nicht abholen.

    b will er sie um 18 Uhr am Bahnhof abholen.

    c kann er sie nicht sehen.

13 **Piona muss die Buslinie 1** _____

    a hinter dem Hbf nehmen.

    b nehmen und dann 10 Minuten zu Fuß gehen.

    c nehmen, dann an der Papenburgstraße aussteigen.

14 **Mareks Schwester Jara** _____

    a ist zu Hause.

    b weiß nicht, dass Piona kommt.

    c holt Piona am Bahnhof ab.

15 **Julia will** _____

    a Piona und Marek einladen.

    b bei Piona und Marek vorbeikommen.

    c Piona nicht sehen.

Teil 4

Sechs Personen suchen im Internet nach Lokalen.
Lesen Sie die Aufgaben 16 bis 20 und die Anzeigen a bis f. Welche Anzeige passt zu welcher Person? Für eine Aufgabe gibt es keine Lösung. Markieren Sie so ☒.

0 Mareike will schnell eine Reise nach Europa im Internet reservieren. | d |

16 Herr Böll will heiraten, aber er hat keine Freundin. | |

17 Claudia will reisen, aber sie hat viel zu tun. Und bei ihr ist das Frühstück ganz wichtig. | |

18 Isabel ist eingeladen, und sie möchte einen guten Wein kaufen. | |

19 Max kann nicht so gut kochen, aber er will für seine Frau einen Kuchen backen. | |

20 Marina hat Geburtstag und sucht einen Platz für Party. | |

www.alles-vermitteln.de

Man wartet immer auf ein Schicksal. Dies ist eine schöne Möglichkeit. Zuerst melden Sie sich an, und schreiben Sie, wen Sie treffen wollen, zum Beispiel, wie alt er/sie sein soll, Job, was Sie erwarten.. usw...

www.cafe-Miamia.de

Selbstgemachte Kuchen, Torten, und köstlicher Kaffee.
Sie können hier alles als Take-out haben.
Jeden Tag von 9 bis 19 Uhr geöffnet.
Bis 11 Uhr bekommt man 10% Ermäßigung.

Altenerstraße 10, 22312 Hamburg, Tel. 08221 36152

www.kurztrip-europa.de

Sehr günstig! Und nur für eine tolle Nacht!
Man braucht nicht so viel Zeit, um sich zu erholen. Haben Sie keine Zeit? Wollten Sie schon immer verreisen? Dann geht's jetzt los! Hier ist eine gute Lösung für Sie. In einem 5-Sterne-Hotel wird für Sie leckeres Frühstück angeboten. Beeilen Sie sich! Und rufen Sie uns einfach an.

Tel. 565 32 45

www.europa-reisen.de

Urlaub macht Ihr Leben froh! Und wir machen alles möglich. 4-Sterne Hotels in ganz Europa warten auf Sie. Sie können sich einfach auf der Seite anmelden. Denken Sie nicht so lange nach! Ansonsten sind alle Angebote schnell weg! Sie haben nicht so viel Zeit. Jetzt los!

Tel. 785 43 65

www.restaurant-billy.de

Das Restaurant Billy ist mit dem Bus nur 20 Minuten vom Zentrum entfernt! Typisch italienische Küche und guter Wein steht schon bereit. Mit Terrasse direkt am See. Sie suchen einen Ort für Ihr Fest? Sprechen Sie uns an! Unsere Räume bieten Platz für 50 Personen.

www.getraenke-alles.de

Möchten Sie was zu trinken kaufen? Hier gibt es alle Getränke.
Und wir können Ihnen gutes Bier oder Wein empfehlen.
Melden Sie sich bei uns, dann werden wir Ihnen helfen, was Gutes für Sie zu finden.

Hören

Teil 1

Sie hören fünf kurze Texte. Sie hören jeden Text zweimal. Wählen Sie für die
Aufgaben 1 bis 5 die richtige Lösung a, b oder c.

1   Wo findet das Fest statt?   MP3 M01_01

    a Am Hauptbahnhof

    b In der Sporthalle

    c Vor dem Rathaus

2   Wo gibt es noch freie Parkplätze?   MP3 M01_02

    a Vor dem Rathaus

    b Hinter dem Spielplatz

    c Es gibt keine Parkplätze mehr

3   Wann will Jakob mit Alina treffen?   MP3 M01_03

    a Heute Abend

    b Am Wochenende

    c Am Wochentag

4 **Wie wird das Wetter morgen?**

    ⓐ Es wird regnen.

    ⓑ Es wird warm.

    ⓒ Es wird gewitterig.

5 **Wie viel kostet die Fahrkarte von Frankfurt nach Hamburg?**

    ⓐ 120 Euro

    ⓑ 121 Euro

    ⓒ 112 Euro

Teil 2

Sie hören ein Gespräch. Sie hören den Text einmal. Was macht Mia in der Woche?

Wählen Sie für die Aufgaben 6 bis 10 ein passendes Bild aus a bis i . Wählen Sie jeden Buchstaben nur einmal. Sehen Sie sich jetzt die Bilder an.

	0	6	7	8	9	10
Tag	Montag	Dienstag	Mittwoch	Donnerstag	Freitag	Samstag
Lösung	f					

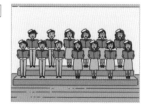

Teil 3

Sie hören fünf kurze Gespräche. Sie hören jeden Text einmal. Wählen Sie für die Aufgaben 11 bis 15 die richtige Lösung a, b oder c.

11 Was hat Jonas bestellt?

12 Für welches Kleidungsstück interessiert sie sich?

13 Wie ist das Wetter am Samstag?

     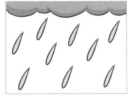   

14 Womit fährt er zur Arbeit?

 MP3 M03_04

15 Wohin soll der Mann gehen?

 MP3 M03_05

Teil 4

Sie hören ein Interview. Sie hören den Text zweimal. Wählen Sie für die
Aufgaben 16 bis 20 ⬚Ja⬚ oder ⬚Nein⬚. Lesen Sie jetzt die Aufgaben.

Beispiel

0   Der Gast ist Ärztin.

~~Ja~~

Nein

16 Frau Karin hat eine sehr gute Diätprogramm vorgestellt.

Ja

Nein

17 Manche Menschen essen am Tag gar nichts.

Ja

Nein

18 Das Trinken von Wasser und gut ausschlafen ist sehr wichtig.

Ja

Nein

19 Jeder Mensch braucht eigenen Ernährungsplan.

Ja

Nein

20 Sport treiben ist wichtiger als regelmäßig essen.

Ja

Nein

Schreiben

Aufgabe 1

Sie möchten heute Abend etwas unternehmen. Schreiben Sie eine SMS an Ihre Freundin Birte.

- Machen Sie einen Vorschlag.
- Nennen Sie ein paar Orte.
- Schreiben Sie, dass Sie sich auf den Abend freuen.

Schreiben Sie 20–30 Wörter.
Schreiben Sie zu allen drei Punkten.

Schreiben Sie eine SMS.

Stichpunktzettel

Aufgabe 2

Die Firma HMP möchte am Montagvormittag Ihre Heizung reparieren.
Schreiben Sie eine E-Mail an die HMP Firma.

- Informieren Sie die Firma, dass Sie am Montagvormittag nicht zu Hause sind.
- Schlagen Sie einen neuen Termin vor.
- Bitten Sie um eine Antwort.

Schreiben Sie 30–40 Wörter.
Schreiben Sie zu allen drei Punkten.

Schreiben Sie eine Email.

Stichpunktzettel

Sprechen

Teil 1

A

Goethe-Zertifikat A2	Sprechen Teil1
Fragen zur Person	
Sport?	

Goethe-Zertifikat A2	Sprechen Teil1
Fragen zur Person	
Soziale Netzwerke?	

Goethe-Zertifikat A2	Sprechen Teil1
Fragen zur Person	
Einkaufen?	

Goethe-Zertifikat A2	Sprechen Teil1
Fragen zur Person	
Urlaub?	

Sport?

A: _____

B: _____

Soziale Netzwerke?

A: _____

B: _____

Einkaufen?

A: _____

B: _____

Urlaub?

A: _____

B: _____

B

Goethe-Zertifikat A2	Sprechen Teil1
Fragen zur Person	

Freizeit?

Goethe-Zertifikat A2	Sprechen Teil1
Fragen zur Person	

Arbeitszeit?

Goethe-Zertifikat A2	Sprechen Teil1
Fragen zur Person	

Kinder?

Goethe-Zertifikat A2	Sprechen Teil1
Fragen zur Person	

Lieblingsessen?

Freizeit?

A: _____

B: _____

Arbeitszeit?

A: _____

B: _____

Kinder?

A: _____

B: _____

Lieblingsessen?

A: _____

B: _____

Teil 2

Aufgabenkarte A

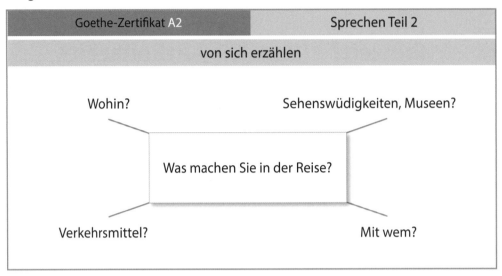

Goethe-Zertifikat A2	Sprechen Teil 2

von sich erzählen

Wohin?

Sehenswüdigkeiten, Museen?

Was machen Sie in der Reise?

Verkehrsmittel?

Mit wem?

Frage 1. Wohin?

_____

_____

_____

Frage 2. Sehenswüdigkeiten, Museen?

_____

_____

_____

Frage 3. Verkehrsmittel?

_____

_____

_____

시험관의 예상 질문

1. Was machen Sie davon am liebsten?

2. Waren Sie in Köln?

3. Fahren Sie auch gern mit dem Bus?

4. Machen Sie im Winter keinen Urlaub?

Aufgabenkarte B

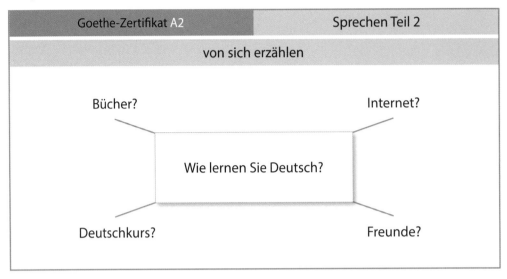

Goethe-Zertifikat A2	Sprechen Teil 2

von sich erzählen

Bücher?

Internet?

Wie lernen Sie Deutsch?

Deutschkurs?

Freunde?

Frage 1. Bücher?

Frage 2. Internet?

Frage 3. Deutschkurs?

Frage 4. Freunde?

시험관의 예상 질문

1. Lesen Sie auch Kriminalromane?

   _____

   _____

   _____

2. Wie schlagen Sie die Wörter nach, wenn Sie das Internet nicht benutzen können?

   _____

   _____

   _____

3. Sind Sie für Gruppenunterricht?

   _____

   _____

   _____

4. Sprechen Sie mit Ihrer Freundin auf Deutsch?

   _____

   _____

   _____

Teil 3

Etwas aushandeln (Kandidat A/B).

Sie wollen am Sonntag etwas zusammen unternehmen. Besprechen Sie gemeinsam und einigen Sie sich am Ende auf eine gemeinsame Aktivität.

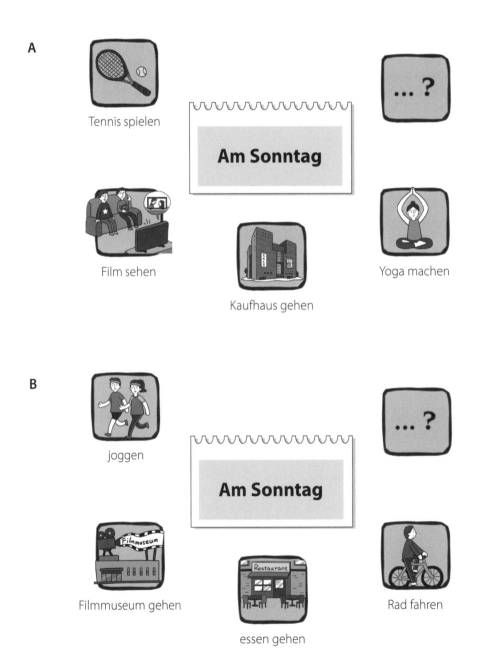

A

Tennis spielen

Am Sonntag

... ?

Film sehen

Kaufhaus gehen

Yoga machen

B

joggen

Am Sonntag

... ?

Filmmuseum gehen

essen gehen

Rad fahren

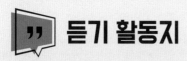

듣기 활동지

본문을 듣고 빈칸을 채워 보세요.

Teil 1

Aufgabe 1

Guten Tag Frau Luisa. Lukas Tobiassen hier. Heute ① _____ das Fest nicht in der Sporthalle ② _____. Da ist ein Fehler in der Einladung. Das Fest findet vor dem Rathaus statt. Bitte kommen Sie um 19.00 Uhr direkt dorthin. Wenn Sie früher ankommen, melden Sie sich bei mir. Wenn es geht, ③ _____ ich Sie am Hauptbahnhof ④ _____. Danke! Auf Wiederhören.

Aufgabe 2

Im Olympia Stadion gibt es ein Konzert. Aber alle ① _____ sind vor dem Stadion besetzt. Autofahrer können ihren Wagen noch hinter dem Spielplatz abstellen. Wenn es möglich wäre, kommen Sie einfach ② _____ _____, weil es auch hier nur wenige Parkmöglichkeiten gibt. Vom Hauptbahnhof erreichen Sie den Platz ③ _____ _____ _____ zu Fuß.

Aufgabe 3

Hi, Alina. Jakob hier. Wir haben uns doch heute Abend am Bahnhof verabredet. Leider muss ich jetzt doch länger arbeiten, deshalb kann ich heute Abend nicht kommen. Aber ① _____ _____ _____ vielleicht am Samstag? Am Sonntag ② _____ _____ auch gut für mich. Ruf mich doch bitte auf dem Handy an.

Aufgabe 4

Der Wetterbericht. Heute bleibt es tagsüber weiter schwül bei maximal 33°C. Es wird gegen Abend Gewitter erwartet. Im Norden wird es windig und bewölkt. Morgen ist es ① _____ und mit nur noch 18 Grad deutlich ② _____. Ab übermorgen wird es wieder ③ _____.

Aufgabe 5

Schönen guten Tag, Frau Hauschuka. Sie wollten doch morgen Mittag nach Hamburg. Hier ist Ihr Fahrplan. Sie fahren von Frankfurt um ① _____ Uhr ab und kommen um 15 Uhr in Hamburg an. Der Preis beträgt ② _____ Euro. Oh, tut mir leid. Ich habe es falsch gesehen. Der Preis ist ③ _____ Euro.

Teil 2

Aufgabe 6 bis 10

Leo   Sag mal, was hast du die kommende Woche vor?

Mia   Warte mal kurz. Hmmm. Montags schwimme ich immer um 6 Uhr früh. Nach dem Schwimmen ① _____ ich mich ganz frisch.

Leo   Um 6 Uhr? Wow, ② _____ _____ bin ich nicht. Das ist doch anstrengend. Was machst du dann am Dienstag?

Mia   Am Dienstag muss ich den ganzen Tag unterrichten. Ab nächsten Monat singe ich am Dienstagabend im Chor.

Leo   Ach ja, dort will ich auch einmal mitkommen.

Mia   Ja gern, ③ _____ _____. Dann habe ich am Mittwoch einen Kochkurs, weil ich nicht so gut kochen kann. Aber ich mache das gern. Am Donnerstag fahre ich meistens mit dem Fahrrad. Aber diese Woche ④ _____ _____ _____. Deshalb mache ich dieses Mal Sport im Fitnesscenter.

Leo   Okay, das finde ich ⑤ _____. Und was machst du am Freitag und Samstag?

Mia   Am Freitag Abend bin ich bei einer Geburtstagsparty eingeladen.

Leo   Momentmal, vielleicht die Party von Peter?

Mia   Ja, kommst du auch? Sehen wir uns da! Dann sollten wir vorher nicht so viel essen. Und für Samstag habe ich ein Ticket für das Orchesterkonzert reserviert. Da spielen tolle Orchester. Kommst du mit?

Leo   Sehr gerne! Ich freue mich schon darauf!

Teil 3

Aufgabe 11

> **Frau** Hallo Jonas, was möchtest du trinken? ① _____ _____ oder möchtest du ② _____ _____?
>
> **Mann** Ich trinke nicht so gern Kaffee, und ich habe heute schon so viel Kaffee getrunken. Ich weiß nicht, was ich nehme... Und du? ③ _____ _____ _____ _____?
>
> **Frau** Ich trinke ein Bier. Möchtest du auch eins haben?
>
> **Mann** Nein, dann lieber einen Apfelsaft, ein Bier vielleicht später.

Aufgabe 12

> **Mann** Was kann ich für Sie tun?
>
> **Frau** Die Hose da gefällt mir, die mit den Punkten. Kann ich die Hose kurz anschauen?
>
> **Mann** Ja, klar. Warten Sie einen Moment.
>
> **Frau** Sie ist ① _____ _____ _____. Schade. Ich finde den Mantel auch schön. Aber Winter ist schon ② _____ vorbei. Den brauche ich nicht.
>
> **Mann** Oder vielleicht ③ _____ Ihnen dieses Kleid.
>
> **Frau** Oh, das Kleid habe ich nicht gesehen. Darf ich mal ④ _____?

Aufgabe 13

> Am Telefon.
>
> **Frau** Hast du schon alles vorbereitet?
>
> **Mann** Ja, ich denke schon. Ich habe schon alles eingepackt. Ach, ich habe nur den Regenschirm vergessen. Weißt du, wie das Wetter heute wird?

Frau Im Wetterbericht haben sie gesagt, dass ① _____ _____ _____
_____. Aber ② _____ _____ _____ _____. Erst am
Sonntag wird es regnen. Dann bist du schon zu Hause oder?

Mann Ja das stimmt. Danke!

Frau Ich wünsche dir eine schöne Reise!

Aufgabe 14

Frau Herr Baumgart, wie kommen Sie zur Arbeit?

Mann Früher bin ich immer mit dem Auto gefahren. Aber ① _____
mache ich das nicht mehr, wegen zu viel Verkehr, und zu viel Stress.
Ich möchte eigentlich den Bus nehmen, aber es kostet was. Also
fahre ich mit meinem Fahrrad, Und ich kann beim Fahren die schöne
② _____ sehen. Das macht mich glücklich.

Aufgabe 15

Frau Guten Tag, hier ist Losa von der Dr. Schauman ① _____.

Mann Ja, Guten Tag.

Frau Sie können nächste Woche Montag wieder zur Krankengymnastik
kommen.

Mann Ja, ② _____ _____ _____. Muss ich lange warten?

Frau Sie müssen nicht lange warten. Sie kommen sofort dran. Gehen Sie
direkt in den Raum 103. Und bitte bringen Sie das ③ _____
vom Arzt und Ihre Sportkleidung mit.

Teil 4

Aufgabe 16 bis 20

Ansager	Schönen guten Abend! Heute ① _____ wir Ihnen Dr. Karin ② _____. Sie ist in München seit 2004 Hausärztin.
Dr. Karin	Guten Abend!
Ansager	Dr. Karin, zurzeit machen viele Leute Diät. Was denken Sie darüber? Können Sie uns eine gute Methode beibringen?
Dr. Karin	Ich denke, ③ _____ _____ ist Bewegung und richtige Ernährung. Viele Menschen behaupten, dass es hier ein Superprogramm gibt, womit man 100% abnehmen kann. Aber das geht leider nicht. Jeder hat andere Veranlagungen. Daher sind alle unterschiedlich
Ansager	Wie kann man dann ④ _____? Manche Menschen essen nur einmal am Tag. Ist das in Ordnung?
Dr. Karin	Natürlich nicht. Man sollte jeden Tag regelmäßig zwei bis dreimal essen. Und wenn man abends isst, ist das ⑤ _____ _____.
Ansager	Ist spät am Abend essen okay?
Dr. Karin	Ja, es ist ok. Aber man soll nichts Fettiges essen. Und das wichtigste ist, viel Wasser trinken und gut ausschlafen. Wie schon erwähnt, jeder ist anders, deswegen braucht jeder einen anderen Plan.
Ansager	Ja, das finde ich auch wichtig. Würden Sie noch etwas sagen?
Dr. Karin	Ich hoffe, dass die Menschen sich nicht ⑥ _____ _____ stressen und regelmäßig essen, und Sport treiben. Ich empfehle, jedem zuerst einen Test zu machen und dann einen geeigneten Plan zu erstellen. Seien Sie nicht faul und machen Sie damit weiter.
Ansager	Vielen Dank Dr. Karin.

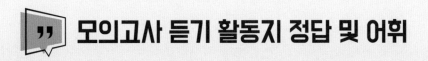

모의고사 듣기 활동지 정답 및 어휘

Teil 1

Aufgabe 1

답 ① findet ② statt ③ hole ④ ab

어휘 **stattfinden** [v.] 개최하다 ㅣ **abholen** [v.] 데리러오다

Aufgabe 2

답 ① Parkplätze ② zu Fuß ③ in 10 Minuten

어휘 **die Parkplätze** [n.] 주차 공간들 ㅣ **zu Fuß** 걸어서 ㅣ **in 10 Minuten** 10분 안에

Aufgabe 3

답 ① passt es dir ② ist es

어휘 **Es passt dir.** 너에게 알맞다.

Aufgabe 4

답 ① nass ② kühler ③ wärmer

어휘 **nass** [a.] 비가 오고, 젖은 ㅣ **kühl** [a.] 시원한 ㅣ **warm** [a.] 따뜻한

Aufgabe 5

답 ① 10.45 ② 121 ③ 112

어휘 **10.45** [zehn Uhr fünfundvierzig (= viertel vor elf)] ㅣ **121** [einhunderteinundzwanzig] ㅣ **112** [einhundertzwölf]

Teil 2

Aufgabe 6 bis 10

답 ① fühle ② so fleißig ③ warum nicht ④ wird es regnen ⑤ besser

어휘 **fühlen** [v.] 느끼다 ∣ **fleißig** [a.] 열심히 ∣ **warum nicht** 왜 아니겠는가 ∣ **Es wird regnen.** 비가 올 것이다. ∣ **besser** [a.] 더 좋은 (gut의 비교급)

Teil 3

Aufgabe 11

답 ① Einen Kaffee ② einen Traubensaft ③ Was nimmst du denn

어휘 **der Kaffee** [n.] 커피 ∣ **der Traubensaft** [n.] 포도 주스 ∣ **Was nimmst du denn?** 무엇을 주문할 거야?

Aufgabe 12

답 ① mir zu klein ② fast ③ gefällt ④ anprobieren

어휘 **mir zu klein** 나에게 너무 작은 ∣ **fast** [adv.] 거의 ∣ **gefallen** [v.] 마음에 든다 ∣ **anprobieren** [v.] 입어 보다

Aufgabe 13

답 ① es sehr bewölkt wird ② mach dir keine Sorgen

어휘 **Es sehr bewölkt wird.** 구름이 많이 낀다. ∣ **Mach dir keine Sorgen.** 걱정 하지 마.

Aufgabe 14

답 ① heutzutage ② Landschaft

어휘 **heutzutage** [adv.] 요즘, 근래에 ∣ **die Landschaft** [n.] 풍경, 경치

Aufgabe 15

답 ① Arztpraxis ② das klingt gut ③ Rezept

어휘 **die Arztpraxis** [n.] 개인 병원 | **das klingt gut** 소리가 좋다 | **das Rezept** [n.] 처방전

Teil 4

Aufgabe 16 bis 20

답 ① stellen ② vor ③ das wichtigste ④ abnehmen ⑤ kein Problem ⑥ zu sehr

어휘 **vorstellen** [v.] 소개하다 | **das wichtigste** 가장 중요한 것 | **abnehmen** [v.] 살을 빼다 | **kein Problem** 문제없다 | **zu sehr** 너무 많이

ZERTIFIKAT
DEUTSCH
독일어 능력시험

연습문제 정답

Kapitel 2 문법
연습문제 정답

Lektion 1 인칭대명사와 소유대명사

1
1. Ihr
2. Seine
3. Ihre
4. Ihr
5. Seine

2
1. Wo wohnen Ihre Eltern?
2. Ich suche meinen Bruder.
3. Ich kenne Sie schon.
4. Gefällt Ihnen Ihr Haus?
5. Ich verstehe Sie nicht.

3
1. X
2. -er
3. -e
4. -e
5. -en

Lektion 2 의문문

1
1. Lernt
2. Geht
3. Isst
4. gehst
5. ist

2
1. Wer
2. Wessen
3. Wohin
4. Wo
5. Wessen
6. Warum
7. Wie
8. Wer
9. Wo
10. Welche

Lektion 3 수사

1
1. siebenunddreißig
2. (ein)hundertvier
3. achttausendachthundertachtundachtzig
4. neuntausendneunhundertneunundneunzig

2
1. viertel nach zwölf
2. viertel vor elf
3. halb sechs
4. ein

3
1. vierzig
2. vierten, neunzehnhundertneunundachtzig
3. sechsundzwanzig

Lektion 4 동사의 시제

1
1. ging
2. hatte
3. öffnete
4. sprach
5. sah

2
1. war
2. gehabt
3. fahren, fuhr
4. kannte, gekannt
5. nehmen, genommen

3
1. Der Vogel hat wunderschön gesungen.
2. Sie haben im Zimmer gesessen.
3. Ich habe ihn vor dem Kino getroffen.

4. Er hat gern ein Glas Milch getrunken.

Lektion 5 화법조동사

1 1. ④ 2. ②
    3. ③ 4. ③
    5. ③

2 1. will/wollte
    2. muss/musste
    3. darfst/durftest
    4. sollen/sollten
    5. mag/mochte

3 1. Darf/Kann ich jetzt nach Hause gehen? Ja, du darfst jetzt nach Hause gehen.
    2. Wir wollen morgen einen Ausflug machen.
    3. „Darf ich das Bild behalten?"
    4. Du musst unbedingt die deutsche Prüfung bestehen.
    5. Ich bin sehr müde, deshalb kann ich es nicht machen.

Lektion 6 분리동사와 비분리동사

1 1. rufe, an
    2. kommt, an
    3. verlassen, X
    4. besucht, X
    5. Mach, zu

2 1. Ich bin um 6 Uhr aufgestanden.

2. Er hat die Tür aufgemacht.
3. Nina ist zur Party mitgekommen.
4. Er hat mit dem Unterricht begonnen.
5. Er hat nichts verstanden.

Lektion 7 전치사

1 1. ④ 2. ①
    3. ② 4. ①
    5. ④

2 1. dem 2. den
    3. dem 4. den, den
    5. den

3 1. zwischen 2. vor
    3. auf 4. unter
    5. hinter 6. in
    7. an 8. neben

Lektion 8 접속사

1 1. Er kommt heute nicht, aber er kommt morgen.
    2. Willst du mit mir ins Kino gehen, oder hast du Lust auf ein Konzert?
    3. Ich komme aus Südkorea und er kommt aus Japan.
    4. Wir können bei Mia einen Film sehen, denn sie hat viele DVDs.
    5. Fahrt ihr mit dem Auto, oder (fahrt ihr) mit dem Zug?

2 1. ① 2. ①

3. ①   4. ②

5. ②

3 1. Als   2. Wenn

3. weil   4. dass

5. während   6. bevor

7. Obwohl

Lektion 9 형용사의 어미변화

1 1. -er   2. -e

3. -es   4. -e

5. -e

2 1. -en   2. -e, -e

3. -en   4. -en, -en

5. -er

3 1. ①   2. ④

3. ②   4. ①

5. ④

4 1. e   2. es

3. e   4. en

Lektion 10 관계대명사

1 1. der   2. dessen

3. dem   4. den

5. denen

2 1. Kennen Sie die Leute, die laut gesungen haben?

2. Das ist der Professor, bei dem ich studiert habe.

3. Das Kind, dem ich ein Spielzeug geschenkt habe, hat sich gefreut.

4. Das ist der Freund, der sehr gut Klavier spielt.

5. Das ist die Freundin, die ich im Urlaub kennengelernt habe.

6. Er sagte mir alles, was er wusste.

Kapitel 3 어휘
check up 정답

 Lektion 1 가족과 친구

1 Haben Sie Kinder?
2 Ich lebe noch mit meinen Eltern zusammen.
3 Wo sind Sie geboren?
4 Ich teile ein Zimmer mit meinem Bruder.
5 Ist meine Mutter da, bitte?
6 Mein Geburtsort ist Busan.
7 Meine Familie ist eine Großfamilie.
8 Ich vermisse mein Heimatland.
9 Meine Schwester ist nicht besonders sportlich.
10 Morgen früh geht mein Vater zur Arbeit.

 Lektion 2 여가시간

1 Ich interessiere mich für Musik.
2 Spielen Sie ein Instrument?
3 Ich höre gern die Musik im Radio.
4 Bis wann läuft der Film?
5 Zurzeit komponiere ich ein Stück für Klavier.
6 Im Museum gibt es zurzeit eine Ausstellung.
7 Ein Besuch des Museums lohnt sich immer.
8 Ich surfe gern im Internet.
9 Er sammelt Briefmarken.
10 Ich mache kaum Sport.

 Lektion 3 일상

1 Ich arbeite nicht gern.
2 Die Schule beginnt jeden Morgen um 8 Uhr.
3 Ich stehe um 9 Uhr auf.
4 Was machst du am Wochenende?
5 Frühstücken Sie jeden Morgen?
6 Wann schläfst du?
7 Kannst du mich morgen um 6 Uhr wecken?
8 Kannst du mir die Uhrzeit sagen?
9 Ich hole dich um 5 Uhr ab.
10 Haben Sie am Samstag Zeit?

 Lektion 4 집1

1 Ich möchte ein schönes Haus mieten.
2 Ich vermiete mein Haus für 2 Jahre.
3 Können Sie mir helfen, eine gute Wohnung zu finden.
4 Ich suche meinen Schlüssel.
5 Wie gefallen Ihnen die Häuser?
6 Beschreiben Sie mir bitte Ihre Wohnung.
7 Gibt es hier ein Bad?
8 Die Wohnung ist schön.
9 Kreuzen Sie an, wo Sie wohnen wollen.
10 Diese Wohnung hat zwei Zimmer.

집2

1   Das Zimmer hat 13 Quadratmeter.
2   Die Kaution kostet 300 Euro.
3   Die Nebenkosten des Hauses sind teuer.
4   Die 2-Zimmer-Wohnung gefällt mir.
5   Wo kann ich die Anmeldung abgeben?
6   Ich brauche ein möbliertes Zimmer.
7   Wie ist Ihre Adresse?
8   Seit wann wohnen Sie hier?
9   Wie lange leben Sie hier?
10 So schlimm war das Haus nicht.

날씨

1   Es hat den ganzen Tag geregnet.
2   Es schneit viel im Winter.
3   Die Sonne scheint, der Himmel ist blau, und wolkenlos.
4   Die Himmelsrichtungen sind Norden, Süden, Osten und Westen.
5   Im Winter ist es kalt.
6   Es hat gehagelt.
7   Manchmal ist das Wetter über 28 Grad.
8   Welche Jahreszeit magst du?
9   Die Temperatur ist gestiegen.
10 Wie ist das Wetter?

건강1

1   Mein Bein tut weh.
2   Er hat sich erkältet.
3   Gute Besserung!
4   Bleiben Sie im Bett.
5   Ich brauche einen Termin.
6   Kann ich den Termin auf Donnerstag verschieben?
7   Brauche ich da einen Termin oder kann ich einfach vorbeikommen?
8   Ihre Hand sieht ja schlimm aus!
9   Ich muss den Termin absagen.
10 Ich fühle mich nicht wohl.

건강2

1   Rauchen ist nicht gesund.
2   Ich habe Bauchschmerzen.
3   Wie hoch ist das Fieber?
4   Dein Fuß ist ja ganz dick!
5   Er kommt nicht in die Schule, weil er krank ist.
6   Muss ich im Krankenhaus bleiben?
7   Welche Krankenversicherung haben Sie?
8   Nehmen Sie die Tablette hier. Das hilft gegen die Schmerzen.
9   Haben Sie Ihren Krankenschein dabei?
10 Ich habe Kopfschmerzen.

Lektion 9 도시 관광

1 Der Dom ist sehr berühmt.
2 Wie komme ich zum Berlinhauptbahnhof?
3 Die Stadt liegt im Norden von Hamburg.
4 Er führte die Touristen durch ein Museum.
5 Ich bin ihr auf der Straße begegnet.
6 Gibt es hier in der Nähe ein Kaufhaus?
7 Wie weit ist es zum Goetheplatz?
8 Ich danke Ihnen für die Führung.
9 Entschuldigung, ich bin auf der Suche nach Sehenswürdigkeiten.
10 Wo kann man hier eine Eintrittskarte kaufen?

Lektion 10 의류

1 Hast du schon das Kleid gekauft?
2 Ziehen Sie die Größe M einmal an.
3 Darf ich einmal anprobieren?
4 Die Qualität muss stimmen.
5 Welcher Rock steht mir besser?
6 Wo bekomme ich Ermäßigung?
7 Mir gefällt der Mantel.
8 Wo finde ich Damenkleidung?
9 Haben Sie den Rock auch in Größe 2?
10 Welche Farbe magst du?

Lektion 11 학업

1 Ich lerne Deutsch.
2 Er studiert fleißig.
3 Zuerst mache ich Hausaufgaben.
4 Was bedeutet das Wort?
5 Erklären Sie mir den Satz?
6 Morgen habe ich eine Prüfung in Deutsch.
7 Mein Hauptfach ist Medizin
8 Könnten Sie mir bitte das Informationsmaterial zusenden?
9 Wir lernen in der Schule zwei Fremdsprachen.
10 Wie viele Sprachen sprichst du?

Lektion 12 레스토랑

1 Ich suche einen Platz.
2 Nehmen Sie doch Platz.
3 Haben Sie schon bestellt?
4 Verzeihen Sie, das Essen ist nicht frisch und zu kalt.
5 Kann ich mit Kreditkarte bezahlen?
6 Probier mal diesen Wein!
7 Viel Spaß beim Essen!
8 Ein Glas Bier bitte!
9 Guten Appetit! Ich bedanke mich ebenfalls.
10 Die Rechnung bitte.

여행

1. Die Fahrt nach Hamburg dauert 4 Stunden.
2. Ich fahre übers Wochenende zu meinen Freunden.
3. Der Zug kommt um 13 Uhr in Berlin an.
4. Leider habe ich die Durchsage nicht gehört.
5. Ich würde gern mitkommen, aber ich bin leider krank.
6. Führt dieser Weg zur Stadtmitte?
7. Du musst unbedingt zurückfahren.
8. Wir haben gerade das Flugzeug verpasst.
9. Steigen Sie bitte schnell ein!
10. Um 4 Uhr komme ich an.

모의고사
해설

Lesen 읽기

유형 1

당신은 신문에서 이 본문을 읽게 됩니다.

1~5번까지 문제를 읽고 a, b, c 중 알맞은 정답을 고르세요.

Christian Rach 스타 요리사의 전기

스타 요리사 Christian Rach는 1957년에 Saarland에서 태어났고, 프랑스 가까운 곳에서 어머니의 맛있는 레시피와 함께 자랐습니다. 그는 어린 시절부터 부엌에 있는 것을 좋아했습니다. 오늘날 Rach는 요리사일 뿐만 아니라 식당 주인이자 TV 스타이기도 합니다.

졸업 직후에 Hamburg로 이사해서 수학과 철학을 전공하기 시작했습니다. 대부분의 학생들은 학비를 마련하기 위해 서빙 일을 하는 동안에, 그는 거기서 요리를 시작했습니다. 그가 요리를 했을 때는 테이블이 하나도 남아 있지 않을 만큼 매우 성공적이었습니다.

그러나 학업은 어려웠습니다. 따라서 Rach는 학업을 중단했고 요리 견습생을 시작했습니다. 그는 함부르크에서 머무르기를 원했습니다. 그래서 그는 1986년 Hamburg-Altona에서 그의 첫 번째 레스토랑을 오픈하기로 결정했습니다.

23년 후 Rach는 뭔가 새로운 것을 시도하길 원했기에 레스토랑 문을 닫았습니다. Rach는 RTL(방송국)방송에서 "Teufelsküche"라는 프로그램을 통해 TV 경력을 시작했습니다. 그 이후, "Rach, 레스토랑 측정가"라는 프로가 뒤이어 따라 왔습니다. 그 프로는 독일 TV 프로그램 상을 수상했습니다.

어휘 **sein...geboren** [v.] 태어났다 (gebären의 현재완료) ㅣ **wuchs** [v.] 자랐다 (wachsen의 과거) ㅣ **lecker** [a.] 맛있는 ㅣ **das Rezept** [n.] 요리법 ㅣ **das Frankreich** [n.] 프랑스 ㅣ **schon** [adv.] 이미 ㅣ **als Kind** ~어렸을 때 ㅣ **in der Küche** 부엌에서 ㅣ **der Restaurantbesitzer** [n.] 레스토랑 소유주 ㅣ **das Abitur** [n.] 졸업 시험 ㅣ **sein...umgezogen** [v.] 이사 갔다 (umziehen 현재완료) ㅣ **dort** [adv.] 거기서 ㅣ **haben...begonnen** 시작했다 (beginnen의 현재완료) ㅣ **brach...ab** [v.] 중지하다 (분리동사 abbrechen의 과거) ㅣ **während** [prp.] ~하는 동안에 (2격 전치사) ㅣ **kellnerten** [v.] 웨이터로 일했다 (kellnern의 과거) ㅣ **finanzieren** [v.] 자금을 조달하다 ㅣ **mit dem Studium** 학업 중에 ㅣ **begann** [v.] 시작했다 (beginnen의 과거) ㅣ **die Kochausbildung** [n.] 요리 직업교육 ㅣ **bleiben** [v.] 머물다 ㅣ **deshalb** [adv.] 그래서 ㅣ **beschloss** [v.] 결정했다 (beschließen의 과거) ㅣ **eröffnen** [v.] 개업하다 ㅣ **wollten** [v.] 원했다 (wollen의 과거) ㅣ **ausprobieren** [v.] 시도하다 ㅣ **schloss** [v.] 닫다 (schließen의 과거) ㅣ **das Restaurant** [n.] 레스토랑 ㅣ **starten** [v.] 시작하다 ㅣ **die Fernsehkarriere** [n.] TV 경력 ㅣ **der Fernsehpreis** [n.] TV 부문 상

1 Christian Rach는 _____

　□a　유명하지 않은 요리사입니다.

　☒b　유명한 요리사일 뿐만 아니라 TV 스타입니다.

　□c　요리사가 되고 싶은 TV 스타입니다.

　어휘　unbekannt [a.] 유명하지 않은 ⏐ der Koch [n.] 요리사 ⏐ die Sendung [n.] 방송 ⏐ berühmt [a.]
　유명한 ⏐ werden [v.] ~이 되다

2 그는 대학 공부와 함께 _____

　☒a　레스토랑에서 일했습니다.

　□b　일을 병행하지 않았습니다.

　□c　사무실에서 일했습니다.

　어휘　arbeiten [v.] 일하다 ⏐ nicht [adv.] 않다

3 Christian Rach는 _____

　□a　그의 학업을 성공적으로 마쳤습니다.

　□b　그의 부모님으로부터 돈을 받았습니다.

　☒c　그의 학업을 중단했습니다.

　어휘　erfolgreich [a.] 성공적으로 ⏐ haben ... abgebrochen 중단했다 (abbrechen의 현재완료)

4 Christian Rach는 23년 후에 _____

　□a　스타 쉐프가 되기를 원했습니다.

　☒b　다른 무엇인가를 시도하고 싶었습니다.

　□c　새로운 레스토랑을 열고자 했습니다.

　어휘　der Starkoch [n.] 스타 쉐프

5 "Teufelsküche" 프로그램과 _____

　□a　그는 더 이상 일하고 싶어 하지 않았습니다.

　□b　Rach는 그의 요리 경력을 그만두었습니다.

　☒c　Rach는 TV 프로그램 활동을 시작하였습니다.

　어휘　die Sendung [n.] 프로그램 ⏐ haben...angefangen [v.] 시작했다 (anfangen의 현재완료)

유형 2

다음 백화점의 층별 목록을 읽고, 6-10번까지의 문제를 풀어 보세요. 어디로 가야 합니까?
a, b, c 중에서 정답을 고르세요.

Beispiel

0   당신은 커피 한 잔을 마시고 싶다.

    ⓐ 1층(한국식 2층)에서

    ☒ 4층(한국식 5층)에서

    ⓒ 다른 층에서

6   당신은 **3살짜리 딸의 원피스를 사고 싶다.**

    ⓐ 1층(한국식 2층)에서

    ⓑ 2층(한국식 3층)에서

    ☒ 다른 층에서

    어휘 **die 3 jährige Tochter** 3살짜리 딸

7   당신은 지갑을 잃어버렸다. 당신은 다시 하나를 가지려고 한다.

    ⓐ EG층(한국식 1층)에서

    ⓑ 2층(한국식 3층)에서

    ☒ 다른 층에서

    어휘 **haben...verloren** [v.] 잃어버렸다 (verlieren의 현재완료) ¦ **der Geldbeutel** [n.] 지갑

8 당신은 수분크림을 선물로 사려고 한다.

ⓐ 1층(한국식 2층)에서

ⓑ 2층(한국식 3층)에서

ⓒ 다른 층에서

어휘 **die Feuchtigkeitscreme** [n.] 수분크림 | **als Geschenk** 선물로써

9 당신은 영화를 보고 싶다.

ⓐ 지하 층에서

ⓑ 2층(한국식 3층)에서

ⓧ 다른 층에서

어휘 **das Untergeschoss** [n.] 지하 층

10 당신은 남편을 위한 외투가 필요하다.

ⓐ 2층(한국식 3층)에서

ⓑ 3층(한국식 4층)에서

ⓒ 다른 층에서

어휘 **der Mantel** [n.] 코트, 외투

백화점 Wilhelms	
5층	영화관, DVD, 선물, 장난감, 레저 가방, 여행용 캐리어, 작은 가방 그리고 지갑, 카페, 빵집, 미용실과 네일샵, 고객 화장실
4층	핸드폰, 전화기, Mp3 플레이어, CD 플레이어, DVD 플레이어, 라디오, TV, 컴퓨터, 노트북, 태블릿, 소프트웨어, 인쇄기, CD, 비디오게임, 어린이와 청소년을 위한 의류, 아기 옷
3층	남성복, 남자 잠옷, 남자 속옷, 거실 가구, 욕실과 부엌 가구, 카펫, 조명, 커튼, 쿠션, 이불(덮개), 장식품, 수건
2층	여성복, 여자 잠옷, 여자 속옷, 유모차, 신발, 시계, 보석, 향수, 화장품, 운동복, 작업복
1층	안내데스크, 식기류와 유리잔, 수저, 냄비와 프라이팬, 석쇠, 문구류, 축하카드, 달력, 책가방, 기념품, 구두 수선소, 열쇠집, 꽃집
지하층	슈퍼, 청소와 세제 용품, 사진 서비스, 담배, 잡지와 신문, 극장과 콘서트 티켓 판매소, 여행사, 현금 입출기, 고객 화장실

 TIPP! 독일의 Erdgeschoss(0층)은 한국의 1층입니다.

유형 3

이메일을 읽으세요. 11-15번 문제를 읽고, a, b, c 중에서 정답을 고르세요.

사랑하는 Piona야,

나는 네가 나를 방문하러 온다니 정말 기뻐. 나는 Madrid에서 우리의 휴가를 기억해. 네가 이번에 오면, 우리는 분명히 다시 좋은 시간을 보낼 수 있을 거야. 유감스럽게도 나는 금요일엔 18시까지 일을 해야 하기에 너를 마중 나갈 수 없어. 하지만 너의 기차는 17시에 이미 Duisburg 중앙역에 도착하잖아. 혹시 우리 집으로 바로 올 수 있어? 내가 너에게 길을 알려줄게. 길이 아주 쉬워. 역 앞에서 1번 라인 버스를 타고 그 다음에 Papenburgstraße에서 내려. 그럼 너는 바로 노란색 집이 보일 거야. Löw의 집 벨을 눌러. 내 여동생 Jara가 집에 있어. 그녀는 네가 온다는 것을 알고 있고 기뻐하고 있어. 너 모든 걸 이해했니? 내 생각엔 넌 분명 할 수 있을 거야. 그리고 너 아직 Julia를 알지? 그녀가 너를 보기 위해서 잠시 우리를 방문할 거야. 그럼 우리 곧 만나자!

사랑과 안부를 담아
Marek

어휘 **sich erinnern** [v.] 기억하다 | **an unseren Urlaub** 우리들의 휴가를 | **sicher** [a.] 확실히 | **wieder** [adv.] 다시 | **verbringen** [v.] 시간을 보내다 | **leider** [adv.] 유감스럽게도 | **direkt** [a.] 바로, 곧은 | **beschreiben** [v.] 묘사하다, 서술하다 | **einsteigen** [v.] 탑승하다 | **aussteigen** [v.] 하차하다 | **sich freuen** [v.] 기쁘다, 기대되다 | **haben...verstanden** [v.] 이해했다 (verstehen의 현재완료) | **schaffen** [v.] 해내다 | **sehen** [v.] 보다 | **bestimmt** [adv.] 확실히, 틀림없이

11 Piona와 Marek은 _____

   ⓐ Madrid에서 서로 알게 되었다.

   ⓑ Duisburg에 함께 살았다.

   ⓧ 함께 휴가를 보냈다.

   > **어휘** **haben...sich kennengelernt** [v.] 알게 되었다 (kennenlernen의 현재완료) ⎮ **haben...gewohnt** [v.] 살았다 (wohnen의 현재완료) ⎮ **haben...gemacht** [v.] 했다 (machen의 현재완료)

12 Marek은 더 오래 일해야 한다, 그래서 _____

   ⓧ 그는 그녀를 유감스럽게도 마중 나갈 수가 없다.

   ⓑ 그녀를 18시에 마중 나가길 원한다.

   ⓒ 그는 그녀를 볼 수가 없다.

   > **어휘** **müssen** [v.] 해야만 한다 ⎮ **länger** 더 오래 (lang의 비교급) ⎮ **am Bahnhof** 역에서 ⎮ **abholen** [v.] 마중하다

13 Piona는 1번 라인 버스를 _____

   ⓐ 중앙역 뒤편에서 타야 한다.

   ⓑ 타고 내려서 10분 정도 걸어야 한다.

   ⓧ 타고 Papenburgstraße에 내려야 한다.

   > **어휘** **hinter** [prp.] 뒤에 ⎮ **nehmen** [v.] 타다

14 Marek의 여동생 Jara는 _____

   ⓧ 집에 있다.

   ⓑ Piona가 오는 것을 모른다.

   ⓒ Piona를 중앙역으로 데리러 간다.

   > **어휘** **dass** [cj.] ~하는 것

15 Julia는 _____

a Piona와 Marek을 초대하려고 한다.

b Piona와 Marek을 잠깐 방문하려고 한다.

c Piona를 보고 싶어하지 않는다.

어휘 **(bei jm.) vorbeikommen** [v.] (구어) 잠시 방문하다

유형 4

6명의 사람이 인터넷에서 장소를 찾고 있습니다.
16~20번 문제를 읽고, a부터 f까지의 광고문을 읽어보세요.
어떤 광고가 누구와 연결되나요? 6개의 질문 중 하나의 질문에는 해당하는 답이 없습니다.
해당하는 답이 없는 질문에는 X표시를 하세요.

0 **Mareike**는 빠르게 유럽으로 가는 여행을 인터넷에서 예약하고 싶어 한다. | d |

16 **Böll**씨는 결혼하기를 원한다. 하지만 여자 친구가 없다. | a |

17 **Claudia**는 여행을 하길 원한다. 하지만 그녀는 할 일이 많다. 그리고 그녀에게 아침 식사는 매우 중요하다. | c |

18 **Isabel**은 초대받았다. 그리고 그녀는 좋은 와인을 사고 싶어 했다. | f |

19 **Max**는 요리를 아주 잘할 수는 없다. 하지만 그의 부인을 위해 맛있는 케이크를 굽고 싶어 한다. | X |

20 **Marina**는 생일이 되어서 파티를 위한 장소를 찾고 있다. | e |

어휘 **frühstücken** [v.] 아침을 먹다 ǀ **heiraten** [v.] 결혼하다 ǀ **hat viel zu tun** [v.] 바쁘다 ǀ **sein ...eingeladen** [v.] 초대 받았다 (einladen의 현재완료) ǀ **für** [prp.] ~를 위해 ǀ **der Platz** [n.] 자리

www.alles–vermitteln.de

사람은 늘 운명을 기다립니다. 이것은 아름다운 기회입니다. 먼저 등록을 하세요. 그리고 당신이 만나기를 원하는 사람이 누구인지, 예를 들어 그/그녀의 나이, 직업 그리고 무엇을 기대하는지 등에 관해서 쓰세요.

www.cafe–Miamia.de

수제 케이크, 타르트, 그리고 맛 좋은 커피. 당신은 모든 것을 포장할 수 있습니다. 매일 9시–19시까지 엽니다. 오전 11시까지는 10퍼센트 할인을 받으실 수 있습니다.

Altenerstraße 10, 22312 Hamburg,
Tel. 08221 36152

www.kurztrip–europa.de

매우 싸다! 단지 멋진 하룻밤을 위하여! 회복하기 위해서 너무 많은 시간이 필요하지 않습니다! 시간이 없습니까? 당신은 항상 여행을 떠나고 싶었나요? 그럼 이제 시작됩니다! 여기 당신을 위한 아주 좋은 제안이 있습니다. 5성급 호텔에서 당신에게 맛있는 아침 식사를 제공합니다. 서둘러 주세요! 그리고 우리에게 그냥 전화 주세요!

전화. 565 32 45

www.europa–reisen.de

여행은 당신의 인생을 즐겁게 합니다! 그리고 우리는 모든 것을 가능하게 만듭니다. 유럽의 모든 4성급 호텔이 당신을 기다리고 있습니다. 당신은 홈페이지에서 간단히 신청할 수 있습니다. 너무 오래 생각하지 마세요! 그렇지 않으면 모든 상품이 빨리 품절됩니다! 당신은 시간이 많지 않아요. 지금 바로 시작하세요!

Tel. 785 43 65

www.restaurant–billy.de

Billy 식당은 버스로 시내에서 20분 정도밖에 떨어져 있지 않습니다. 전형적인 이탈리아식의 요리와 좋은 와인이 이미 준비되어 있습니다. 테라스에서는 바로 호수가 보입니다. 당신은 축제를 위한 장소를 찾고 있나요? 지금 저희와 상담해 보세요! 우리의 룸들은 50명을 위한 자리를 제공합니다.

www.getraenke–alles.de

당신은 혹시 마실 것을 구매하고 싶으신가요? 여기는 모든 음료들이 있습니다.
그리고 우리는 당신에게 좋은 맥주와 와인을 추천할 수 있습니다. 우리에게 연락을 하시면 우리는 당신이 무엇인가 좋은 것을 찾을 수 있도록 도움을 드리겠습니다.

어휘 **warten auf** [v.] 기다리다 ㅣ **das Schicksal** [n.] 운명 ㅣ **die Möglichkeit** [n.] 기회, 가능성 ㅣ **die Ermäßigung** [n.] 할인 ㅣ **köstlich** [a.] 맛좋은, 뛰어난 ㅣ **auf der Seite** 인터넷 사이트에서 ㅣ **sich anmelden** [v.] 등록하다 ㅣ **das Zentrum** [n.] 중심지 ㅣ **italienische Küche** [n.] 이탈리아식 음식 ㅣ **der Ort** [n.] 장소 ㅣ **der Wein** [n.] 와인 ㅣ **bereit** [adv.] 이미 ㅣ **empfehlen** [v.] 추천하다 ㅣ **das Bier** [n.] 맥주 ㅣ **günstiger** 더 저렴한 (günstig의 비교급) ㅣ **der See** [n.] 호수 ㅣ **ansprechen** [v.] 문의하다, 말을 걸다

Hören 듣기

유형 1

당신은 5개의 짧은 본문을 듣게 됩니다. 모든 본문은 두 번씩 듣게 됩니다.
1~5번까지 문제를 듣고, a, b, c 중 알맞은 정답을 고르세요.

1 축제는 어디에서 개최되나요?

   a 중앙역에서

   b 스포츠 홀에서

   ☒ 시청 앞에서

2 빈 주차 공간은 어디에 있나요?

   a 시청 앞에

   ☒ 놀이터 뒤에

   c 주차 자리가 더 이상 없다.

3 Jakob은 언제 Alina와 만나길 원하나요?

   a 오늘 저녁에

   ☒ 주말에

   c 평일에

4 내일의 날씨는 어떤가요?

   ☒ 비가 올 것이다.

   b 따뜻할 것이다.

   c 뇌우가 칠 것이다.

5 프랑크푸르트에서 함부르크까지의 차표는 얼마인가?

   a 120 유로

   b 121 유로

   ☒ 112 유로

Aufgabe 1

Guten Tag! Frau Luisa. Lukas Tobiassen hier. Heute findet das Fest nicht in der Sporthalle statt. Da ist ein Fehler in der Einladung. Das Fest findet vor dem Rathaus statt. Bitte kommen Sie um 19.00 Uhr direkt dorthin. Wenn Sie früher ankommen, melden Sie sich bei mir. Wenn es geht, hole ich Sie am Hauptbahnhof ab. Danke! Auf Wiederhören.

해석

안녕하세요! Luisa부인. Lukas Tobiassen입니다. 축제는 오늘 스포츠 홀에서 열리지 않습니다. 초대장에 오류가 있어요. 축제는 시청 앞에서 열립니다. 19시에 바로 그곳으로 와 주세요. 당신이 미리 도착하신다면, 저에게 연락 주세요. 가능하다면 제가 당신을 중앙역으로 마중 나가겠습니다. 감사합니다! 안녕히 계세요.

어휘 **stattfinden** [v.] 개최하다 | **der Fehler** [n.] 오류, 실수 | **die Einladung** [n.] 초대 | **das Rathaus** [n.] 시청 | **direkt** [adv.] 직접적으로 | **ankommen** [v.] 도착하다

Aufgabe 2

Skript

Im Olympia Stadion gibt es ein Konzert. Aber alle Parkplätze sind vor dem Stadion besetzt. Autofahrer können ihren Wagen noch hinter dem Spielplatz abstellen. Wenn es möglich wäre, kommen Sie einfach zu Fuß, weil es auch hier nur wenige Parkmöglichkeiten gibt. Vom Hauptbahnhof erreichen Sie den Platz in 10 Minuten zu Fuß.

해석

올림픽 경기장에서 콘서트가 있습니다. 하지만 경기장 앞 모든 주차장이 가득 찼습니다. 운전자분들은 아직 놀이터 뒤편에 주차를 하실 수 있습니다. 이곳도 주차 가능성이 적기 때문에 가능하시면, 그냥 걸어서 오세요. 중앙역에서 장소까지 걸어서 10분이면 도착하실 수 있습니다.

어휘 **das Olympia Stadion** [n.] 올림픽 경기장 | **der Wagen** [n.] 자동차 | **hinter** [prp.] ～뒤에 | **der Spielplatz** [n.] 놀이터 | **abstellen** [v.] 세워 두다 | **einfach** [adj.] 쉽게, 그냥 | **zu Fuß** 걸어서 | **wenig** [a.] 적은 | **die Parkmöglichkeit** [n.] 주차 가능성 | **erreichen** [v.] 도달하다

Aufgabe 3

> ### Skript
>
> Hi, Alina. Jakob hier. Wir haben uns doch heute Abend am Bahnhof verabredet. Leider muss ich jetzt doch länger arbeiten, deshalb kann ich heute Abend nicht kommen. Aber passt es dir vielleicht am Samstag? Am Sonntag ist es auch gut für mich. Ruf mich doch bitte auf dem Handy an.
>
> ### 해석
>
> 안녕 Alina. Jakob이야. 우리 오늘 저녁에 중앙역에서 약속했었잖아. 유감스럽게도 나는 일을 더 오래 해야 돼서, 오늘 저녁에 갈 수 없어. 그런데 너 혹시 토요일은 괜찮니? 나는 일요일도 좋아. 나에게 휴대폰으로 전화해 줘.

💬 **어휘** **haben...verabredet** [v.] 약속했다 (verabreden의 현재완료) | **leider** [adv.] 유감스럽게도 | **länger** 더 오래 (lang의 비교급) | **passen** [v.] 좋다, 알맞다

Aufgabe 4

> ### Skript
>
> Der Wetterbericht. Heute bleibt es tagsüber weiter schwül bei maximal 33°C. Es wird gegen Abend Gewitter erwartet. Im Norden wird es windig und bewölkt. Morgen ist es nass und mit nur noch 18 Grad deutlich kühler. Ab übermorgen wird es wieder wärmer.
>
> ### 해석
>
> 일기예보입니다. 오늘은 온종일 계속해서 최고 33도로 무더울 겁니다. 저녁이 되어서야 뇌우가 예상됩니다. 북쪽은 바람이 불고 구름이 낄 것입니다. 내일은 비가 오고 18도로 확연히 시원해집니다. 내일 모레부터는 다시 따뜻해질 예정입니다.

💬 **어휘** **der Wetterbericht** [n.] 일기예보 | **tagsüber** [adv.] 온종일, 낮에 | **schwül** [a.] 무더운, 찌는 듯이 더운 | **das Gewitter** [n.] 뇌우 | **erwarten** [v.] 예상되다, 기대하다 | **nass** [a.] 비가 오는, 젖은 | **deutlich** [a.] 명백한, 뚜렷한 | **kühl** [a.] 시원한 | **ab übermorgen** 내일 모레부터

Aufgabe 5

Schönen guten Tag, Frau Hauschuka. Sie wollten doch morgen Mittag nach Hamburg. Hier ist Ihr Fahrplan. Sie fahren von Frankfurt um 10.45 Uhr ab und kommen um 15.00 Uhr in Hamburg an. Der Preis beträgt 121 Euro. Oh, tut mir leid. Ich habe es falsch gesehen. Der Preis ist 112 Euro.

해석

안녕하세요, Hauschuka 부인. 당신은 내일 정오에 Hamburg로 가려고 하셨죠. 여기 당신의 기차 시간표가 있습니다. 당신은 10시 45분에 Frankfurt에서 출발하고 15시에 Hamburg에 도착합니다. 가격은 121 유로입니다. 오, 죄송합니다. 제가 가격을 잘못 보았어요. 가격은 112유로입니다.

어휘 **morgen** [adv.] 내일 ㅣ **der Fahrplan** [n.] 운행 시간표 ㅣ **abfahren** [v.] 출발하다 ㅣ **ankommen** [v.] 도착하다 ㅣ **der Preis** [n.] 가격 ㅣ **betragen** [v.] ~에 달하다 ㅣ **falsch** [a.] 틀린 ㅣ **haben...gesehen** [v.] 보았다 (sehen의 현재완료)

유형 2

당신은 하나의 대화를 듣게 됩니다. 본문은 한 번 듣게 됩니다.

Mia는 주중에 무엇을 합니까? 문제 6-10번까지 그림에 나와 있는 a-i까지의 보기를 보고, 문제를 듣고 a부터 i에서 고르세요. 각 알파벳은 단 한 번만 선택하세요.

이제 그림을 주의 깊게 보세요.

	0	6	7	8	9	10
Tag	Montag	Dienstag	Mittwoch	Donnerstag	Freitag	Samstag
Lösung	f	c	i	b	a	d

Skript

Leo	Sag mal, was hast du die kommende Woche vor?
Mia	Warte mal kurz. Hmmm. Montags schwimme ich immer um 6 Uhr früh. Nach dem Schwimmen fühle ich mich ganz frisch.
Leo	Um 6 Uhr? Wow, so fleißig bin ich nicht. Das ist doch anstrengend. Was machst du dann am Dienstag?
Mia	Am Dienstag muss ich den ganzen Tag unterrichten. Ab nächsten Monat singe ich am Dienstagabend im Chor.
Leo	Ach ja, dort will ich auch einmal mitkommen.
Mia	Ja gern, warum nicht. Dann habe ich am Mittwoch einen Kochkurs, weil ich nicht so gut kochen kann. Aber ich mache das gern. Am Donnerstag fahre ich meistens mit dem Fahrrad. Aber diese Woche wird es regnen. Deshalb mache ich dieses Mal Sport im Fitnesscenter.
Leo	Okay, das finde ich besser. Und was machst du am Freitag und Samstag?
Mia	Am Freitag Abend bin ich bei einer Geburtstagsparty eingeladen.
Leo	Moment mal, vielleicht die Party von Peter?
Mia	Ja, kommst du auch? Sehen wir uns da! Dann sollten wir vorher nicht so viel essen. Und für Samstag habe ich ein Ticket für das Orchesterkonzert reserviert. Da spielen tolle Orchester. Kommst du mit?
Leo	Sehr gerne! Ich freue mich schon darauf.

Leo 말해 봐, 너는 다가오는 주에 어떤 계획이 있니?

Mia 잠시만 기다려 봐. 음... 나는 월요일에 이른 6시에 항상 수영을 해. 수영을 하고 나면 기분이 매우 상쾌해.

Leo 6시에? 와우. 나는 그렇게 부지런하지는 않아. 그건 아주 힘들잖아. 그럼 화요일에는 무엇을 하니?

Mia 나는 화요일에 하루 종일 수업을 해야 해. 그리고 나는 다음 달부터 화요일 저녁에 합창단에서 노래를 해.

Leo 아하, 거기에 나도 한 번 같이 가고 싶어.

Mia 그래 기꺼이, 왜 안 되겠어. 그 다음에 나는 수요일에 요리를 잘 못 하기 때문에 요리 수업을 들어. 하지만 나는 그것을 즐겨 해. 목요일에는 주로 자전거를 타. 하지만 이번 주에는 비가 올 거야. 그래서 나는 이번에는 스포츠 센터에서 운동할 거야.

Leo 오케이, 나도 그것이 낫다고 생각해. 그리고 너는 금요일과 토요일에는 무엇을 하니?

Mia 나는 금요일 저녁에 생일 파티에 초대받았어.

Leo 잠시만, 혹시 Peter의 파티야?

Mia 응, 너도 오니? 그럼 우리 거기서 보자! 그러면 우리는 그 전에 너무 많이 먹지 않는 것이 좋겠다. 그리고 나는 토요일에 갈 오케스트라 콘서트 표를 예약했어. 거기서는 멋진 오케스트라가 연주해. 너도 함께 갈래?

Leo 정말 좋지! 나는 콘서트가 벌써 기대 돼.

어휘 **kommende Woche** [n.] 다음 주 | **vorhaben** [v.] 계획하다 | **schwimmen** [v.] 수영하다 | **immer** [adv.] 항상 | **anstrengend** [a.] 아주 힘든 | **sich fühlen** [v.] 느끼다 | **ganz** [adv.] 아주, 완전히 | **frisch** [a.] 신선한 | **fleißig** [a.] 열심히, 부지런한 | **den ganzen Tag** 하루 종일 | **unterrichten** [v.] 수업하다 | **der Chor** [n.] 성가대, 합창단 | **warum** [adv.] 왜, 어째서 | **der Kochkurs** [n.] 요리 강좌 | **kochen** [v.] 요리하다 | **das Fitnesscenter** [n.] 스포츠 센터 | **die Geburtstagsparty** [n.] 생일 파티 | **sein...eingeladen** [v.] 초대 받다 (einladen의 현재완료) | **das Orchesterkonzert** [n.] 오케스트라 콘서트 | **reservieren** [v.] 예약하다

유형 3

당신은 5개의 짧은 본문을 듣게 됩니다. 모든 본문은 한 번씩 듣게 됩니다
11~15번까지의 문제를 듣고, a, b, c 중 알맞은 정답을 고르세요.

Aufgabe 11

> **Skript**
>
> **Frau** Hallo Jonas, was möchtest du trinken? Einen Kaffee oder möchtest du einen Traubensaft?
>
> **Mann** Ich trinke nicht so gern Kaffee, und ich habe heute schon so viel Kaffee getrunken. Ich weiß nicht, was ich nehme... Und du? Was nimmst du denn?
>
> **Frau** Ich trinke ein Bier. Möchtest du auch eins haben?
>
> **Mann** Nein, dann lieber einen Apfelsaft, ein Bier vielleicht später.
>
> **해석**
>
> **Frau** 안녕 Jonas, 무엇을 마시고 싶니? 커피 아니면 포도 주스를 마실래?
>
> **Mann** 나는 커피를 즐겨 마시지 않아, 그리고 나는 오늘 이미 커피를 많이 마셨어. 나는 무엇을 마셔야 할지 모르겠어... 너는? 너는 무엇을 마실 거야?
>
> **Frau** 나는 맥주를 하나 마실 거야. 너도 하나 마실래?
>
> **Mann** 아니, 그럼 나는 차라리 사과 주스를 마실래, 맥주는 어쩌면 나중에 마실지도 모르겠네.

11 Jonas는 무엇을 주문했습니까?

 a

 b

 c

어휘 **trinken** [v.] 마시다 | **der Kaffee** [n.] 커피 | **der Traubensaft** [n.] 포도 주스 | **haben... getrunken** [v.] 마셨다 (trinken의 현재완료) | **nehmen** [v.] 먹다, 복용하다, 잡다 | **das Bier** [n.] 맥주 | **der Apfelsaft** [n.] 사과 주스 | **später** [a.] 더 늦은 (spät의 비교급)

Aufgabe 12

Skript

Mann Was kann ich für Sie tun?

Frau Die Hose da gefällt mir, die mit den Punkten. Kann ich die Hose kurz anschauen?

Mann Ja, klar. Warten Sie einen Moment.

Frau Sie ist mir zu klein. Schade. Ich finde den Mantel auch schön. Aber Winter ist schon fast vorbei. Den brauche ich nicht.

Mann Oder vielleicht gefällt Ihnen dieses Kleid.

Frau Oh, das Kleid habe ich nicht gesehen. Darf ich mal anprobieren?

해석

Mann 무엇을 도와드릴까요?

Frau 저기 물방울 무늬가 있는 바지가 저의 마음에 들어요. 제가 그 바지를 잠깐 봐도 될까요?

Mann 네, 당연하죠. 잠시만 기다려 주세요.

Frau 바지가 저에게 너무 작아요. 아쉽네요. 저는 이 코트도 또한 예쁘다고 생각해요. 하지만 겨울은 벌써 거의 지나갔네요. 나는 코트가 필요하지 않아요.

Mann 아니면 혹시 당신에게 이 원피스가 맘에 들지도 모르겠네요.

Frau 오, 저는 그 원피스를 보지 못했네요. 제가 한 번 입어 봐도 될까요?

12 그녀는 어떤 옷에 흥미가 있습니까?

어휘 **tun** [v.] ~하다 | **die Hose** [n.] 바지 | **mit den Punkten** 물방울 무늬가 있는 | **klein** [a.] 작은 | **der Mantel** [n.] 코트 | **der Winter** [n.] 겨울 | **fast** [adv.] 거의 | **vorbei** [adv.] 지나서, 끝나서, 통과하여 | **sein** [v.] 있다 | **anprobieren** [v.] 입어 보다

Aufgabe 13

Am Telefon

Frau   Hast du schon alles vorbereitet?

Mann   Ja, ich denke schon. Ich habe schon alles eingepackt. Ach, ich habe nur den Regenschirm vergessen. Weißt du, wie das Wetter heute wird?

Frau   Im Wetterbericht haben sie gesagt, dass es sehr bewölkt wird. Aber mach dir keine Sorgen. Erst am Sonntag wird es regnen. Dann bist du schon zu Hause oder?

Mann   Ja, das stimmt. Danke!

Frau   Ich wünsche dir eine schöne Reise!

해석

전화 통화

Frau   너는 벌써 모든 것을 준비했니?

Mann   응. 내 생각엔 그래. 나는 이미 모든 짐을 쌌어. 아. 나는 우산만 까먹었네. 너 혹시 오늘 날씨가 어떻게 되는지 아니?

Frau   기상청에서는 구름이 많이 낀다고 했어. 하지만 걱정하지 마. 일요일이 되어서야 비가 온대. 그러면 너는 이미 집일 거야. 안 그래?

Mann   응, 맞아. 고마워!

Frau   즐거운 여행이 되길 바랄게!

13   토요일에 날씨는 어떤가요?

[a]    [b]    [c]

어휘   **haben...vorbereitet** [v.] 준비했다 (vorbereiten의 현재완료) **ㅣ haben** [v.] 가지다 **ㅣ das Gepäck** [n.] 수하물, 여행 가방 **ㅣ der Regenschirm** [n.] 우산 **ㅣ vergessen** [v.] 잊다 **ㅣ das Wetter** [n.] 날씨 **ㅣ das Wetterbericht** [n.] 일기예보 **ㅣ haben...gesagt** [v.] 말했다 (sagen의 현재완료) **ㅣ Sorgen machen** 걱정을 하다 **ㅣ regnen** [v.] 비가 오다 **ㅣ das Stimmt** 그것은 맞다 **ㅣ wünschen** [v.] 소망하다 **ㅣ die Reise** [n.] 여행

Aufgabe 14

Frau Herr Baumgart, wie kommen Sie zur Arbeit?

Mann Früher bin ich immer mit dem Auto gefahren. Aber heutzutage mache ich das nicht mehr, wegen zu viel Verkehr, und zu viel Stress. Ich möchte eigentlich den Bus nehmen, aber es kostet was. Also fahre ich mit meinem Fahrrad. Und ich kann beim Fahren die schöne Landschaft sehen. Das macht mich glücklich.

해석

Frau Baumgart씨, 당신은 일하러 어떻게 오시나요?

Mann 예전엔 항상 자동차를 타고 갔습니다. 하지만 요즘엔 더 이상 그러지 않아요. 교통 체증도 심하고, 스트레스도 너무 많아서요. 저는 사실 버스를 타고 싶어요. 하지만 그것은 비용이 들죠. 그래서 저는 저의 자전거를 타요. 그리고 저는 자전거를 타면서 아름다운 경치도 볼 수 있어요. 그것은 저를 행복하게 해요.

14 그는 무엇을 타고 일하러 갑니까?

어휘 **früher** [adv.] 더 이전에 | **sein...gefahren** [v.] 탔다 (fahren의 현재완료) | **heutzutage** [adv.] 요즘, 근래에 | **der Verkehr** [n.] 교통 | **der Stress** [n.] 스트레스 | **nehmen** [v.] 잡다, 타다, 사다 | **die Landschaft** [n.] 풍경, 경치

Aufgabe 15

Skript

Frau Guten Tag, hier ist Losa von der Dr. Schauman Arztpraxis.

Mann Ja, Guten Tag.

Frau Sie können nächste Woche Montag wieder zur Krankengymnastik kommen.

Mann Ja, das klingt gut. Muss ich lange warten?

Frau Sie müssen nicht lange warten. Sie kommen sofort dran. Gehen Sie direkt in den Raum 103. Und bitte bringen Sie das Rezept vom Arzt und Ihre Sportkleidung mit.

해석

Frau 안녕하세요, 여기는 닥터 Schauman 개인 병원의 Losa입니다.

Mann 네, 안녕하세요.

Frau 당신은 다음 주 월요일에 다시 재활치료에 오실 수 있습니다.

Mann 네, 좋아요. 제가 오래 기다려야 하나요?

Frau 당신은 오래 기다릴 필요가 없어요. 바로 당신의 차례입니다. 바로 103호로 가세요. 그리고 의사의 처방전과 운동복을 가져오세요.

15 그 남자는 어디로 가야 합니까?

어휘 **die Krankengymnastik** [n.] 치료 체조, 재활 치료 ㅣ **klingen** [v.] ~처럼 들리다, 울리다 ㅣ **warten** [v.] 기다리다 ㅣ **direkt** [adv.] 곧장 ㅣ **das Rezept** [n.] 처방전 ㅣ **die Sportkleidung** [n.] 운동복 ㅣ **mitbringen** [v.] 가져오다

유형 4

당신은 하나의 인터뷰를 듣게 됩니다. 본문은 두 번 듣게 됩니다. 16–20번까지의 문제를 듣고, 맞으면 Ja에 틀리면 Nein에 X표시를 하세요. 이제 문제를 들어 봅시다.

Beispiel

0   초청된 손님은 여의사이다.

16   **Karin** 부인은 아주 좋은 다이어트프로그램을 소개했다.

17   몇몇의 사람들은 하루에 아무 것도 먹지 않는다.

18   물을 많이 마시고, 숙면하는 것은 매우 중요하다.

19   각 사람은 개인적인 식사 계획을 필요로 한다.

20   규칙적인 식생활보다 운동하는 것이 더 중요하다.

Skript

Ansager Schönen guten Abend! Heute stellen wir Ihnen Dr. Karin vor. Sie ist in München seit 2004 Hausärztin.

Dr. Karin Guten Abend!

Ansager Dr. Karin, zurzeit machen viele Leute Diät. Was denken Sie darüber? Können Sie uns eine gute Methode beibringen?

Dr. Karin Ich denke, das wichtigste ist Bewegung und richtige Ernährung. Viele Menschen behaupten, dass es hier ein Superprogramm gibt, womit man 100% abnehmen kann. Aber das geht leider nicht. Jeder hat andere Veranlagungen. Daher sind alle unterschiedlich.

Ansager Wie kann man dann abnehmen? Manche Menschen essen nur einmal am Tag. Ist das in Ordnung?

Dr. Karin Natürlich nicht. Man sollte jeden Tag regelmäßig zwei bis dreimal essen. Und wenn man abends isst, ist das kein Problem.

Ansager Ist spät am Abend essen okay?

Dr. Karin Ja, es ist ok. Aber man soll nichts Fettiges essen. Und das wichtigste ist, viel Wasser trinken und gut ausschlafen. Wie schon erwähnt, jeder ist anders, deswegen braucht jeder einen anderen Plan.

Ansager Ja, das finde ich auch wichtig. Würden Sie noch etwas sagen?

Dr. Karin Ich hoffe, dass die Menschen sich nicht zu sehr stressen und regelmäßig essen, und Sport treiben. Ich empfehle, jedem zuerst einen Test zu machen und dann einen geeigneten Plan zu erstellen. Seien Sie nicht faul und machen Sie damit weiter.

Ansager Vielen Dank Dr. Karin.

해석

Ansager 아름다운 저녁입니다! 오늘은 의사 Karin씨를 소개해 드릴게요. 그녀는 2004년도부터 München에서 가정의학과 선생님을 하고 있습니다.

Dr. Karin 안녕하세요!

Ansager Karin 선생님, 요즘 많은 사람들이 다이어트를 합니다. 거기에 대해 어떻게 생각하세요? 우리에게 한 가지 좋은 방법을 알려 주실 수 있나요?

Dr. Karin 제 생각에, 가장 중요한 것은 운동과 올바른 영양 섭취입니다. 많은 사람들은 하나의 확실한 방법이 있다고 주장합니다. 그것으로 100% 살을 뺄 수 있다고요. 하지만 그것은 유감스럽게도 가능하지 않습니다. 모두는 저마다 다른 체질을 가지고 있습니다. 따라서 모두가 다릅니다.

Ansager 그럼 어떻게 살을 뺄 수 있죠? 몇몇은 단지 하루에 한 끼만 먹습니다. 괜찮은가요?

Dr. Karin 당연히 아니죠. 사람은 하루에 2~3번 규칙적으로 먹어야 합니다. 그리고 저녁에 먹는 것은 사실상 문제가 되지 않아요.

Ansager 저녁에 먹는 것이 괜찮다고요?

Dr. Karin 네, 괜찮습니다. 하지만 기름진 것은 먹으면 안 됩니다. 그리고 물을 많이 마시고 숙면을 취하는 것이 매우 중요합니다. 위에서 말했듯이, 사람마다 달라요. 그래서 각 사람마다 다른 계획이 필요하답니다.

Ansager	네, 저도 그것이 중요하다고 생각해요. 더 해 주실 말이 있나요?
Dr. Karin	저는 사람들이 너무 스트레스를 받지 않고, 대신 규칙적으로 먹고, 운동도 하기를 바랍니다. 저는 각자 먼저 테스트를 하고 그 다음에 자신에게 적합한 계획을 완성하기를 추천해요. 게으름 피우지 말고, 계속하세요.
Ansager	감사합니다 Karin 선생님.

어휘 sich vorstellen [v.] 소개하다 | zurzeit [adv.] 요즘 | die Diät [n.] 다이어트 | darüber [adv.] 그것에 대하여 | die Methode [n.] 방법 | beibringen [v.] 가르쳐주다 | das wichtigste 가장 중요한 것 | die Bewegung [n.] 움직임 | die Ernährung [n.] 영양, 섭취 | behaupten [v.] 주장하다, 확인하다 | der Mensch [n.] 인간, 사람 | die Veranlagung [n.] 체질, 자질 | daher [adv.] 그것으로부터 | unterschiedlich [a.] 여러 가지의, 각양각색의 | abnehmen [v.] 살을 빼다 | regelmäßig [a.] 규칙적인 | Fettiges 기름진 것 | das wichtigste 가장 중요한 것은 | ausschlafen [v.] 충분히 자다 | wie schon erwähnt 위에 언급한 바와 같이 | stressen [v.] 스트레스를 주다 | empfehlen [v.] 추천하다 | zuerst [adv.] 맨 먼저 | einen Test machen 검사하다 | geeignet [a.] 적절하게, 알맞게 | erstellen [v.] 완성시키다, 만들어 내다

Schreiben 쓰기

Teil 1

Aufgabe 1

> 문제
>
> Sie möchten heute Abend etwas unternehmen. Schreiben Sie eine SMS an Ihre Freundin Birte.
>
> – Machen Sie einen Vorschlag.
> – Nennen Sie ein paar Orte.
> – Schreiben Sie, dass Sie sich auf den Abend freuen.
>
> Schreiben Sie 20–30 Wörter.
> Schreiben Sie zu allen drei Punkten.
>
> 해석
>
> 당신은 오늘 저녁에 무엇인가를 계획하려고 합니다. 친구 Birte에게 SMS를 쓰세요.
>
> – 제안을 하세요.
> – 장소 몇 곳을 이야기하세요.
> – 오늘 저녁이 기대된다고 쓰세요.
>
> 20–30개의 단어를 사용해서 작문하세요.
> 3개의 제시문에 대하여 모두 언급하세요.

어휘 **etwas** 무엇을 ǀ **unternehmen** [v.] 계획하다 ǀ **der Vorschlag** [n.] 제안

> 모범답안
>
> Hi Birte, wollen wir heute Abend etwas zusammen machen? Vielleicht ins Kino oder zum Kaufhaus gehen? Wenn du Zeit und Lust hast, melde dich bei mir. Ich freue mich schon darauf. Hoffentlich bis bald. Ciao!
>
> 해석
>
> 안녕 Birte, 우리 오늘 저녁에 무엇인가 같이 할래? 혹시 영화관이나 백화점에 가는 것은 어때? 네가 저녁에 시간과 흥미가 있다면 나에게 연락 줘. 나는 벌써부터 기대된다. 곧 보길 바랄게. 안녕!

어휘 **zusammen** [adv.] 함께 ǀ **zum Kaufhaus** 백화점으로 ǀ **sich melden** [v.] 연락하다

Aufgabe 2

Die Firma HMP möchte am Montagvormittag Ihre Heizung reparieren. Schreiben Sie eine E-Mail an die HMP Firma.

– Informieren Sie die Firma, dass Sie am Montagvormittag nicht zu Hause sind.
– Schlagen Sie einen neuen Termin vor.
– Bitten Sie um eine Antwort.

Schreiben Sie 30 bis 40 Wörter.
Schreiben Sie zu allen drei Punkten.

해석

HMP회사는 월요일 오전에 당신의 난방기를 수리하려고 합니다. HMP회사에 이메일을 쓰세요.

– 회사에 당신이 월요일 오후에 집에 있지 않음을 전달하세요.
– 새로운 약속을 제안하세요.
– 답장을 부탁하세요.

30–40개의 단어를 사용해서 작문하세요.
3개의 제시문에 대하여 모두 언급하세요.

어휘 **die Firma** [n.] 회사 | **der Montagvormittag** 월요일 오전 | **die Heizung** [n.] 난방 장치, 가열 |
reparieren [v.] 수리하다 | **vorschlagen** [v.] 제안하다

모범답안

Sehr geehrte Damen und Herren,
am Montagvormittag bin ich leider nicht zu Hause. Könnten Sie am Nachmittag nach 17 Uhr vorbeikommen? Oder wir können einen anderen Termin vereinbaren. Schicken Sie mir bitte eine SMS. Meine Handynummer ist 49–123–5342. Vielen Dank.

Mit bestem Gruß
Helena Steiger

해석

친애하는 신사 숙녀 여러분,
저는 유감스럽게도 월요일 오전에 집에 있지 않아요. 오후에 17시가 지나서 들러 주실 수 있나요? 아니면 우리는 다른 일정을 잡을 수도 있어요. 저에게 문자를 보내 주세요. 저의 휴대폰 번호는 49–123–5342입니다. 매우 감사합니다.

친절한 안부를 담아
Helena Steiger

어휘 **am Montagvormittag** 월요일 오전에 | **zu Hause** 집에 | **vereinbaren** [v.] 약속하다 | **anderen Termin** 다른 일정 | **schicken** [v.] 보내다 | **Meine Handynummer** 나의 핸드폰 번호

학생답안

Sehr geehrte Damen und Herren,

ich weiß, dass Sie am Montagvormittag meine Heizung reparieren möchten. Leider bin ich nicht am Montagvormittag zu Hause. Wäre es möglich, mich am Donnerstagnachmittag zu besuchen? Bitte antworten Sie mir zurück.

Mit freundlichen Grüßen
Soo Kim

해석

친애하는 신사 숙녀 여러분,
저는 당신이 월요일 오전에 저의 라디에이터를 수리하기 원한다는 걸 알고 있어요. 유감스럽게도 저는 월요일 오전에 집에 없어요. 저를 목요일 오후에 방문해 주실 수 있나요? 저에게 답장해 주세요.

친절한 안부를 담아
Soo Kim

어휘 **die Heizung** [n.] 라디에이터 | **möglich** [a.] 가능한 | **reparieren** [v.] 수리하다 | **am Donnerstagnachmittag** 목요일 오후에 | **besuchen** [v.] 방문하다

선생님 답안

Sehr geehrte Damen und Herren,

ich habe Bescheid bekommen, dass Sie am Montagvormittag bei mir kommen, um die Heizung zu reparieren. Leider bin ich da nicht zu Hause. Könnten Sie am Dienstag kommen? Bitte schreiben Sie mir zurück.

Mit bestem Gruß
Rosa Lee

해석

친애하는 신사 숙녀 여러분,
저는 당신이 월요일 오전에 라디에이터를 수리하러 저희 집에 오신다고 연락을 받았습니다. 유감스럽게도 저는 그때 집에 없습니다. 화요일에 오실 수 있나요? 저에게 답변을 주세요.

안부를 담아
Rosa Lee

Sprechen 말하기

Teil 1

A

Goethe–Zertifikat A2 | Sprechen Teil1
Fragen zur Person

Sport?

Goethe–Zertifikat A2 | Sprechen Teil1
Fragen zur Person

Soziale Netzwerke?

Goethe–Zertifikat A2 | Sprechen Teil1
Fragen zur Person

Einkaufen?

Goethe–Zertifikat A2 | Sprechen Teil1
Fragen zur Person

Urlaub?

Sport 스포츠

예시답안

A Interessierst du dich für Sport?

B Im Moment treibe ich kein Sport, weil ich sehr viel Arbeit habe. Ich will lieber zu Hause sein oder meine Freunde treffen.

해석

A 너는 스포츠에 관심이 있니?

B 요즘은 운동을 하지 않아, 왜냐하면 나는 일이 정말 많거든. 나는 차라리 집에 있거나 아니면 친구들을 만나기를 원해.

어휘 **sich interessieren** [v.] 흥미가 있다 | **zu Hause** 집에 | **sein** [v.] ~있다 | **lieber** [a.] 차라리, 보다 나은 (gern 의 비교급)

Soziale Netzwerke 소셜 네트워크

예시답안

A Wie findest du das Soziales Netzwerk?

B Das finde ich schön. Man kann Kontakt zu vielen Menschen haben. Und man kann schnell etwas fragen.

해석

A 너 SNS(소셜 네트워크 서비스)에 대해서 어떻게 생각해?

B 나는 좋다고 생각해. 많은 사람들과 교류를 할 수 있잖아. 그리고 무엇에 대해 빠르게 물어볼 수 있으니까.

어휘 **das Soziales Netzwerk** [n.] SNS 소셜 네트워크 서비스 ǀ **der Kontakt** [n.] 관계, 교제 ǀ **schnell** [a.] 빠르게 ǀ **fragen** [v.] 질문하다

Einkaufen 쇼핑

예시답안

A Was kaufst du oft ein?

B Ich kaufe oft Lebensmittel ein. Jeden Morgen gehe ich zum Bäcker und kaufe Brot. Ich liebe frisches Brot!

해석

A 너는 무엇을 주로 사니?

B 나는 주로 생필품을 사. 매일 아침에 빵집에 가서 빵을 사. 나는 신선한 빵을 좋아해!

어휘 **zum Bäcker gehen** 빵집에 가다

Urlaub 휴가

예시답안

A Was machst du in deiner Urlaubszeit?

B Ich weiß noch nicht. Vielleicht werde ich nach Frankreich. Oder ich würde gern ans Meer fahren.

해석

A 너는 휴가 때 뭐 하니?

B 나는 아직 모르겠어. 어쩌면 나는 프랑스에 갈 수도 있어. 아니면 나는 바다에 가고 싶어.

어휘 **im Urlaub** 휴가 때 ┃ **nach Frankreich** 프랑스로 ┃ **würden** [v.] ～ 하고 싶다 (werden의 접속법2식) ┃ **ans Meer** 바다로 ┃ **fahren** [v.] (～방향으로) 향하다 ～타고 가다

B

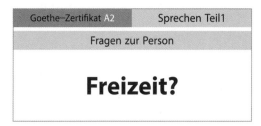

Goethe–Zertifikat A2	Sprechen Teil1
Fragen zur Person	
Freizeit?	

Goethe–Zertifikat A2	Sprechen Teil1
Fragen zur Person	
Arbeitszeit?	

Goethe–Zertifikat A2	Sprechen Teil1
Fragen zur Person	
Kinder?	

Goethe–Zertifikat A2	Sprechen Teil1
Fragen zur Person	
Lieblingsessen?	

Freizeit 여가시간

예시답안

A Was machst du in der Freizeit?

B Ich gehe gern ins Kino und lese sehr gern. Zurzeit lese ich oft Krimis.

해석

A 너는 여가시간에 무엇을 하니?

B 나는 영화관에 즐겨 가고, 책 읽는 걸 아주 좋아해. 요즘에는 추리소설을 자주 읽어.

어휘 **in der Freizeit** 여가시간에 ┃ **lesen** [v.] 읽다 ┃ **oft** [adv.] 자주 ┃ **der Krimi** [n.] 추리소설

Arbeitszeit 일하는 시간

예시답안

A Von wann bis wann arbeitest du?

B Ich arbeite jeden Tag von 9 Uhr bis 18 Uhr. Aber manchmal arbeite ich bis 22Uhr. Dann bin ich ganz müde.

A   너는 언제부터 언제까지 일하니?

B   나는 매일 9시부터 저녁 18시까지 일해. 하지만 가끔은 22시까지 일해. 그런 날은 완전히 피곤해.

어휘 **von wann ~ bis wann** 언제부터 ~ 언제까지 | **jeden Tag** 매일 | **manchmal** [adv.] 가끔 | **ganz** [adv.]
완전히 | **müde** [a.] 피곤한

Kinder 아이들

예시답안

A   Hast du Kinder?

B   Nein, ich habe noch keine Kinder. Aber ich möchte bald Kinder haben. Das ist mein Traum.

해석

A   너는 아이들이 있니?

B   아니, 나는 아이들이 없어. 하지만 나는 곧 아이를 갖고 싶어. 그게 내 꿈이야.

어휘 **die Kinder** [n.] 아이들 | **bald** [adv.] 곧 | **der Traum** [n.] 꿈

Lieblingsessen 가장 좋아하는 음식

예시답안

A   Was ist dein Lieblingsessen?

B   Ich esse am liebsten Fleisch mit Gemüse.

해석

A   너의 가장 좋아하는 음식은 뭐니?

B   나는 고기와 야채를 함께 먹는 것을 가장 좋아해.

어휘 **essen** [v.] 먹다 | **am liebsten** 가장 좋아하는 (gern의 최상급)

Teil 2

Aufgabenkarte A

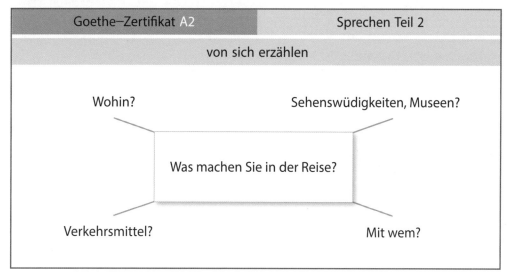

Frage 1. Wohin?

Manchmal gehe ich in die Berge oder ans Meer. Wenn das Wetter schön ist, fahren wir mit dem Auto auf einen Campingplatz in Busan. Der Campingplatz ist am Meer, es gibt auch Freizeit Programme für Leute.

Frage 2. Sehenswüdigkeiten, Museen?

Wenn ich reise, will ich vieles erleben. Ich schaue auch gern Sehenswürdigkeiten an, zum Beispiel Museum, Dom oder Altstadt. Dann lerne ich etwas.

Frage 3. Verkehrsmittel?

Meistens fahren wir mit dem Zug. Manchmal fahren wir auch mit dem Auto. Wir fahren nicht so weit weg, weil meine Eltern es nicht mögen. Letztes Jahr habe ich einen Führerschein bekommen. Jetzt kann ich auch Auto fahren!

Frage 4. Mit wem?

Am liebsten fahre ich mit meiner Familie. Wir machen immer im Sommer Urlaub, nachdem es warm geworden ist. Aber dieses Jahr fliege ich mit meiner Freundin nach London. Ich werde viele Fotos machen!

Frage 1. 어디로?

나는 가끔 산이나 바다에 간다. 날씨가 좋으면 우리는 자동차를 타고 부산에 있는 캠핑장으로 간다. 캠핑장은 바다에 있고, 사람들을 위한 여가활동 프로그램들도 있다.

Frage 2. 볼 만한 명소, 박물관?

나는 여행을 할 때, 많은 것을 경험하고 싶다. 예를 들어 박물관, 성당 혹은 구시가지 같은 명소들을 즐겨 찾아다닌다. 그럼 나는 무엇인가를 배운다.

Frage 3. 교통?

우리는 대부분 기차를 탄다. 우리는 가끔 자동차를 탈 때도 있다. 우리는 멀리는 가지 않는다, 왜냐하면 우리 부모님이 그것을 좋아하지 않기 때문이다. 작년에 나는 면허증을 받았다. 이제는 나도 자동차를 운전할 수 있다!

Frage 4. 누구와 함께?

나는 가족과 여행가는 것을 가장 즐긴다. 우리는 항상 날씨가 따뜻해진 후에 여름휴가를 간다. 하지만 나는 올해 나의 여자 친구와 함께 London으로 간다. 나는 많은 사진을 찍을 것이다!

> **어휘** **in die Berge** 산으로 | **der Campingplatz** [n.] 캠핑장 | **am Meer** 바닷가에 | **die Sehenswürdigkeit** [n.] 명소 (pl. die Sehenswürdigkeiten) | **(pl.) die Museen** [n.] 박물관 | **erleben** [v.] 경험하다 | **der Dom** [n.] 성당 | **die Altstadt** [n.] 구시가지 | **weit weg** 멀리 떨어진 | **meistens** [adv.] 흔히, 대부분 | **der Führerschein** [n.] 운전면허증 | **bekommen** [v.] 받다 | **warm** [a.] 따뜻한

시험관의 예상 질문

1. Was machen Sie davon am liebsten? 그중에서 가장 좋아하는 것은 무엇인가요?

> 답안 Ich mag Camping am liebsten. 나는 캠핑을 가장 좋아합니다.

2. Waren Sie in Köln? Köln에 가 본 적 있으세요?

> 답안 Ja, ich habe dort den Dom gesehen. Das war fantastisch.
> 네, 그곳에서 성당을 보았어요. 그건 정말 경이로웠어요.

3. Fahren Sie auch gern mit dem Bus? 버스도 즐겨 타시나요?

> 답안 Ja, natürlich. Manchmal nehme ich den auch. 네, 당연하죠. 가끔은 버스도 타요.

4. Machen Sie im Winter keinen Urlaub? 겨울에는 휴가를 안 가지시나요?

> 답안 Doch, aber wir machen lieber im Sommer. 가져요. 하지만 여름 휴가를 더 즐겨요.

> **어휘** **das Camping** [n.] 캠핑 | **am liebsten** 가장 즐겨 하는 | **fantastisch** [a.] 경이로운, 훌륭한 | **natürlich** [a.] 당연히

Aufgabenkarte B

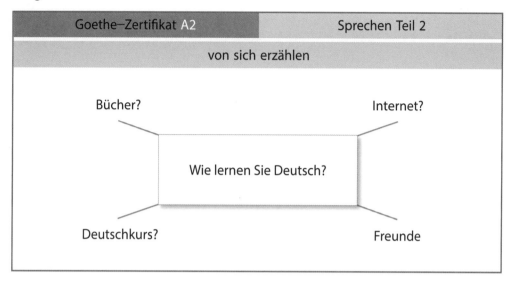

| Goethe–Zertifikat A2 | Sprechen Teil 2 |

von sich erzählen

Bücher?

Internet?

Wie lernen Sie Deutsch?

Deutschkurs?

Freunde

예시답안

Frage 1. Bücher?

Ich lese gern Romane und manchmal versuche ich Bücher auf Deutsch zu lesen. Aber es ist nicht so leicht. Mein Lieblingsbuch ist Harry Portter. Ich versuche es auf Deutsch zu lesen, aber dafür brauche ich viel Zeit.

Frage 2. Internet?

Ich brauche Internet, um Deutsch zu lernen. Ich schlage oft Wörter auf Koreanisch nach. Ohne Internet kann ich nicht leben. Es ist ein wichtiger Teil von mir.

Frage 3. Deutschkurs?

Deutsch lernen ist interessant. Jede Woche gehe ich zweimal von halb vier bis sieben zum Deutschkurs. Zurzeit lerne ich Grammatik intensiv und in dem Kurs lesen wir auch aufregende Texte. Oft arbeiten wir in einer zweier, dreier oder vierer Gruppe. Das finde ich gut. Aber wir sind 17 Personen im Kurs. Das finde ich etwas zu viel.

Frage 4. Freunde?

Natürlich treffe ich gern meine Freunde. Und ich verbringe sehr gern mit meiner Freundin Sara Zeit. Und wir gehen oft zum Cafe, das macht Spaß. Danach lernen wir zusammen Deutsch. Das finde ich Super!

Frage 1. 책?

나는 소설을 즐겨 읽고 가끔은 독일어로 책을 읽는 것을 시도한다. 하지만 그것은 쉽진 않다. 내가 가장 좋아하는 책은 해리포터이다. 나는 그것을 독일어로 읽는 것을 시도한다. 하지만 나는 그것을 위하여 많은 시간이 필요하다.

Frage 2. 인터넷?

나는 독일어를 배우기 위해서 인터넷이 필요하다. 나는 자주 단어들을 한국어로 찾아본다. 인터넷이 없이는 살 수가 없다. 그것은 나에게 매우 중요한 부분이다.

Frage 3. 독일어 수업?

독일어를 배우는 것은 흥미롭다. 매주 두 번씩 3시 반부터 7시까지 독일어 수업에 간다. 나는 요즘에 독일어 수업에서 문법을 집중적으로 배운다. 그리고 우리는 수업 중에 좋은 글들도 읽는다. 우리는 자주 2, 3명 또는 4명의 수강생들과 그룹으로 함께 연습한다. 나는 그렇게 하는 것이 좋다고 생각한다. 하지만 한 강좌에 17명의 사람이 있다. 내 생각에는 그것은 너무 많은 것 같다.

Frage 4. 친구들?

당연히 나는 나의 친구들을 즐겨 만난다. 그리고 나는 나의 친구 Sara와 함께 시간을 보내는 것을 정말 좋아한다. 그리고 우리는 자주 카페에 간다. 그것은 즐겁다. 그다음에 우리는 함께 독일어를 배운다. 내 생각에 그것은 정말 멋지다!

어휘   **der Roman** [n.] 소설 | **manchmal** [adv.] 가끔 | **versuchen** [v.] 시도하다 | **auf Deutsch** 독일어로 | **nachschlagen** [v.] (사전을) 찾다 | **lesen** [v.] 읽다 | **Jede Woche** 매주 | **zweimal** 두 번 | **halb zwei** 1시 반 | **von ~ bis** ~부터 ~까지 | **die Grammatik** [n.] 문법 | **intensiv** [a.] 집중적인, 강한 | **der Kursteilnehmer** [n.] 강의 참가자 | **zusammen** [adv.] 함께 | **verbringen** [v.] (시간을) 보내다

시험관의 예상 질문

1. Lesen Sie auch Kriminalromane? 당신은 추리소설도 읽으시나요?

> 답안   Nein, ich lese lieber Liebesromane. 아니요, 나는 연애소설을 더 즐겨 읽어요.

2. Wie schlagen Sie die Wörter nach, wenn Sie das Internet nicht benutzen können? 당신은 인터넷을 사용할 수 없을 때에는 어떻게 단어를 찾으시나요?

> 답안   Dann benutze ich das Wörterbuch. Dort stehen noch mehrere Beispiele.
> 그럼 나는 사전을 사용해요. 거기에는 더 여러 가지의 예문들이 있어요.

3. Sind Sie für Gruppenunterricht? 당신은 그룹 수업에 찬성하시나요?

> 답안   Ja, das finde ich gut. 네, 그건 좋은 것 같아요.

4. Sprechen Sie mit Ihrer Freundin auf Deutsch? 당신은 친구와 독일어로 대화하나요?

> 답안   Ja, es ist noch schwierig, aber es macht Spaß.
> 네, 그건 아직까지는 어려워요, 하지만 즐거워요.

> **어휘**   **der Kriminalroman** [n.] 추리소설 ┃ **der Liebesroman** [n.] 연애소설 ┃ **mehrere** [a.] 여러 가지의
> (mehr의 또다른 비교급) ┃ **das Beispiel** [n.] 예시 ┃ **der Gruppenunterricht** [n.] 그룹 수업 ┃ **auf Deutsch**
> 독일어로 ┃ **schwierig** [a.] 어려운

Teil 3

Etwas aushandeln (Kandidat A/B).

당신은 일요일에 무엇을 함께 계획하려고 합니다. 모두가 공통으로 가능한 시간을 찾아
보세요.

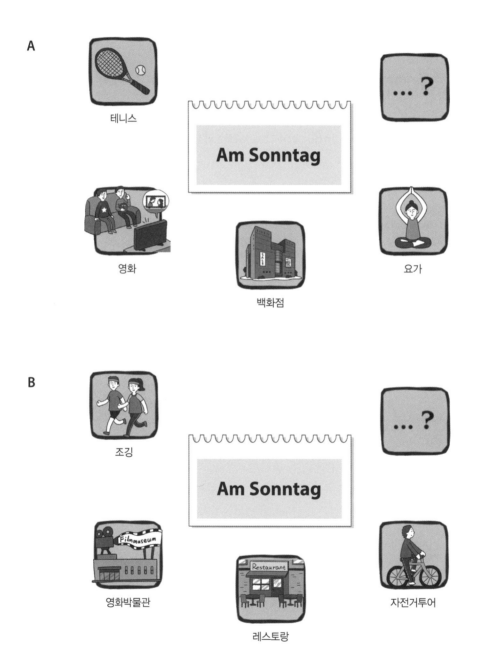

A, B Dialog

A Wir haben bald Feiertag. Was sollen wir am Wochenende unternehmen?

B Ich muss mal nachdenken. Hmmm... Ich möchte Sport machen. Ich brauche es. Wie wäre es mit Jogging?

A Leider ist das keine gute Idee. Laufen ist nicht für mich. Wir können Tennis spielen. Das ist auch ein Sport, welches man draußen macht.

B Keine schlechte Idee. Aber ich habe sehr lange nicht geübt. Und wir müssen das Wetter abwarten. Ich würde lieber ins Filmmuseum gehen.

A Ja, vielleicht hast du Recht. Das ist ein guter Vorschlag. Aber da war ich schon einmal. Sollen wir zu Hause einen Film sehen?

B Zu Hause einen Film sehen ist doch langweilig. Ich will nicht zu Hause sein. Lass uns in einem Restaurant gehen. Ich kenne ein gutes Restaurant. Da ist die Rindfleischsuppe sehr lecker.

A Leider esse ich kein Fleisch. Sollen wir vielleicht zum Kaufhaus gehen? Es gibt bestimmt neue Mode und Kleidung.

B Naja, aber diesesmal will ich etwas anderes ausprobieren.

A In Ordnung, das machen wir dann ein anderes Mal. Hast du noch Ideen?

B Sag mal, wollen wir vielleicht eine Fahrradtour machen? Hast du Lust? Wir können dann Essen mitnehmen.

A Leider habe ich keine Lust dazu. Ich will was Besonderes unternehmen. Wir könnten auch Yoga machen. Das ist auch ein Sport und gut für die Flexibilität.

B Okay, einverstanden. Dann machen wir Yoga.

A, B 대화

A 우리 곧 공휴일이네. 우리 주말에 무엇인가 계획할까?

B 나는 곰곰이 생각해 봐야 해. 흠... 나는 운동을 하고 싶어. 나는 운동이 필요해. 조깅 하는 건 어때?

A 미안하지만 그건 별로 좋은 생각이 아니야. 달리는 것은 나에게 맞지 않아. 우리 테니스를 칠 수 있어. 그것 또한 밖에서 할 수 있는 운동이야.

B 나쁘지 않은 생각이야. 하지만 나는 이미 오랫동안 연습하지 않았어. 그리고 우리는 날씨를 한 번 봐야 해. 나는 차라리 영화 박물관에 가고 싶어.

A 그래, 네 말이 맞아. 그거 좋은 제안이야. 하지만 나는 이미 한 번 가 봤어. 우리 집에서 영화 한 편을 볼까?

B 하지만 집에서 영화를 보는 것은 지루해. 난 집에 있고 싶지 않아. 우리 레스토랑에 가자. 나는 좋은 레스토랑을 알아. 거기 소고기 수프는 정말 맛있어.

A 유감스럽게도 나는 고기를 먹지 않아. 우리 아니면 백화점에 갈까? 분명히 새로 유행하는 것들과 옷들이 있을 거야.

B 글쎄, 하지만 이번에는 좀 색다른 것을 시도해 보고 싶어.

A 그래, 우리 그러면 그것을 다음번에 하자. 너 아이디어가 더 있니?

B 말해 봐, 우리 자전거 투어 하는 건 어때? 너 흥미 있니? 우린 그럼 음식도 가져갈 수 있어.

A 유감스럽지만 나는 거기에 흥미가 없어. 나는 무언가 특별한 것을 하고 싶어. 우리 요가를 할 수도 있어. 그것도 운동이고, 유연함을 위해 아주 좋아.

B 좋아, 동의해. 그럼 우리 요가를 하자.

어휘 **der Feiertag** [n.] 휴일 ǀ **das Wochenende** [n.] 주말 ǀ **nachdenken** [v.] 곰곰이 생각하다 ǀ **draußen** [adv.] 밖에서 ǀ **haben...geübt** 연습했다 (üben의 현재완료) ǀ **das Filmmuseum** [n.] 영화 박물관 ǀ **ein guter Vorschlag** 좋은 제안 ǀ **langweilig** [a.] 지루한 ǀ **neue Mode** 새로운 유행 ǀ **die Kleidung** [n.] 옷 ǀ **ausprobieren** [v.] 시도하다 ǀ **In Ordnung** 좋아 ǀ **die Flexibilität** [n.] 유연성 ǀ **einverstanden** [a.] 동의된

동양북스 채널에서 더 많은 도서 더 많은 이야기를 만나보세요!

 ▶ 유튜브

 📷 인스타그램

 📝 블로그

 📖 포스트

 f 페이스북

 🍃 카카오뷰

외국어 출판 45년의 신뢰
외국어 전문 출판 그룹
동양북스가 만드는 책은 다릅니다.

45년의 쉼 없는 노력과 도전으로 책 만들기에 최선을 다해온
동양북스는 오늘도 미래의 가치에 투자하고 있습니다.
대한민국의 내일을 생각하는 도전 정신과 믿음으로 최선을 다하겠습니다.

동양북스